LA EUROPA DE LAS LENGUAS

多语言的欧洲

［西］米格尔·西关 著

朱 伦 李思渊 李 鹿 陈 岚 译

中国社会科学出版社

图字：01-2021-0056 号

图书在版编目（CIP）数据

多语言的欧洲／（西）米格尔·西关著；朱伦等译. —北京：中国社会科学出版社，2021.12

ISBN 978 - 7 - 5203 - 9063 - 7

Ⅰ.①多… Ⅱ.①米… ②朱… Ⅲ.①文化语言学—研究—欧洲 Ⅳ.①H0-05

中国版本图书馆 CIP 数据核字（2021）第 184127 号

出 版 人	赵剑英
责任编辑	安　芳
责任校对	张爱华
责任印制	李寡寡

出　　版	中国社会科学出版社
社　　址	北京鼓楼西大街甲 158 号
邮　　编	100720
网　　址	http://www.csspw.cn
发 行 部	010 - 84083685
门 市 部	010 - 84029450
经　　销	新华书店及其他书店
印　　刷	北京明恒达印务有限公司
装　　订	廊坊市广阳区广增装订厂
版　　次	2021 年 12 月第 1 版
印　　次	2021 年 12 月第 1 次印刷
开　　本	710 × 1000　1/16
印　　张	11.75
字　　数	236 千字
定　　价	98.00 元

凡购买中国社会科学出版社图书，如有质量问题请与本社营销中心联系调换
电话：010 - 84083683
版权所有　侵权必究

译者的话

  2005年秋的一天，我漫步巴塞罗那街头，看到一家书店，便走进去，想找些自己感兴趣的书。一眼看到此书，便翻看起来。先看出版时间，2005年第二版，新鲜出炉的。

  再看作者简介，米格尔·西关（Miquel Siguan）是巴塞罗那大学心理学终身教授，欧洲科学院院士。除此书外，还著有《多语言的西班牙》和《双语主义与多语接触》。作为心理学教授，写了三本语言研究著作，且侧重于语用研究，这引起了我的阅读兴趣。

  看封底对该书的简介，内容涉及欧洲语言多样性的起源，语言和集体认同与政治传统之间的联系，以及各种语言在各国使用的不同情况。而写作目的，则是"为欧盟提出一种语言政策"，认为欧盟的统一建设，语言问题与经济问题、法律问题同样重要。在多民族、多语言的国家统一建设中，语言问题何尝不是如此！于是，我立马掏钱，买下了这本书。

  回国后，仔细阅读，遂萌生了将其翻译为中文出版的念头。该书以加泰罗尼亚文写成，随后有西班牙文版、法文版、葡萄牙文版、德文版、英文版、克罗地亚文版，据作者说，还有其他国家准备翻译出版此书。像法国、德国和英国，人文科学传统深厚，竟也争相翻译此书，足以说明此书的价值，值得将其翻译为中文出版。再看作者2005年版序言，我觉得这是一本会引起中国读者感兴趣的书。作者"试图回答人们对语言

· 1 ·

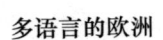

问题的关心，试图勾画出一张语言问题总图"，并将这个总图拆解记述（见序言第二段），引人入胜。

断断续续，我挑选我最感兴趣的前三章和结论先翻译，但接下来，因有其他工作，加上办理版权和出版资助比较麻烦，就放下来了；同时心里也想到，说不定很快会有其他译者翻译此书。因为翻译撞车是常有的事。美国学者塞缪尔·亨廷顿的《我们是谁?》（*Who are We?*），加拿大学者威尔·金利卡的《多元文化的公民身份》（*Multicultural Citizenship*），我都在第一时间购得，当我准备组织译者队伍时，亨廷顿的上述著作中文版很快就出来了，金利卡的上述著作也在翻译中，现有两个译本。

国内的西班牙语译者人数少，且几乎全部集中在西班牙拉美文学翻译中，因此，米格尔·西关教授的这本书，一直不见中文版问世。几年前，因我在一所大学兼教"西汉笔译"，遇到几位年轻教员，她们想练练笔，让我推荐值得翻译的西文作品，我便把此书推荐给了她们。她们读后说很有意思，语言还涉及这么多复杂的问题，于是她们分工，把本书其他几章翻译出来了。校对工作也很费时间，加上作者去世，好不容易联系到作者继承人才解决版权，因此，拖到今天，本书才与读者见面。这要感谢江苏师范大学西语系外籍教师卢德斯（Lourdes）女士，和本书作者一样，她也是西班牙加泰罗尼亚人，是她帮助我联系到了作者的三个子女，并一一请他们写下了版权授权书。

本书的内容，首先适合研究语言问题的学者参考。而对于从事欧盟建设研究的中国学者来说，语言问题也不可忽视。与此同时，本书的一些观点，对语言政策制定、语言教学特别是双语教学也有启发意义。而我最想说的是，作者对语言与国族主义的关系所作的研究，对同一国家内的语言多样性和语言统一性所作的研究，为我们研究国族-国家现象，为我们研究多语言国家的语言政策，很有参考意义。作者出身于西班牙的少数民族之一加泰罗尼亚人，但其放眼欧洲和世界来研究少数民族语言问题，认为少数民族在语言使用上要秉持"恪守与开放"的态度，无

译者的话

疑是理性的态度。

最后，我要感谢中国社会科学出版社的安芳编辑对书稿的文字加工，使译文少了许多翻译痕迹；本书中文版附上几章原文，也要感谢她的用心。同时，我要感谢本书译者之一李思渊博士对所附几章西文的扫描和校对工作。附上这几章原文，是因为我们在西汉翻译教学工作中，感到可供学生们练习翻译的西汉对照读物太少，人文社会科学方面的读物更少。我们在教学工作中，曾将原文一些段落让学生先翻译，然后把我们的译文拿出来供学生参考，并加以讲解，学生们反映这样的学习收获大。愿此书西汉对照部分，对全国西语系学生学习西汉翻译能有助益。翻译，特别是长篇著作的翻译，难免存在疏忽，这点请同学们有所鉴别。同时，敬请西语教学和翻译界同仁若发现译文有不妥，也不吝批评指正。

朱伦

中国社会科学院大学文学院特聘教授

中国社会科学院民族学与人类学研究所研究员

2021 年 10 月于北京

2005 年版前言

自努力建设一个团结的欧洲之初，人们就对这项工程的诸多方面进行了各种思考，并有不同的立场。如何建设团结的欧洲，我们每天都能看到有这样那样的著作与文章发表，这类那类座谈会与会议的召开，内容涉及共同法律、经济、贸易、交通、团结基金、农业补贴，等等；相反，人们很少谈及欧盟建设提出的语言问题，而语言差别显然是欧洲团结建设面临的最大难题之一，不管是同意还是反对，我们都需要有一些共同的语言。

本书试图回答人们对语言问题的关心，试图勾画出一张语言问题总图。我首先说一说欧洲语言多样性的历史根源，接下来再谈一谈语言与集体认同的关系、欧洲的语言政策传统，以及欧洲国家如何对待语言多样性。但本书不限于探讨语言多样性的政治意涵，而且还探讨那些各种语言共存的社会的生存方式，当代技术发展对语言演变的影响，以及一些语言成为超越语言差别的交流工具的趋势。最后，我再说一说语言教学的现状和新方向。我研究这些问题的目的，是希望能为欧盟制订一种语言政策作出一份贡献。

这里，我想对读者说明两点。

第一点是，本书涉及语言发展史、语言学、语言教育学和其他领域，但我在哪个领域都不是业内专家；而且，我写作此书也不是给专家看的，

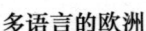
多语言的欧洲

而是给那些具有初步知识的人看的,他们像我一样,想了解欧洲的语言状况,关心欧盟建设中的语言问题。

第二点是,本书虽然说的是整个欧洲,但它却是在加泰罗尼亚写成的(第一版是加泰罗尼亚语),我认为这有助于我们在语言问题上放眼欧洲。这是因为,如何将一种语言变成一种集体认同,并围绕语言推动广泛团结,加泰罗尼亚是一个很好的案例。而且,一个小地方和一种小语言怎样必须对其他语言开放,怎样找到共存与团结的规范,加泰罗尼亚也是一个鲜活榜样。处理欧洲多语现象,唯一可行的办法就是保持恪守与开放之间的平衡。

本书还有助于证明我的如下看法:我曾提出要认识单语者和双语者的区别,认为在当今时代,我们可以把第一语言为英语的人视为单语者,而其他人则为双语者。这样说当然有些夸张,却有一定道理。

操一种大语言的人,与操一种小语言的人不一样,他们不觉得需要了解其他语言。这是随处可见的现象。单语者通常认为事实与话语表达是一致的,因此倾向于教条思想和一统世界;而那些习惯于在不同语言之间转换的人,则容易接受背道而驰和模棱两可的思想。这一点,可以运用于欧洲建设中去。我们已拒绝按照拿破仑的单一化模式来建设欧洲,更反对希特勒的灾难性做法;既然我们选择了自由与多样性,那么,我们就应该同时赞成建设一个双语或多语的欧洲,甚至是语言混合的欧洲。语言混合的欧洲,为什么不可以?

# # # # # # #

本书第一版于1996年面世,自那以后,不仅引起我国公众持续关注,而且还在国外出版。本书原文是加泰罗尼亚文和西班牙文,后来又有法文版、葡萄牙文版、德文版、英文版和克罗地亚文版,现在还准备翻译成其他语言。但随着时间的推移,不断有新情况发生,特别是欧盟建设在不断发展,这都需要对此书进行增补,但这种增补没有影响本书的结

2005 年版前言

构，也没有影响我的观点。我从一开始写作本书，就是要为欧洲建设的进程贡献一份力量；欧洲现在面临各种难题、步履蹒跚，我也坚持维护目前欧洲的多样性，但更支持、更明白欧洲的团结与责任。

（朱伦 译）

目　录

第一章　历史根源 …… 1
千姿百态的景象 …… 1
共同的起源：各种印欧语言 …… 6
拉丁语：罗马帝国的语言 …… 10
拉丁语：教会语言与文雅语言 …… 12
民众语言的兴起 …… 14
巩固的因素 …… 19

第二章　国族语言与语言国族主义 …… 23
政治统一与语言统一 …… 23
帝国与各种语言 …… 27
语言国族主义 …… 30
语言振兴与国族振兴 …… 34
结论 …… 40

第三章　统一性与多样性：欧洲国家的语言政策 …… 44
类型划分 …… 44
作为目标的单语主义 …… 45

多语言的欧洲

  保护少数人语言 ·················· 52
  语言自治 ························ 54
  语言联邦主义 ···················· 57
  制度性多语主义 ·················· 62
  推行和捍卫国家语言 ·············· 64

第四章 欧洲的语言与社会 ············ 70
  语言共存：大语言与小语言 ········ 70
  本国人与外国人 ·················· 77
  世界性社会 ······················ 81

第五章 语言的生命 ···················· 87
  规范弱化 ························ 87
  维护纯正与汇合趋势 ·············· 90
  书写简化 ························ 94
  正字法合理化 ···················· 98
  信息系统与语言 ·················· 103
  自动翻译 ························ 107

第六章 国际交际语言 ·················· 110
  拉丁语被替代与英语的上升 ········ 110
  当代社会中的英语 ················ 113
  各种人工语言 ···················· 120
  有关英语的争论 ·················· 122

第七章 欧洲各机构的语言政策 ·········· 124
  欧盟使用的语言 ·················· 124
  外国语言的接受 ·················· 136

欧盟与其他欧洲语言 ………………………………… 139
　　涉及语言问题的行为 ………………………………… 143
　　欧洲理事会与语言 …………………………………… 144

第八章　欧洲的语言与教学 ………………………………… 147
　　教学计划中的语言 …………………………………… 147
　　教授的语言 …………………………………………… 149
　　方法与目标 …………………………………………… 152

结论　欧洲统一性与语言多样性 …………………………… 158

参考文献 ……………………………………………………… 169

国际互联网资讯 ……………………………………………… 172

第一章　历史根源

▶▷　**千姿百态的景象**

从大西洋到乌拉尔山，我们眼前的欧洲语言景象，说句实话，的确是千姿百态！

在欧洲大陆的西南端，我们首先看到有一个罗马语言区，或者叫拉丁语的派生语言区。在这一语言区，有四种语言是四个国家的官方语言。葡萄牙语，是葡萄牙的官方语言（1030万人）；西班牙语或叫卡斯蒂利亚语，是西班牙的官方语言（4040万人）；意大利语，是意大利的官方语言（5810万人）；法兰西语，是法兰西的官方语言（5930万人）。此外，在欧洲，法兰西语也是比利时的共同官方语言（1030万人），它是瓦隆区使用的语言，与弗拉芒语一道在布鲁塞尔城使用；法兰西语也是瑞士的官方语言（720万人），瑞士联邦有好几个区都说法兰西语。在意大利的奥斯塔谷地，法兰西语与意大利语也同是官方语言。

与这些国家语言（lenguas estatales）共存的，还有其他分布范围不一的罗马语言。加泰罗尼亚语不仅使用人数众多，而且还有文学传统和制度支持。在西班牙，加泰罗尼亚语与卡斯蒂利亚语一道，现在是加泰罗尼亚（600万人）、巴利阿里群岛（68万人）和瓦伦西亚（370万人）等

多语言的欧洲

地的共同官方语言。地方差别使加泰罗尼亚语在瓦伦西亚被称为瓦伦西亚语。加泰罗尼亚语还是安道尔的官方语言（5万人），安道尔是比利牛斯山脉中的一条谷地，1993年已被联合国承认为独立国家。在加泰罗尼亚，毗邻法国的另一条比利牛斯山脉谷地——阿兰谷地，有5000人讲阿兰语（aranés），它是一种加斯科尼语（gascón）方言，现已被整理出来并受到保护。西班牙还有加利西亚语，这种语言与葡萄牙语相近，它在加利西亚与西班牙语一道是官方语言（280万人）。在瑞士，罗曼语（romanche）虽然使用人数不多，但得到正式承认，并被视为国族语言（lengua nacional）。在法国，奥克语（occitano）有不同支系，使用人数不少，但具体情况不明；科西嘉岛的科西嘉语（corso），情况也是如此。意大利半岛的各种新罗马语，如阿尔卑斯山区的拉迪语（ladino）和弗留利语（friulano），撒丁岛的撒丁语（sardo），与法国的奥克语和科西嘉语一样，使用情况也不清楚。

在英国（6000万人），官方语言是英语。而在爱尔兰（380万人），英语与爱尔兰语同为官方语言。爱尔兰语是一种克尔特语，古代是爱尔兰的当地语言。在大不列颠，现还存在一些克尔特语言，首要的是威尔士语（galés），这一语言目前受到一定程度的保护。苏格兰的盖尔语（gaélico）和马恩岛的语言，情况不太确定，此外，使用人数也较少。在法国，位于英国海岸对面的布列塔尼，现也存留一种克尔特语言，即布列塔尼语（bretón）。

德语是德国（8210万人）和奥地利（810万人）的官方语言。德语有共同的书写形式，同时分为许多方言。在相邻国家的一些地区，也存在各种德语方言。如在瑞士的一些区里，讲的是瑞士德语，由此，德语成了瑞士的共同官方语言（720万人）。法国的阿尔萨斯地区也讲一种德语方言，叫阿尔萨斯语（alsaciano），尽管它未得到官方承认。卢森堡（45万人）也使用一种德语方言，最近，这种方言已被整理出来，取名卢森堡语，现已被确定为国族语言。在比利时部分地区，也讲德语，并因此出台了该地区语言条例。

第一章 历史根源

荷兰语是荷兰（1610万人）的官方语言。在比利时，荷兰语是佛兰德地区的语言，因此与弗拉芒语同为官方语言；而在布鲁塞尔城，荷兰语则与法语一道同为官方语言。弗拉芒语曾经被认为是一种不同语言，但最近一致认为它同属荷兰语，具有荷兰-弗拉芒各语支的特点。在荷兰和德国交界地区，有弗里西奥语（frisio）或叫弗里斯语（frisón）。在斯堪的纳维亚半岛各国，讲各种内在联系非常密切的语言：丹麦讲丹麦语（530万人），瑞典讲瑞典语（890万人）；挪威讲挪威语（450万人），冰岛讲冰岛语（26万人）。瑞典语曾经是芬兰的统治语言，今天仍是芬兰的一个重要小语言。

芬兰语是芬兰的语言（500万人）；匈牙利语是匈牙利的语言（1050万人）。这是两种完全不同的语言，但语言学家却将它们列在乌拉尔语族中，该语族还包括在爱沙尼亚使用的爱沙尼亚语（160万人）。

希腊语是希腊的国族语言（1050万人），它由古希腊语演变而来。阿尔巴尼亚语是阿尔巴尼亚的语言（340万人），同时也在今日命运不定的科索沃地区和马其顿使用。在希腊和意大利，也存在一些使用阿尔巴尼亚语的语言区。

在巴尔干半岛，也有一种新罗马语言，该语言产生于罗马占领时代，名叫罗马尼亚语，是罗马尼亚的国家语言（2340万人）。在第二次世界大战后并入苏联、今日命运不定的摩尔达维亚，讲一种罗马尼亚语方言，人们一度认为它是一种独立语言。实际上，这种方言可称为"阿罗马尼亚语"（arumano），是古代巴尔干人使用的新拉丁语。所谓古代巴尔干人，就是今日希腊和巴尔干各国的先民。

立陶宛语是立陶宛的语言（370万人）；拉脱维亚语是拉脱维亚的语言（240万人）。这两种语言关系密切，被语言学家列为"波罗的语组"。

但在东欧，分布最广的语言是各种斯拉夫语言，分为西斯拉夫、南斯拉夫和东斯拉夫三个语支。西斯拉夫语支，包括在波兰使用的波兰语（3850万人），以及捷克语；而后，从捷克语中又衍生出斯洛伐克语；再后来，政治分离最终导致了捷克（1040万人）和斯洛伐克（530万人）

· 3 ·

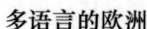
多语言的欧洲

的语言分离。南斯拉夫语支,包括在保加利亚使用的保加利亚语(890万人),在斯洛文尼亚使用的斯洛文尼亚语(200万人),以及在19世纪创制的塞尔维亚-克罗地亚语。塞尔维亚人和克罗地亚人是两个共同体,现在建立了两个独立国家,前者有1060万人,后者有460万人;二者使用的书写字母也不同:前者是西里尔字母,后者是拉丁字母,现在被认为是两种不同的语言。这个语族还应加上马其顿语,因为马其顿语现在被认为是一种独立语言,而不是保加利亚语的方言。

东斯拉夫语支的主要代表语言是俄语,在俄罗斯联邦使用,使用者有1.492亿人,其中有一部分人分布在乌拉尔山以东地区。这个语支中还有乌克兰语和白俄罗斯语,自苏联解体后,这两种语言成了两个独立国家的语言:乌克兰使用乌克兰语(5220万人);白俄罗斯使用白俄罗斯语(1030万人)。

巴尔干各国和东欧国家的政治边界常与语言边界不一致,在这些国家中都有一些语言飞地和使用邻国语言的少数人,我在讲欧洲语言史的章节里会说到这个问题。这类案例没有任何新语言需要介绍,故无须赘述。

根据"东至乌拉尔山"的欧洲边界定义,我们应当把在高加索地区使用的三种语言列入欧洲语言之中。说这三种语言的,以前是苏联的加盟共和国,现在是独立国家。这三种语言即是格鲁吉亚的格鲁吉亚语(550万人),亚美尼亚的亚美尼亚语(360万人),阿塞拜疆的阿塞拜疆语(730万人)。但是,在高加索山的山谷中,还存在大量的小语言,其中大部分语言在苏联时期都拥有一定程度的自治并得到相应的保护。这里,我们仅列出使用人数超过20万人的语言:属于高加索语族的有车臣语(chechenio)、阿瓦尔语(avario)和卡瓦尔语(cavario);属于阿尔泰语族的有库梅克语(kumik);属于印欧语系的有奥塞梯语(osético),这是古代阿拉诺人(alanos)语言的遗存。

说到这里,我们介绍一下巴斯克语。巴斯克语在法国南部和西班牙北部使用,有些语言学家认为它与各种高加索语言同源,更具体一点说,

第一章　历史根源

与格鲁吉亚语同源。目前，巴斯克语在西班牙也受到保护，并与西班牙语一道成为巴斯克地区（210万人）的共同官方语言。而在马耳他（36万人）使用的马耳他语，则是一种闪米特语言，虽然书面运用很少，但在马耳他则与英语一道具有共同官方语言的地位。

从上述叙述中我们可以看到，在2004年扩大前的欧盟15个国家中，存在14种是国家语言（lenguas estatales）的语言，因此它们都是欧盟的语言。除爱尔兰语和卢森堡语的使用场合有限外，其余12种语言都是欧盟的官方用语和工作用语。欧盟经过2004年扩大后，其他10个国家的10种语言也成了欧盟的官方用语和工作用语，尽管马耳他语的最后地位有可能发生变化。除这些语言之外，在西班牙部分地区，还有3种语言具有共同官方语言的地位。另外，欧洲至少还有12种语言没有成为官方语言，尽管它们拥有相当可观的使用人口。而且，在欧盟的目前边界以外，还有15种语言是国家语言；同时，在高加索的一些自治领土或俄罗斯联邦的其他地方，还有另外一些语言。

因此，欧洲总共有39种不同的国家语言，以及至少15种虽不是国家语言、但使用人数相当可观的语言。这是一幅千姿百态的语言景象，而且，这些语言还不止在一个国家内使用，在不同国家还有地位差别。例如，一种语言在一个国家里可以是多数人语言和官方语言，但在另一个国家里则可能是少数人语言和受保护语言，而在第三个国家里又可能是边缘语言且得不到任何保护；这些情况，使欧洲的语言使用变得更加复杂。

欧洲有50多种语言，尽管与其他大陆相比微不足道，但也的确够多。据说，当今世界有4000—5000种语言，其中大多数分布在亚洲、非洲和美洲。但应该承认，这么多语言，大多数都是使用者很少，没有文法，也没有文字。相反，大多数欧洲语言，即使是那些使用人数很少的语言，过去和现在都有文字，都在进行教学；这意味着它们有一定的文法形式；更重要的是，欧洲大多数语言的使用者把它们视为认同符号，在一定程度上把自己与一定的语言联系起来。

多语言的欧洲

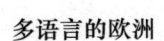

与其他地方相比，欧洲语言的差异性，要比事实和数字给人的印象更深。在美国、俄罗斯、巴西或中国，走上几千公里仍在同一语言区里转。但在欧洲许多地方，开车走上两个小时，就会跨越两三个语言区。在欧洲，区分语言区的变化，无须开口问，只要看一下路标，只要注意一下同一市镇却有不同名称，也就明白无疑了。

▶▷ 共同的起源：各种印欧语言

一些欧洲语言之间的关系十分密切，如捷克语和斯洛伐克语，塞尔维亚-克罗地亚语和斯洛文尼亚语，丹麦语和挪威语，使用者可毫无困难地互相听懂对方讲话。但是，大多数语言并非如此，而是相互不通的。不过，与表面差别相反，大多数欧洲语言有许多共性。

早在18世纪，威廉·琼斯先生在印度经过长期体验后指出，梵语、希腊语和拉丁语之间存在相似性。弗朗兹·博普最终证明了这一点，用20年时间写下了他的著作《梵语、森达语、亚美尼亚语、希腊语、拉丁语、立陶宛语、高地斯拉夫语、哥特语和德意志语语法比较》（1832—1852年）。在这一时期里，历史学观点被普及到语言学中，因此，人们热衷于研究历史语法学和词源学。

目前，人们普遍赞成把这些"印欧"语言分为9个或10个主要语族，以作者不同而不同。根据它们的分布和从东向西数，有几个语族过去和现在都只存在于亚洲，因此，我们在这里略去不谈。就欧洲范围说，这些语族是：

1. 波罗的-斯拉夫语族（Balto-eslavo），分两个语组：波罗的语组，包括立陶宛语和拉脱维亚语；斯拉夫语组，由古斯拉夫语演变为南斯拉夫、东斯拉夫和西斯拉夫三个语支。南斯拉夫语支包括保加利亚语、塞尔维亚-克罗地亚语和斯洛文尼亚语；东斯拉夫语支包括俄罗斯语或大俄罗斯语、白俄罗斯语或小俄罗斯语和乌克兰语；

西斯拉夫语支包括捷克语、斯洛伐克语和波兰语。

2. 伊利尔语族（Ilírico），目前只有以阿尔巴尼亚语为代表。

3. 日耳曼语族（Germánico），由在斯堪的纳维亚半岛和德国北部使用的前日耳曼语演变而来，现分为几个不同的语组：哥特语组，包括哥特人使用的哥特语，以及汪达尔语、布尔戈尼语等；哥特语现已消失，但在4世纪出版的《乌尔费拉圣经》（*Biblia de Ulfilas*）中，有一些残留。北欧语组，包括各种斯堪的纳维亚语言，如丹麦语、瑞典语、挪威语、冰岛语，等等。盎格鲁-撒克逊语组，源于盎格鲁人和撒克逊人使用的"古英语"，他们自5世纪起在不列颠群岛居住下来，把克尔特人挤走了；现在的英语，就是由"古英语"衍生出来的。上德语组，分布在德国南部，并由此产生出现在的德语。下德语组，分布在德国北部，并由此产生出荷兰语和弗里斯语。

4. 希腊语族（Helénico），根据历史演变，包括米塞尼希腊语（griego micénico）、西拉尼希腊语（griego helénico）及其方言，以及拜占庭希腊语（griego bizantino）和现在的希腊语（griego actual）。

5. 克尔特语族（Céltico），包括大陆克尔特语组和岛屿克尔特语组，后者也叫不列颠克尔特语组：前者以高卢语为代表，现在已经消失；后者产生出威尔士语，可能还有布列塔尼语；此外，还有盖尔语组，包括不同形式的语言——爱尔兰语、苏格兰语、科尔诺语（córnico）和马塞语（manxés）。

6. 意大利语族（Itálico），包括拉丁语，或者说是拉齐奥的语言；由这一语言产生了如下新拉丁语——意大利语、西班牙语、加泰罗尼亚语、加利西亚语、葡萄牙语、普罗旺斯语、法兰西语，等等。

下表中列出的单词，表明印欧语系各种语言间的词汇相近。这些相近的单词，在其他语言中是找不到的。

多语言的欧洲

表1-1　　　　　　　　　　欧洲几种语言的同源词

语族、语组、语支与语言	母亲	三	晚上	鼻子
意大利语族： 拉丁语 西班牙语 法兰西语	mater madre mère	tres tres trois	nox noche nuit	nasus nariz nez
盖尔语组： 威尔士语 爱尔兰语	mam mathair	tri tri	nos oiche	trwyn sron
希腊语族： 希腊语	méter	treis	nax	rhis
下德语组： 荷兰语	moeder	drie	nacht	neus
上德语组： 德意志语				
盎格鲁-撒克逊语组： 英语	mother	three	night	nose
伊利尔语族： 阿尔巴尼亚语	nene	tre	natë	hunde
西斯拉夫语支： 捷克语	matka	tri	noc	nos
东斯拉夫语支： 俄罗斯语	mat	tri	noch	nos
波罗的语支： 立陶宛语	motina	trvs	naktis	nosis

表1-2　　　　　　　　　　几种非印欧语言的相应词汇

语言	母亲	三	晚上	鼻子
芬兰语	Haití	kolme	yö	nena
匈牙利语	anya	harom	ejszaca	orp
巴斯克语，或叫埃斯卡尔语	ama	hitu	gau	sudur

·8·

第一章 历史根源

因此,大多数欧洲语言都是印欧这个大语系的成员。另有一些语言属于其他语系:突厥语系的芬兰-匈牙利语族,代表语言有芬兰语、匈牙利语和爱沙尼亚语;在高加索地区使用的属于高加索语系的各种语言,其中最为人知的是格鲁吉亚语,不知起源的巴斯克语或叫埃斯卡尔语(虽然人们习惯上将巴斯克语列入高加索语系,但其联系还不明确);在马耳他岛使用的属于闪米特语系的马耳他语。

如果说从语言学角度似乎不难证明印欧语系的存在,那么,与此相反,如果试图证明欧洲各族人民一开始就使用这些语言,如果试图根据欧洲人起源的单一性证明他们有共同的祖先,这就要冒很大风险了。

澄清"印欧人之谜"的努力,首先来自语言学家。从对印欧语系各种语言的比较出发,同源语言演变史学试图确定一些语言与另一些语言分化的时代。根据同一语系各种语言的单词词根相同,旧石器时代语言学试图建立原始印欧语的基本词汇表。根据这个共同的词汇表,再试图确定操这种原始印欧语的各族人民的一些主要特点。研究结果是:这些人民的家庭结构非常稳定,社会组织分为多个等级,骑马游牧,勇敢善战;他们在公元前第二个千年期间,分为数次浪潮席卷欧洲,取代了当地的新石器农耕居民。关于他们的起源地,最早研究这个问题的学者认为在印度;由此,他们认为印欧人就是雅利安人,印欧人后来发展成为欧洲的脊梁骨。但后来的研究者又把印欧人的起源地向西移动许多。根据广为传播的假设,印欧人发源于中亚草原与俄罗斯南部之间、接近乌拉尔-阿尔泰语系分布地区,可能就在今日哈萨克斯坦西部的吉尔吉斯草原。从这里,印欧人向南扩散到印度;向西,他们首先到达欧洲南部和北部,然后再向西到达大西洋沿岸。

由历史语言学得出的这些结论,很难与考古学遗址和历史材料统一起来。有一份材料为下述理论提供了历史证明:讲一种印欧语言、来到希腊半岛的多利安人(dorios),可能接受了以朱庇特为主神的各种太阳神和战神,他们没有消灭这些神灵,而是以这些神灵取代了原有的那些与自然和繁衍有关的神灵。他们接受这些新的神灵似乎并不困难。在荷

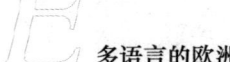
多语言的欧洲

马史诗中,在中欧和多瑙河许多铜器时代的遗址中,以及在许多克尔特文化遗址中,这些神灵都得到了歌颂和崇拜。根据这个解释,在数千年前,在公元前 3000 年纪之初,印欧语系各语族就已分化了。总而言之,当这些操印欧语的人民在欧洲扩散开来时,他们遇到了一些更早的居民。这些居民从最后一个冰期开始,早在 7000 年前,就主演了所谓的"新石器革命",发展出了农业和畜牧业。

但是,即便我们总体上接受这种理论,却很难将它具体化。1987 年,著名的考古学家科林·伦弗鲁提出了一种引人注目的理论,它与至今被人们广为接受的上述理论完全不同。科林认为,印欧语系诸语言应该有一个共同起源,它在安纳托利亚高原(土耳其),因此在小亚细亚;而且,印欧语在欧洲的扩散要早得多,始于新石器时代开始前后,也就是公元前 6000—前 7000 年;再者,这种扩散并不是武装侵略的结果,而是伴随着农业普及实现的,也就是在由狩猎-采集社会向农业和畜牧社会转变时实现的。这是一种历经几十个世纪的缓慢变化,在此过程中,各种印欧语言不仅取代了其他语言,印欧语言本身也在演变,最终发生了分化。科林承认,这也只是一种假说,与其他假说一样难以证明,因为这个问题所涉及的时代没有留下任何直接的语言材料。

就本书的目的来说,我们无须探讨讲印欧语并在后来发展成为印欧语系的那个社会的特征是什么,甚至也不需猜想这个语言同源共同体是否有共同的文化基础;经过几十个世纪的演变,假设的原始共同性早就解体了。我们需要探讨的问题,恰恰是它的相反过程:不同的印欧语言,由于经历了共同的历史,它们相互影响,并随着一种共同文化的形成获得了相似的特征。

在促使这种融合的各种因素中,最主要的因素之一,是拉丁语在欧洲大陆大部分地区的普及。

▶▷ 拉丁语:罗马帝国的语言

罗马人在地中海和欧洲大部分地区的扩张速度令人惊讶,而拉丁语在被征服地区的普及速度同样令人吃惊。当然，我们可以说这是因为拉丁语是征服者的语言；但征服者毕竟人数不多，而且，他们也没有普及拉丁语的特别兴趣。我们应该另找解释：作为罗马人的文化工具和组织工具，拉丁语的效率非同寻常。我们说拉丁语传播很快，指的是罗马化过程快，作为罗马化过程的一个方面，人们接受了拉丁语；在经过长短不一的双语阶段后，拉丁语在许多地方都变成了唯一用语。除了下面讲到的一些例外地方，在罗马化的西欧，罗马占领前的语言都彻底消失了。

欧洲东部的情况不同。在希腊半岛，希腊人继续使用希腊语；在近东一些地方如埃及和叙利亚，因那里文化传统强大，地方语言具有抵抗力；此外，自亚历山大征服起，希腊文化在近东的影响也很广泛。

不仅希腊语对拉丁语形成了对抗，而且，罗马文人还接受了希腊语言中的文化，包括神话、文学和哲学，认为希腊文化是样板；由此，掌握希腊语变成了知识水平高的证明。这样，可以说产生了一种被拉丁语丰富的双语文化。当然，这种双语文化是罗马和一些重要城市的文化阶层特有的，而大多数居民则是"粗俗之人"，讲的是通俗拉丁语。但就是这种通俗拉丁语，实际上是今日欧洲大部分地方当时流行的语言，它承载了一种重要的文化财富；这笔财富是其他人民的文化所不可比拟的，它包括一部分是自己的、一部分是从希腊继承下来的科学、哲学、法学等。

我们不能忘记，"欧洲"观念的产生，也部分归功于罗马。在罗马帝国崩溃后的许多世纪里，罗马法一直是欧洲公共意识的主要支柱。欧洲历史上的历次复兴运动，都是从重新发现古典文化开始的。从查理大帝开始，在一切试图建立一种共同的政治组织的努力中，都充满了对罗马帝国的怀念。

拉丁语本身的影响也不小。除不列颠群岛这个唯一的例外，在罗马人所到的西欧各地，今日继续使用各种拉丁语言或新拉丁语言。在罗马帝国末期，日耳曼人的历次大规模入侵，只是把日耳曼语言与拉丁语言的边界向西稍微移动了一点，其军事分界线到莱茵河就固定下来了。但与此相反，如同我们已经指出的那样，拉丁语在罗马帝国东部的影响较

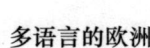
多语言的欧洲

小，只在原来的达契亚，也就是现在的罗马尼亚，保留下了一种拉丁语言。

但是，拉丁语在欧洲语言史上的作用，不只限于它是各种新拉丁语的源泉，它还是教会用语；尽管蛮族入侵摧毁了教会赖以生存的政治组织，但拉丁语继续是一种活语言。

▶▷ 拉丁语：教会语言与文雅语言

基督教教义产生在犹太人中间，不久就变成了一种世界信仰，这使它很快被翻译成其他语言。首先，圣保罗把它翻译成了希腊语；随后它就传到罗马，又被翻译成拉丁语。因罗马是帝国首都，罗马基督教团也就占据了优越地位，并在全西欧使用拉丁语传教。尽管如此，东欧的基督教团也具有自己的重要性。东欧的文化大传统最早把《圣经》翻译成希腊语；在最早用希腊语进行教义大讨论的同时，也最早把基督教教义编成纲领性读本，并最早总结出基督教哲学。但随着蛮族入侵和帝国解体，西欧的教会和东欧的教会分离了；而且，当这种分离已成定局时，希腊语在罗马教会中的作用也减小了，直到最后消失；由此，拉丁语变成了基督教会的唯一用语。

蛮族入侵后的几个世纪，是欧洲各族人民的黑暗世纪，直到进入11世纪，欧洲各族人民才过上了相对安定的生活，开始留下一些书面材料；在此期间，教会是唯一的稳定的组织机构，其影响扩大到所有已知世界。教会把拉丁语当作传教工具和通信手段，甚至使用拉丁语向不懂拉丁语的人民传教。修道院使用拉丁文抄写和编辑基督教课本；主教和修士到处传教，也不需带翻译。

进入12世纪，中世纪社会发展到顶点。这是到处竖立十字架和建造大教堂的世纪，是西斯特教团（Císter）活跃和开始建立大学的世纪。不久，大学遍布欧洲，最著名的有巴黎大学、牛津大学、剑桥大学、博洛尼亚大学、蒙彼利埃大学、科隆大学、乌普萨拉大学、克拉科维亚大学、萨拉曼卡大学。这些大学一直是真正的"知识工厂"。今天，我们称这些知识都是经院哲学；但是，这种包括基督徒、阿拉伯人和犹太人三种观点的经院哲学，当时不仅试图使信仰理性化，而且还利用希腊哲学解释信仰理性化；事实上，后来的一切哲学和科学思想的产生，都与这种经院哲学直接相关。中世纪大学培养的最早的法律学家，都是用拉丁语授课的；在从封建制度向国家君主制过渡时期，这些法律学家发挥了重要作用。医生使用拉丁文，把阿拉伯医学介绍到了西欧。

由于到处都使用拉丁语教学，教师和学生从一所大学转到另一所大学毫无困难。在文艺复兴时期，知识不再是基督教知识的同义词，但拉丁语继续是科学用语。哥白尼（1473—1543）、开普勒（1572—1630）、惠更斯（1629—1695）、牛顿（1642—1727）等，所有这些现代科学的开拓者，都使用拉丁文写作。当然，各种通俗语言也日益盛行。笛卡儿（1596—1650）的《方法谈》是用法文写的，《形而上学的思考》也是如此。然而，斯宾诺莎（1632—1677）的著作都是用拉丁文写的，莱布尼茨（1646—1711）的著作大部分也是用拉丁文写的。但是，尽管这样坚持使用拉丁文，拉丁文还是逐渐失去了原来的地位，取而代之的是各种通俗语言。在18世纪和19世纪初，大多数欧洲大学的博士论文仍然使用拉丁文，但这不过是一种传统主义的表示而已，而且越来越难以为继。由此，到19世纪下半叶，大多数欧洲国家都实行预科教育，为进入大学做准备；在预科教育中，拉丁语和希腊语教学虽然占有重要地位，但这主要是为了使学生了解人文文化，希望他们能够使用这两种语言进行表达和交流。与所谓"活语言"教学相比，拉丁语和希腊语是作为"死语言"学习的。

此时，只有天主教会在其内部事务、礼拜仪式和教士培养中继续使用拉丁语。但在进入20世纪后，拉丁语在教会中的使用也开始走下坡路了。梵蒂冈第二次主教会议决定，在礼拜仪式上，用通俗语言取代拉丁语。在天主教会历史上，这次会议也是大部分参加会议的主教首次不用拉丁语进行交流的会议。

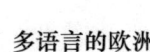
多语言的欧洲

作为传播知识和文化的工具,拉丁语的制度性应用产生了许多结果,其中包括现代科学词汇表中的大量单词:从形而上学到数学、从植物学到医药学、从法学到行政管理学,许多术语都直接来源于拉丁语,或者通过拉丁语来源于希腊语。这些学科的词汇表不仅在一切新拉丁语言中都完全一样,在所有欧洲语言中也是如此。而且,今日人们在创造新术语时,仍然在借助希腊拉丁语(grecolatino)词根。

19世纪80年代,为了方便国际交流,当人们试图创造人工语言如世界语时,有人曾建议不能采用某一国族语言,而应采用拉丁语。当时,甚至创造出了简化拉丁语,这一度引起人们的关注。但现在看来,拉丁语重新成为欧洲人共同语言的可能性,似乎已彻底丧失了。

▶▷ 民众语言的兴起

拉丁语虽然是罗马帝国大部分地区的共同语言甚至是唯一语言,但拉丁语有书面拉丁语与日常拉丁语之别:前者是演说语言、文学语言和行政语言;后者基本上是口头语言,且存在地方特点。这些特点首先表现为语音差别,也有句法差别乃至词汇差别。这完全是一种自然现象。在一切成熟语言中,只要流行地域广大,都存在书面语言和通俗语言之别。这种地区语言差别,是各地区居民内部口头交流的结果;这种交流导致各地语言独立进化,同时,各地先前使用的语言也对这种进化有影响,语言学家称这种现象为"根基"(substrato)。例如,地中海沿岸的伊比利亚人开始讲拉丁语时,不难想到,他们会保持自己的发音习惯或句法喜好,同时会把自己的古老词汇引入拉丁语中。

当罗马帝国保持结构稳定、交通畅通时,这些地方语言差别只限于有限的范围,不影响语言的统一;但随着帝国的衰落,再加上5世纪开始的蛮族入侵打破了帝国统一,共同制度结构消失,语言的差别化过程开始加快,最终导致产生了各种不同的罗马语言。

关于这个过程具体发生的方式,以及经过的阶段,现在知之甚少。

第一章 历史根源

从 5—10 世纪，现存的所有书面物证都是用拉丁文写成的；只是从 11 世纪起，在一些拉丁文书籍的边白处，才可见到用通俗语言留下的一些单词。语言历史学家对这一时代语言情况的研究，都是以假设为基础的。

而且，即使我们占有充分的材料，我们也不可能断定人们是在什么时候不讲拉丁语而改操其他不同语言的。这是一个缓慢和持续的过程，不存在什么具体迹象可以确定一种新语言产生的时刻。不仅过程是缓慢和持续的，地域上也是有差别的，而这种差别的形成同样也是缓慢的，在一定程度上说也是持续的。

在阿尔卑斯山谷地或比利牛斯山谷地，拉丁语的进化与其他邻近谷地不会一致。同一语言的不同支系或两种语言的分野，是这样发生的吗？在上述两个谷地之间发生的情况，同样可以在罗马帝国的任何地方、在拉丁语分布区的各个角落里发生。

一切语言进化都有分散的趋向，但同时也有统一的压力，这种压力可以促使居民结成语言共同体。经常相互交流的居民，同一个村庄和同一条谷地的居民，去同一个集市抑或受同一个当局统治的居民，他们的表达方式通常会趋向于形成一种共同的模式。

前文说到，我们现在没有发现 5—10 世纪期间的通俗语言材料；但我们知道，会书写的教士和文化人所讲的拉丁语，与民众所讲的拉丁语之间的区别是不断扩大的，而且，他们都意识到了这种区别。查理大帝建立了贵族子弟学校，让他们学会正确使用拉丁文；但就在查理大帝统治期间，图尔主教会议（813 年）却下令教士"各自把基督训诫翻译成通俗语言、罗马语言或条顿语言，让人人都能容易掌握基督训诫"。拉丁语读本与民众使用的"罗马语"（románico）读本之间的区别如此之大，以至于难以沟通。没有接受拉丁语的古代蛮族的语言，也被认为与罗马语言处于同样的地位。

但是，图尔主教会议所指的教民使用的罗马语，是一种什么语言？数年之后，查理大帝的孙子尼萨德在用拉丁文记述"仁慈者"路易斯的孙子们之间的斗争时，一方面照抄"日耳曼人"路易斯发布的法文本

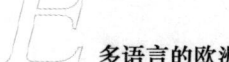
多语言的欧洲

《斯特拉斯堡誓言》（842 年）；一方面又照抄"忧郁者"卡洛斯发布的德文本《斯特拉斯堡誓言》，目的是让说这两种语言的士兵都能读懂。法文本《斯特拉斯堡誓言》十分简明，使我们可以准确了解这一语言的情况；有学者认为它是皮卡迪亚语（picardo）的前身，也有学者认为是安赫维诺语（angevino）的前身，还有学者认为是普罗旺斯法兰克语（franco）的前身。这意味着如同在整个罗马帝国一样，拉丁语在当时的法兰西也已演化出不同的地方形式；这就是说，由拉丁语已产生出不同语言的萌芽，但相互之间尚未形成明确的界限。

拉丁语向各种新拉丁语演化的情况是如此，欧洲其他语言演化的情况也无例外，尽管这些语言给我们留下的历史材料同样不足。当发生蛮族大入侵时，原始日耳曼语的不同分支（见前文对印欧语言的介绍）已出现了上德语（alto alemán）、弗里斯语和古英语之间的差别。古英语与上德语十分相近，且已呈没落趋势，是盎格鲁人和撒克逊人使用的语言；这两支人民在 5 世纪把克尔特人挤走后，占据了不列颠群岛。至于上德语，它在查理大帝时代形成了许多地方差别；在 10 世纪的一些拉丁文读本中，留有许多旁注可以证明这些差别。即使是在使用拉丁文的地区，也留下了许多上德语旁注；这可能是因为拉丁语和通俗语言之间的差别太大，需要对拉丁文读本的意义进行注释。有关这一时代的斯拉夫语言情况，材料更少；现在可以肯定的是，出生在特萨罗尼卡的西里尔和梅托迪奥兄弟俩，在 863 年根据希腊字母创造了一套新字母，并用这套字母把一些《圣经》读本翻译成了斯拉夫语言。

如果说欧洲语言地图到 1000 年时还是模糊的，还缺乏书面材料勾画它，那么，200 年之后，也就是在所谓语言复兴的 12 世纪到复兴完成的 13 世纪，情况则完全不同。此时，开始建立明确的政治组织、稳定的君主制和日益扩大的城市。所有这些，推动了用通俗语言发布管理文书的流行；同时，也产生了用通俗语言写成的文学作品。通过各种渠道，一些语言差别得到确认并趋向稳定，这使我们可以勾画出当时的语言地图，弄清它们的地理分布情况。

· 16 ·

第一章 历史根源

意大利是拉丁语的故乡，但拉丁语原本只是拉齐奥的语言；拉齐奥是罗马城所在的地区，只是经过不断征服，拉丁语才被扩散到整个意大利半岛。另外，意大利半岛也受到伦巴第人的入侵，伦巴第人虽然接受了拉丁语，但也对拉丁语有所改变。罗马帝国的衰落，导致了意大利半岛的政治分裂。但与其他地方不同，这里有更多的城市，特别是那些与形成语言核心有关的城市，得以保存下来。在试图恢复俗语尊严、竭力用一种"文化俗语"写作的《论俗语》（*De vulgare elocuentia*）一书中，但丁把意大利语区分为14种方言。

法语地区也是语言多样性的样本。从法语开始演化，它就形成了北方各种"奥伊尔"（oil）语言和南方各种"奥克"（oc）语言的区别。在北方，不同地区都形成了以地区名称为名的语言分支：瓦隆、皮卡迪亚、香巴尼、诺曼底、布尔戈尼，等等；只是在经过数个世纪的动荡后，巴黎地区使用的方言"法兰克"语（francino）才被确认为行政和文学语言。在南方，各种奥克语言的差别也很大，如莱莫森语（lemosén）、奥弗涅语（auvernés）、加斯科尼语（gascón）、奥克语（occitano）、普罗旺斯语（provenzal），等等。在各种奥克语言和奥伊尔语言之间，是普罗旺斯法兰克语（franco provenzal）分布区。在12世纪和13世纪行吟诗人的诗篇中，奥克语盛行一时；这些诗人使用一种共同语言，其影响大大超出了奥克语地区。不过，这些诗人的语言是一种特殊的文学现象，奥克语地区在政治上是分裂的，抵挡不住来自北方的压力。

在伊比利亚半岛，通俗拉丁语的解构，产生了各种方言差别。但这个过程一度被阿拉伯人的入侵打断。逃到北部山区的伊比利亚人，创造了一些新语言。随着光复战争向南推进，这些语言也在南方使用开来，最后形成了伊比利亚半岛的语言地图。开始有五种新语言——加利西亚语（gallego）、阿斯图里亚斯语（asturiano）、卡斯蒂利亚语（castellano）、阿拉贡语（aragonés）和加泰罗尼亚语（catalán）；最后，由于卡斯蒂利亚语（西班牙语）限制了阿斯图里亚斯语和阿拉贡语的传播，现在只剩下三种语言：西部的加利西亚语，该语言后来向南发展，产生了葡萄牙

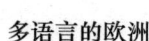
多语言的欧洲

语；中部的卡斯蒂利亚语；东部的加泰罗尼亚语。13世纪，这三种语言产生了许多重要的文学作品。

在今日成为德国的地区（一般是指日耳曼语地区），除了已说到的方言差别外，还应当加上迅速演化的所谓"中德语"（alemán medio）；这是在12世纪和13世纪发展起来的语言，与以前使用的"上德语"明显不同。《尼伯龙根之歌与帝国编年史》（*Los Nibelungos y la Crónica Imperial*）就是使用这种语言写成的。相反，行吟诗人的抒情诗，则是使用一种刻意避免方言形式的语言写成的，并且深受法语和奥克西塔诺（occitano）语的影响。

尽管如此，由于缺乏统一压力，方言差别仍旧很大；并且，在长时间里，任何一种方言都无法压倒其他方言。但是，此时产生了一种独立的方言。荷兰从过去到现在都是一个族类十分混杂的地区，不同语言在那里都有影响。但荷兰的城市非常繁荣，并且相对独立。12世纪的作品，可以认为是用一种"中尼兰德语"（neerlandés medio）写成的；14世纪，荷兰城市都使用尼兰德语发布文件。尼兰德语也称荷兰语（holandés）。

英语的发展最复杂。在9世纪，古英语就已明确形成了，尽管它和其他语言一样也有不同方言。但在1066年，在黑斯廷斯战争之后，发生了诺曼底人的入侵。诺曼底人虽然起源于斯堪的纳维亚人，但他们早就来到了诺曼底，并且讲法语。由此，法语成为宫廷和贵族语言，而平民则继续讲一种不受文化当局支持而是自然演化的英语。只是从"百年战争"开始，君主和贵族才恢复使用英语；但是，在与法语共存的两个世纪里，英语特别是英语词汇表，明显受到了法语的影响。

关于东欧和南欧国家的语言演化，因缺乏书面材料，很难进行总结；不过，它与上述情况不会有太大不同。在中世纪之初，每个语族都有各种不同的口语，但到12世纪和13世纪，各种语言的核心就明确形成了，其中包括今日欧洲人所使用的所有语言。

在欧洲各种语言形成的过程中，在词义和规范被大家共同接受的过程中，有许多因素在起作用。一方面是文学创作的作用，特别是那些不

第一章 历史根源

仅在空间上传播，而且在时间上流传下来的书面文学创作，作用更大。另一方面是政治组织的作用，特别是这些组织在行使权威时使用的书面语言的作用。这些政治组织通过向国族-国家（nation-state）演化，对一些语言的巩固和权威发挥了决定性的作用。

▶▷ 巩固的因素

在今日大多数欧洲语言形成的初始时期，文学创作是体现语言成熟的首要标志。有的文学创作是抒情诗，如行吟诗人的作品；有的则是英雄史诗，如《罗兰之歌》（*Chanson de Roland*）、《熙德之歌》（*Mío Cid*）、《尼伯龙根之歌》（*Los Nobelungos*）；另一些则是信仰作品，如《神圣喜剧》（*Divina Comedia*）。不管是哪种情况，文学创作都受到民间欢迎，而且都是名篇，都固定和保证了一定的语言差异，其传播范围也都超出了原产地。口头传播也是这样，当把口头创作变成书面形式时，传播范围更广。文字作品的传播不仅在时间和空间上比口头作品更长久、更广泛，而且意味着巩固程度更高，因为这需要一定的书写规则才能记述口头语言。不言而喻，印刷术也大大提高了书面作品的传播能力。

但是，在欧洲各种现存语言的巩固过程中，我们不能夸大文学创作的作用，意大利可能是最明确和最突出的例子。

我们说过，但丁总结意大利各地存在 14 种方言。如果像在法国或西班牙那样，意大利半岛的政治统一若是从具体城市或地区开始启动的，意大利语也就有可能成为意大利的共同语言了。但在意大利，情况不是这样。乍听起来，读者可能会感到惊讶，因为正是在最活跃的罗马，现在保留着罗马帝国的辉煌记忆。但罗马是教廷的所在地，教廷是在所有已知领土上建立的教会机构的首脑；因此，教廷在罗马城和整个意大利半岛举足轻重。罗马教廷妒忌一切世俗权力，担心世俗权力会使自己在罗马黯然失色。因此，意大利的所有城市和地区在理论上是独立的，而在实际上，先是处在教廷与日耳曼帝国的争夺之下，后来，又夹在其他

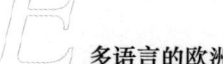

多语言的欧洲

具有野心的邻国争夺之下——起初是法国和阿拉贡王国之间的争夺,后演变为法国和西班牙君主国之间的角逐。

因此,意大利当时没有一种可以推行共同语言的政治权力。天主教会以罗马为首府并对整个意大利半岛有影响,这本该有利于罗马方言的传播;但是,作为一种组织的教会,它所使用的文雅语言却是拉丁语。由此,在意大利语确立一种文雅语言的任务,只好留给文学界去完成。众所周知,在意大利,用通俗语言进行文学创作的高潮发生在14世纪,是随着但丁(Dante)、薄伽丘(Boccaccio)、彼特拉克(Petrarca)等人的作品问世而到来的。这三位大师使用在佛罗伦萨和托斯卡纳流行的通俗语言写作,他们的成功作品使托斯卡纳方言(toscano)名声大振,直到变成优美的文学语言。两个世纪之后,人文主义者贝博(Bembo)建议,从事文学创作的人都来使用托斯卡纳方言,得到了人们的广泛响应。甚至在罗马宗教界,对托斯卡纳方言的青睐也超过罗马方言。克鲁斯卡科学院(Academia de Crusca)建立后,决定完善意大利语词典,遂选用薄伽丘使用的语言作为主要参考框架。虽然也有人喜欢其他方言,但都没有被接受。这样,进入19世纪很久,当意大利国家建立并着手语言统一时,意大利人无须费劲讨论语言这个早已解决的问题了。统一后意大利的语言,自然是集文学家、爱国者和托斯卡纳传统捍卫者于一身的曼志尼(Manzoni)使用的语言。

在欧洲各大语言的规范过程中,文学创作的作用虽然很大(意大利的例子最突出),但我们需要记住的是:在许多世纪期间,面对公众的口头演说和文书并不是真正的文学作品,而主要是为宗教目的服务的作品。我们说过,在图尔主教会议上,就建议使用各地民众语言进行传教;数个世纪之后,在特伦托主教会议上,又重申了这个建议。特伦托主教会议(Concilio de Trento)主要是针对刚发现的美洲各族人民(pueblos)而召开的,但也提到了欧洲不同语言共存的地区。在法国,使用地方语言传教一直维持到大革命。因此,在一些欧洲语言的定型过程中,宗教文学发挥了直接作用;而对另一些语言来说,宗教文学则一直被保留下来。

这里，我只举一个例子：据估计，20世纪以前出版的巴斯克文书籍，属宗教内容的著作占80%。

大多数巴斯克文著作都是天主教教士写的，但也有一部分出自新教捍卫者之手。因此，在许多语言的巩固过程中，特别是在中欧和北欧，新教发挥了特殊作用。天主教教会虽然主张使用通俗语言传播和出版宗教读物，但也同时使用拉丁语作为礼拜仪式用语，用拉丁文出版宗教读物。相反，路德派改革者不仅在礼拜仪式上使用通俗语言，而且主张信徒自己阅读《圣经》，并为此进行《圣经》翻译工作。他们坚持不懈地这样做，以至于宗教改革之风吹到哪里，哪里就伴随着对《圣经》的翻译和阅读热潮。

在这一点上，德语为我们提供了一个很好的例子。如同意大利一样，在"现代时代"开始时，由于没有一种政治权威来统一国家，德国也存在许多方言差别。而且，德国还没有可与意大利相比的文学传统（以一批佛罗伦萨作者为代表）；因此，在德国，文学传统的作用是由路德对《圣经》的翻译代替的。路德谨慎地使用一种方言不太多、相对中性的德语，由于他翻译的《圣经》译本广为流传，最晚到19世纪，他的语言就变成了书面德语的范例。

德语并不是唯一的例子。我们还可举出其他例子，证明翻译《圣经》对一种语言发展所产生的影响。所有研究英语发展的历史学家都承认，贾米国王翻译的《圣经》，对英语的发展具有重要影响。16世纪翻译的威尔士语《圣经》译本，对威尔士语的规范作用同样很大。在同一世纪，路德教会翻译的芬兰语《圣经》译本，也对书面芬兰语的规范作出了贡献。

一种语言的巩固和稳定过程是由各种因素推动的，其中，我们说到了文学作品和宗教读物的作用；下面，我们需要说一说意识和思考所起的作用，即人们为解释语言的内部规则和规范表达方式所进行的努力。为此，人们开始编写最早的语法书、最早的词典和书写规则。以现在的观点说，拥有语法、词典和书写规则，是一种语言完全定型的特征，它

多语言的欧洲

可以把一种语言与另一种语言区别开来。

人们首先关注的不是拉丁语，而是中世纪在普罗旺斯行吟诗人中间流行的一种通俗语言；人们的兴趣不是诗歌语言，而是写诗规则。在但丁的作品中，我们也可以找到对语言本身进行思考的努力。然而，第一本真正的语法书，以一种新语言为对象的语法书，是安东尼奥·德·尼布里哈（Antonio de Nebrija）写下的。

在发现美洲的同一年，尼布里哈出版了《卡斯蒂利亚语法》一书；他是一位人文学者，熟悉拉丁语语法和希腊语语法；他认为，拉丁语和希腊语之所以在这么多个世纪被使用，现在虽不使用了，但仍能读懂、仍可学会，原因是有一种语法保证了二者的稳定。于是，他试图也为卡斯蒂利亚语制订一套语法规则，"让现在和今后都能按照一种规则书写，让卡斯蒂利亚语永远可以辨认"。

尼布里哈的倡议，很快就在法国和意大利有了追随者，接着又有其他许多国家的学者群起效仿。进一步说，一切后来变成国族国家（Estado nacional）语言的语言，都有人对其进行语法规范。其他一些处在庞大政治组织边缘的语言，一般都是使用者很少的口头语，没有人觉得需要规范。对这些边缘语言进行规范的要求，发生在维权运动兴起的时候，这些运动要求自己得到更广泛的公共承认。这首先发生在挪威；在挪威变成独立国家的时候，挪威人决定为原是丹麦语方言的挪威语制订自己的规范。

说到这里，我们应该指出决定欧洲各种语言形成和巩固的最后一个因素了：语言与国族国家建立过程的关系。这是最后一个因素，但也是最重要的因素，因为正是这个因素决定了今日欧洲的语言地图。

（朱伦 译）

第二章 国族语言与语言国族主义

> 语言并非历来是区分国族（nación）的标准。直到进入 19 世纪，欧洲许多民族（pueblos）的意识是以各种因素为基础的，其中包括宗教信仰、封建传统、社会阶级、族类血统和包括语言在内的文化遗产。但从 1840 年起，人们在强调国族主义意识形态时，产生了一种似乎是剧变的东西：语言或对或错地变成了国族性（nacionalidad）的决定性因素和象征。
>
> 梅克·斯特芬斯：《西欧的语言少数人》

▶▷ 政治统一与语言统一

"现代时代"（Edad Moderna）之初，意大利的各种方言与不同地区一致；但在每个地区，操纵着政治权力并能推行一种语言的，则是一些城市。在法国，地区方言的差别，则要归因于各种封建权力和刚兴起的君主制。在伊比利亚半岛，各种新拉丁语的形成，原因与法国相同：伊比利亚的五个原始语言核心，与抵抗阿拉伯人的五个独立核心相一致。这些核心（不久实际上合并为三个）后来的命运及其向南扩张，与它们所接受的政治结构的发展和军事征服密切相关。它们之间的关系不是直线发展的，因为那些最早的封建君主之间的结盟游戏与分分合合，复杂

多语言的欧洲

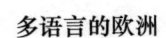

而又多变。所以，我们看到，阿拉贡王国的宫廷设在巴塞罗那，部分地区使用加泰罗尼亚语，部分地区使用卡斯蒂利亚语；在卡斯蒂利亚-莱昂王国，卡斯蒂利亚语取代了阿斯图里亚斯-莱昂语；当葡萄牙王国建立时，没有把加利西亚包括进来，而后者则是葡萄牙语-加利西亚语的发轫地区。但不管有多少变化，语言和政治权力之间的相互关联，则是明确无疑的。一种语言，或者叫作权力操作的口头形式，可以因权力操作而拥有特权；当政治权力向使用另一种语言或方言的地区发展时，这种特权变得更加突出。

中世纪（Edad Media）末期形成的这种语言和政治权力之间的联系，在现代时代的国族-国家建设道路上，变得更加紧密。这是一个发生在全欧洲的过程，尽管方式不同。法国被认为最具代表性，因为现代法语的传播与规范过程与法国的政治统一过程十分一致，同时，法国的模式也直接或间接地影响到其他国家。在法国，10世纪末在巴黎建立的君主制不断扩张，使奥伊尔语，具体说就是在巴黎周围里尔地区使用的一种奥伊尔语变种，最终变成了整个法国的语言。在君主制扩张过程开始之时，这个结果实难想象。

当卡佩托家族（los Capetos）的君主制开始扩张时，如同欧洲其他地方一样，今日是法国的那块地方还是一个语言或方言迷宫。在这个迷宫中，最明确的特征是存在一条东、西向的分界线，分界线以北使用奥伊尔语支（oil）的各种语言，分界线以南使用奥克语支（oc）的各种语言。这条分界线非常清楚，它的形成可能归因于罗马人之前的语言背景。但需要补充的是，各种奥伊尔语在东部与各种旧德语方言即各种日耳曼语言为邻；这两个语支的界线，基本上与罗马时代高卢和日耳曼之间的边界一致，只是向西有所移动，以至于各种日耳曼语言深入古代高卢地区。在大西洋沿岸地带，各种奥伊尔语则与一种克尔特语-布列塔尼语并存。布列塔尼语并不是高卢人的语言遗存，更像是从邻近的大不列颠吸收来的。

这些各具地方或地区色彩的语言，并没有得到同样的传播，地位也

第二章 国族语言与语言国族主义

不一样。在12世纪，当开始出现现代法国文学最早的文学形式时，最受推崇的语言是奥克语支的语言，特别是普罗旺斯的语言；它是行吟诗人的语言，是承载丰富的普罗旺斯文化的语言。这种语言当时备受推崇，远近地区的普罗旺斯诗人都使用它。

12世纪末和13世纪初，在法国语言史上发生了一件具有决定性影响的事件，它虽有宗教原因，但纯粹是政治事件。当时，法兰西国王利用对阿尔比教派的宗教战争，废除了南方领主的权力，在南方确立了自己的权威。从此，奥克语支的语言走向了衰落。

北方的胜利，并不意味着巴黎的语言也胜利了。巴黎可以成为政治权力的中心，它的大学使它名声远扬；但是，当时的大学是用拉丁文授课。法兰西风格的文学，是在阿吉塔尼亚王朝和诺曼底王朝期间确立的。在巴黎，诺曼底语一度挑战法兰克语（francino）成为文雅语言。皮卡维语（picavino），也一度是文雅语言；即使到12世纪，佛罗萨特（Froissart）也还使用这种语言发表了他的一些作品。但这已经是特例。巴黎的语言，逐步变成了王室行政及其官僚机构的语言，并在王国各地使用开来。除了王室发挥的作用外，还有圣丹尼斯修道院院长辖区的作用。这个辖区管着全国，并由此变成了"王室法兰西语"（francés real）的使者；这样一来，文人们也渐渐加入了法兰西语普及的潮流。在14世纪，王室法语已成为一切公务活动的语言，由此才有《维莱尔-科特莱敕令》（Villiers Cotterets，1539年）后来的规定。到15世纪，无论是在巴黎还是在各省，所有文学作品都使用这种语言了。

印刷术的普及，自然大大加强了这一趋势。印刷术推崇词汇表和句法始终如一的语言，并强调正字法统一。印刷出来的书籍，可在更多的公众中传播。

随着16世纪一批著名作家如龙沙（Ronsard）和拉伯雷（Rabelais）的出现，法国形成了一种文学语言，并导致在路易十四世的17世纪里，法国古典文学达到了高峰，涌现出高乃伊（Corneille）、拉辛（Racine）和莫里哀（Molière）等作家。在国家支持下，语言意识也变得强烈起来，

· 25 ·

多语言的欧洲

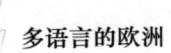

负责语言纯洁工作的"语言科学院"随之建立。国家的支持不是偶然的。把法语尊为公务语言并在随后成为法国所有居民共同语言的过程，与努力建立一个巩固的、单一的和集权的国家密不可分。在这个过程中，语言的统一就是君主制统一的表现，规范语言就是国家机构健康的体现；因此，努力维护语言正确，也就自然而然地成了国家当局的责任。

18世纪，文学语言继续发展，并为法语赢得了国际声誉，法语变成了整个欧洲的高雅文化语言。语言意识总是伴随着语言价值意识和语言优越感。1784年，里瓦罗尔（Rivarol）出版了《法兰西语言的普世性》一书。

这样，在法国大革命前夜，通过不断演化，通过各门艺术和科学的精心培育，法语变成了一种规范严格、使用广泛的语言，不仅是法国知识界的唯一用语，国际声誉也不断提高。但是，一些古老的地方和地区语言也远未消失。即便在大革命期间，格里高利长老估计，也只有三分之一的法国居民把法语当作母语，或者说可以使用法语交流。这就是说，在法国许多地方，法语当时只是文化阶层的财产，而大多数下层民众继续讲他们的古老语言。

法国大革命摧毁了旧秩序，以人民权威取代了王室权威；但是，法国大革命保持了建设一个强大国家的理想，保持了把法语变为法兰西国族语言的目标。如果说直到法国大革命，语言统一的政治目的还不清楚的话，那从法国大革命开始，目的则变得明确起来了。格里高利长老在一份被人们再三引用的辩护词中，解释了为什么必须推动法语的使用：法语是一种理性和进步的语言，因此是民主派和所有捍卫革命理想的人们的语言；与此同时，它是所有法国居民平等和团结的表现；与法语不同，地区语言代表了传统和愚昧，因此是反对进步的；包括阿尔萨斯语，由于它和外国有联系，最终它会背叛革命理想的。结论很明确：革命后的法国建设者们，应当把在共和国所有领土上传播和使用法语作为主要任务。

格里高利长老的这些断言，有许多浮夸成分。把法语与理性思想等同起来，把法语与"启蒙世纪"的人民性（如里瓦罗尔的作品）等同起来，就这样与颂扬理性的革命神话联系到了一起。而把法语的不同方言与保守反动等同起来，纯粹是政治机会主义。但在这种断言的背后，则是一种非常坚定的信念。法国大革命试图构建一个国族国家，以主权载体人民的权威，取代国王的权威。为此目的，作为全体市民的人民，需要有能力民主行使这种权威，需要拥有一种共同语言。这样，作为所有法国人语言的法语，不仅是法国人团结的体现，而且是自己在一种民主制度下表达意志的工具。

传播和使用法语的任务，大革命将其赋予学校和兵营两个机构来承担。这两个机构平等地向所有法国人提供了一个机会，学生和军人都成了市民。学校和兵营都只使用法语，不会的就学，会的则继续提高。

大革命是短暂的时期，但拿破仑帝国继承了大革命的遗产，继续推动法语的使用和普及方式；其后的共和国，继续沿袭拿破仑帝国的做法。共和国采取的手段十分有效，以至于到第一次世界大战爆发时（1914年），格里高利长老所说的比例完全倒过来了：入校学生不会法语者仅有不到三分之一。伴随着战争而出现的爱国浪潮，最终使法语无处不在。

▶▷ 帝国与各种语言

公元800年，当查理大帝（Carlomagno）自封为皇帝和"罗马帝国"（Imperio Romano）的继承人时，他声言自己对讲不同语言的各族人民（虽然拉丁语是他们的共同联系语言）都有权威。在"神圣日耳曼帝国"（Sacro Imperio Germánico）之后数个世纪，不仅存在各种日耳曼语言，也存在各种拉丁语言。当时，想建立一种与教皇权威平行的和相对的市民权威，这件事本身实际上就意味着需从语言多样性出发。此外，帝国是建立在一种日耳曼根源的权威概念上的，这使它成了一种包括不同封建领主的邦联（Confederación），皇帝职位终身，但需经选举。拥有选举权的是一群被称为"伟大选举人"（grandes electores）的领主，他们拥有广

多语言的欧洲

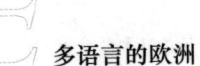

泛的独立性。封建领主的独立性,意味着他们在自己统治的领土上建有自己的合法组织,当然也包括使用自己的语言。

1519年,当卡洛斯被选为皇帝时,许多王朝的遗产机缘巧合地由他一个人继承,使他变成了一位强大的君主。他从父亲"美男子"费利佩手里继承了布尔戈尼王国,这个王国不仅包括讲法语的布尔戈尼公爵领地,还包括讲日耳曼语的大部分"低洼地区",也就是今日的荷兰、比利时和卢森堡;他从祖父马克西米里亚诺手里继承了奥地利王朝领土,包括今日奥地利、瑞士德语区和洛林,向南绵延到今日意大利领土境内的一些意大利语区和德语区;他从母亲胡安娜("天主徒双王"费尔南多和伊萨贝尔的女儿)手里继承了西班牙王朝,进而继承了隶属于阿拉贡王朝的意大利领土,以及刚发现的所有美洲领土。伴随着这个庞大威严的帝国,他的权威还扩展到神圣日耳曼帝国的领土上:除了统治奥地利外,他还统治着其他德语地区和城市,以及匈牙利、波希米亚和摩拉维亚,也就是使用匈牙利语和各种斯拉夫语的地方。

卡洛斯五世具有很强烈的皇帝使命感,他专心于维护欧洲天主教统一,免遭新教分裂的威胁。他与劲敌法国国王比较,两者的政治计划显然不同。卡洛斯热衷于一种中世纪的思想:他把欧洲视为各族基督教人民的整体,欧洲人应当团结起来抵御土耳其人的威胁;而此时作为天主徒和教皇朋友的法国君主,则喜欢那些属于现代国家的东西:为了法国利益,与反对卡洛斯皇帝的土耳其人和诸多德意志新教王子结盟,他认为这没有什么不妥。

但是,卡洛斯只想维护宗教统一,从来没有把语言统一当作目标。反对他的那些君王们也没有这个目标。《威斯特伐利亚和约》的意义重大,它结束了"三十年战争",确定了"宗教随王"(*cuius princeps, eius religio*)的原则,也就是说,臣民应当信奉王子的宗教,不信奉者只能离开。但是,签约任何一方,都没有提出"语言随王"(*cuius princeps, eius lingua*)的要求。

卡洛斯退位时,他知道自己失败了。实际上,自他放弃老旧的"神

第二章　国族语言与语言国族主义

圣帝国"后,他就放弃了自己的观点。他所坚持的只是奥地利君主制度,他的主权地位也就是形式上的皇帝名义,是一个帝国的首脑。虽然历任皇帝经常努力提高自己的权威,这个帝国实际上是由众多国家借助君主名义联合起来的邦联,而每个国家都保持一种高度的自治。这个制度显然很脆弱,却延续了三个世纪之久。

这样,时间来到 18 世纪中叶,此时的法国正在变成一个统一和高度集权的现代国家,而奥地利皇帝统治的则是一个包括众多"准国家"(cuasiestados)的邦联,每个"准国家"都有自己的政治结构、自己的特权和自己的语言。在这些"准国家"中,首先是四个"历史民族"(nacionalidades históricas)——奥地利、匈牙利、波希米亚(含摩拉维亚)和克罗地亚。在这一大堆人民中,德语是这个君主制帝国中心地区的语言,因而是主要语言和帝国行政用语,在一定程度上也是帝国各地区之间的交际语。但是,德语绝不是唯一的语言。

在匈牙利,在这个具有长期自治传统、贵族阶层一直对奥地利王朝持怀疑态度的"准国家"中,官方语言理论上是拉丁语,但实际使用最广,并有重要文学形式的首要语言则是匈牙利语。不仅平民讲匈牙利语,贵族也一样;它是统治机构的用语,统治机构的代表人物还希望皇帝在领导他们时也使用匈牙利语。但是,匈牙利也远不是语言单一的地方。土耳其人从匈牙利平原撤退后,留下了许多无人居住的土地,后被德意志农民开垦了。再往远一点,在特兰西瓦尼亚,虽然业主是匈牙利人或德意志人,但农民基本上是罗马尼亚人;罗马尼亚人信东正教,这使他们变得更加边缘化。在匈牙利北部地区,则居住着讲斯拉夫语言的居民:西边是斯洛文尼亚人;东边是乌克兰人。

在波希米亚和摩拉维亚,主要语言是捷克语,但德语也具有官方特征;这不是因为德语是皇帝使用的语言,而是因为德意志人占有重要比例,估计约占总人口的 30%。至于西里西亚,它曾长期属于波希米亚和摩拉维亚,其北部居民讲斯拉夫语,而南部则是德语占优势。在克罗地亚,居民讲克罗地亚语,这是一种属于南斯拉夫语支的语言。在帝国的

多语言的欧洲

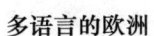

其他地区，还存在躲避奥斯曼统治的塞尔维亚人。塞尔维亚人既是克罗地亚人的兄弟又是对手，尽管两者实际上讲同一种语言；但是，二者的书面语采取不同的字母，二者的宗教也不同：克罗地亚人信仰天主教；塞尔维亚人信仰东正教。

在奥地利，多数人的语言自然是德语。但在南部，在卡尔尼奥拉，则流行斯洛文尼亚语。在蒂罗尔南部，传统上是奥地利人的居住区，如特伦托，那里讲意大利语；而在蒂罗尔北部，则讲弗留尔语（fliulano）。还有，维也纳是一个世界性城市，虽然宫廷和贵族的思想观念特别保守，但维也纳却对各种语言影响开放；由此，在18世纪前三分之一期间，维也纳比较流行意大利语，后来则被法语取代。实际上，中欧的所有贵族传统上都是多语者，因为他们从小就开始学习德语（如不是母语的话）和法语。历代皇帝也是如此；哈布斯堡王朝的所有家族成员都会讲多种语言，学习语言是他们的重要教育内容。由于生活在这样的传统社会里，哈布斯堡王朝的所有皇帝都熟悉拉丁语，并能流利地使用法语和意大利语；如果情况需要，他们还都会用匈牙利语和捷克语发表礼节性的演说。

在18世纪期间，这个多瑙河君主帝国是一个多族类、多文化传统和多语言组成的马赛克，经常遭受内部冲突的搅动；这些冲突大部分是不同地区贵族之间的利益冲突，他们时刻想着为自身利益而改变力量平衡。但是，如果说18世纪的冲突就是国族冲突，甚至说18世纪就产生了借助语言因素的国族诉求，这未免是夸大其词。但在一个世纪之后，局面完全不同了。

▶▷ 语言国族主义

法国大革命对整个欧洲都有深刻影响。面对传统秩序赋予君主和王朝合法性的根源，革命者主张政治权力的主体是主权人民，人民通过民主，选举自己的代表行使自己的权威。这是一种被普遍接受的思想转变，它自然引起身处被质疑地位的贵族的惊恐和仇视，却得到了新兴资产阶

第二章 国族语言与语言国族主义

级和大多数批判现实的知识分子的赞同。继承大革命的拿破仑所进行的军事征伐，遭到传统秩序维护者、奥地利帝国和俄罗斯帝国的抵抗，同时也遭到同样赞同革命原则、以民众为基础的爱国主义者的抵抗。

在民众反对拿破仑侵略的爱国主义抵抗背景下，1807 年，费希特（Fichte）发表了他的《对德意志国族的演说》（*Discursos a la nación alemana*）一文。但是，这个演说的对象却具有特殊性质：费希特不是对一个边界受到威胁的具体"国家"（Estado）进行演说，而是对一个他称之为德意志"国族"（nación）的人们进行演说；因为他认为，大大小小的已经独立的君主国都可以看成是德意志人的国家，而德意志国族则是指所有讲德语的市民，他们不仅是一个语言共同体，而且是一个文化共同体。

我们在讲法兰西的语言统一过程时，说到法兰西是以国家统一（unidad del Estado）之名推行语言同一化的，遵循的是一种理性标准或纯粹是功效标准。费希特恰恰相反，他试图从语言共同体出发，得出国族统一（unidad de la nación）的必要性。事情还不止于此。对法语的赞颂，是认为法语是极富理性的语言，法语具有人文主义者所宣称的拉丁语和希腊语之美。但这个理由似乎不能运用于其他语言。结果是，费希特的国族性（nacionalidad）观念，以及他把国族性与语言密切联系起来，就不宜走法国传统之路，他必须寻找其他影响，而这个影响不难找到。

在费希特发表演说前不远，也就是 1772 年，赫尔德（Herder）出版了《关于世界历史的几点看法》（*Consideraciones sobre la Historia Universal*）一书，该书对浪漫主义思想的史学思维，具有至关重要的影响。赫尔德把世界历史看成是各族人民（pueblos）长期进行的庄严展现（despliegue majestuoso），所有人民都有自己体现在各种创造中的文化，而所有创造都是其集体精神即人民精神（Volksgeist）的表现。在这些不同的国族精神（espíritu nacional）表现之中，语言居于最受珍视的位置。

赫尔德的这些思想，立即得到人们的认可。可以想到，除了赫尔德的论述精彩外，这些思想之所以被人们认可，是因为这些思想回应了那

多语言的欧洲

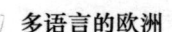

个时代的关切；当时，不同领域的人们都对历史感兴趣，对外国文化的感觉日益强烈。"人民精神"（Volksgeist）这个词，可能是对法国知识界使用的"国族精神"（espirit des nations）一词的简单翻译。但是，在法国知识界，"国族精神"不单是对历史进行浪漫主义解释时使用的隐喻词，它还是一种基本观念。

由此，国族文化是国族的决定内核这种观念，就通过不同路径被具体化和形塑起来，而谈论文化史则变得没啥意思了。我们只需指出下述事实就可说明这一点：人们很快普遍赞同，一个国族就是一个具有共同族性基础（base étnica）和生物基础的人们共同体，其成员也具有一些共同的心理表征，这些表征可称之为一种国族特性（carácter nacional）。一个生活在一定地域上的具有发展历史的共同体，通过各种文化创造——有些创造是民众的创造，有些创造是文化人的创造，包括文学、艺术和哲学，便在历史过程中形成了自己的国族特性。国族精神不仅体现为文化创造，它还体现为各种集体组织形式、权利、政治结构和社会结构。由这种理论基础，产生了一种实践意识。作为社会单位的国族，它具有一种自给自足的特点，因此，它要求一种完全的自治甚至是主权，或者说，它要变成国家（Estado）。

当然，为了实现这个目标，一个集体的成员要意识到自己成了一个国族。这种意识一方面关注过去，关注奠定国族意识的历史；另一方面则关注共享发展的未来。于是，有些学者强调过去，强调历史决定论；而另有一些学者则强调在自由选择的发展道路上如何团结。

最后，我来谈谈语言的作用。语言是国族共同体的文化创造之一，更恰当的说法是，语言是第一位的创造，它在一定程度上为所有创造或大部分创造提供了条件。与此同时，语言是国族共同体的象征，是国族成员相互认同的符号，讲同一种语言的人相互被认为是同一群体、同一民族、同一国族的组成部分。

如果说是赫尔德首先阐述了语言与国族性之间的关系，那么，洪堡在自己的一系列著作中对这种关系的论证则更为出色、更为有力。洪堡

第二章　国族语言与语言国族主义

的语言哲学最为突出的特征是，他认为人是通过语言进行思想的，由此，他相信思想与语言的一致性。古典语言学家也认为二者之间存在这种关系，但他们坚持这种关系的形式特点、语言的不变性、语言与知识结构及论据结构的关系。与此不同，洪堡更倾向于语言的创造特点，认为语言是个人的创造，特别是艺术家的创造，但这种创造不是受一般语言支配的，而是受一定语言即一个共同体的语言支配的。由此，个人与集体之间持续互动的动力就产生了，并因此使语言不断演化，一种语言也就成了使用者集体的第一位的精神体现。

1806 年，洪堡在《拉丁语与古希腊语》（*Latium und Hellas*）一书中写道："伴随一个国族生活的大多数环境，如地理空间、气候、宗教、风俗习惯和国家的建立……可以通过一定方式与国族分开，以至于可以区分出在国族的形成过程中，这些环境给予了国族什么，国族接受了什么，尽管给予与接受之间处在一种经常的互惠之中。相反，有一种东西具有完全不同的性质，它就是国族的灵魂——语言；语言与国族形影不离，不管是作为起因还是作为结果，它都会使研究走向一种持续的循环圈。不借助语言这个工具，任何试图界定国族特点的努力都是徒劳的，因为整体的国族特点体现在语言上，根植在语言中；同时，作为全体人民一般的交流媒介，个体差别也源自语言。"

语言、文化和国族性之间的关系，被赫尔德和洪堡阐释得如此明确，以至使这种关系成为 19 世纪整个思想界着力耕耘的共同园地。那些使用多数人语言的学者们，从自己的语言和文学史中，发现了自己与众不同的集体人格特征和文化特点，甚至为自己的语言帝国主义辩护。没有获得政治自治的语言使用者，即"被历史抛在一边"的国族，则努力搜罗自己过去的历史证据，从推动语言使用开始，激发集体意识的觉醒，让这种意识汇聚成一股国族意识。加泰罗尼亚国族主义理论家之一普拉特·德拉·里瓦坚定地认为："语言是国族性的证物。"从恢复语言开始，从构建一种国族性意识开始，很容易走向政治诉求。

在奥匈帝国的土地上，国族主义思想及其语言基础特别受追捧，这

多语言的欧洲

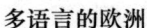

绝非偶然；当时，奥匈帝国已被传统社会之间的紧张关系所动摇，已被社会不稳和众多族类及语言差别联合推动的革命幻想所动摇。1848年革命清楚地证明了这一点，这场革命同时预示着整个欧洲都在提出类似的诉求，我在下文中将会谈到这个问题。虽然国族主义此时还处在意识形态阶段，但国族观念已普及到什么程度，从下述这个事情中可见一斑：起初，马克思主义是作为一种国际主义学说产生的，现在也不得不提出一种"国族性理论"（teoría de nacionalidad）；而这种理论提出之时，恰恰是国族观念在多瑙河各国蔓延的时候。这个国族性理论，就是鄂图·鲍威尔在其名著《马克思主义与国族问题》（*El marxismo y la cuestión nacional*）一书中提出的理论，数年后，这种理论让列宁解散了俄罗斯帝国，同时又把组成俄罗斯帝国的所有国族保留在苏维埃联盟中。

▶▷ 语言振兴与国族振兴

随着聆听费希特演说的德意志青年们陷入巨大失望，在拿破仑被打败后，维也纳会议召开；这次会议承认旧秩序，德语大地继续分为一系列独立的君主国。是的，当时人人都承认，语言统一让政治联合无可非议，但困难来自怎么实践，因为奥地利和普鲁士都认为应由自己来领导统一过程。这样，直到19世纪末，德意志都没有实现统一；1871年，德意志的统一只是部分统一，因为原则上应包括在统一之内的奥地利，一直处在统一过程之外。

意大利的情况更清楚。自由主义和革命思想的传播，伴随着对所有现存权力的批判，这与建立一个统一的意大利、恢复光荣历史的愿望走到了一起。由此产生的这场运动，被称为"崛起运动"（Rissorgimento），它清楚地展示了忠于光荣历史的意志。但是，这种意志在很大程度上是武断的，因为意大利从来没有建立过政治统一，尽管它在中世纪就已形成一个语言共同体，文艺复兴又加强了它的语言共同性，以此足可孕育出一种国族意识。意大利的统一斗争，直指奥地利对意大利北部的统治，同时也指向一直统治着罗马和整个意大利的教廷的特殊地位。

德国和意大利是从语言共同体出发、试图建立国族国家的两个案例,这两个案例告诉我们,大多数以语言为基础的国族振兴,其指向不在语言,而在争取自治,进而建立起独立于现有国家的界限。我们不必对所有案例逐一分析,只说几个例子便可窥见全貌。

我说过,奥匈帝国是各种张力最强烈的地方。从19世纪中期开始,在匈牙利、波希米亚和摩拉维亚,以及在克罗地亚,族类和语言差别特别助长了各种动摇帝国结构的国族主义运动,尽管奥匈帝国直到1914年战争失败、一些新的国族国家出现后才最后崩溃。1918年签订的《凡尔赛条约》,承认了匈牙利的独立,以及波希米亚和摩拉维亚(更名为捷克斯洛伐克)的独立,而克罗地亚则留在南部斯拉夫人的混合体中,并取名为"南斯拉夫"。但是,所有这些新国家,没有一个是语言统一的。匈牙利存在许多语言少数人;捷克斯洛伐克不仅是捷克人和斯洛伐克人共同居住的地方,而且还存在一个重要的德语居民群体苏台德人;在南斯拉夫,不仅塞尔维亚人和克罗地亚人界限分明,存在重要文化差别,互相仇视,而且还有其他族类和语言群体:北方有斯洛文尼亚人,南方有波斯尼亚人、马其顿人和阿尔巴尼亚人;这些人民有的信仰天主教,有的信仰东正教,有的信仰伊斯兰教。

在俄罗斯帝国内部,以文学复兴和政治重建方式出现的国族主义浪潮,也席卷各地。波罗的海各国、乌克兰、亚美尼亚和阿塞拜疆,是最具代表性的例子。

斯堪的纳维亚各国,也提供了两个很有意义的例子。芬兰曾长期被并入瑞典,因此,人民讲芬兰语,但行政和文雅语言则是瑞典语;这个情况直到1908年芬兰成为俄罗斯的一个大伯爵领地时都没有变化。但自19世纪中叶起,也产生了芬兰语振兴运动,这场运动不久便发展为一场具有两个指向的国族振兴运动:政治上独立于俄罗斯,语言上以芬兰语取代瑞典语。另一个例子是挪威。挪威历史上是丹麦的一个省,其国族振兴运动使它最终走向了独立。地理隔离、居民和利益差别,似乎足以

多语言的欧洲

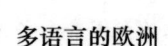

解释挪威国族意识的出现；挪威和丹麦的语言差别不大，只是方言不同而已。但不管怎么说，独立的第一个结果是决定在挪威确定一种自己的规范语言，以此与丹麦语区别开来。

但是，以语言为基础的国族振兴，也在西欧发生；在西欧各国，实行语言统一的政策更加坚定。

在法国，我在前文说到，其语言统一过程中的关键一步，是把奥克语言区置于奥伊尔语言区之下，这导致奥克语最后被弃之不用了。但正是奥克语，在19世纪中叶曾一度闪耀复兴。《米雷奥》(*Mireio*)一书(1851年出版)的作者米斯特拉尔(Mistral)，在1854年成立了名为"菲列布里什"(*felibrige*)运动，宗旨就是推动奥克语诗歌创作。米斯特拉尔在1904年获得诺贝尔奖，这是对他努力付出的承认。但这场文学运动没有带来政治振兴，奥克语随后逐渐走向死亡，只是近来出现了一点复活的迹象。在布列塔尼和阿尔萨斯，现在也产生了关心自己语言的抗议活动和要求自治的零星声音，但没有取得什么结果。

西班牙的情况恰恰相反。加泰罗尼亚有自己辉煌的历史和文学遗产，加泰罗尼亚人从来没有放弃自己的语言；不仅在加泰罗尼亚地区，包括巴利阿里群岛和瓦伦西亚，现在都使用加泰罗尼亚语。19世纪，加泰罗尼亚变成了一个生机勃勃的工业化和现代化中心，这使开始于19世纪中叶的加泰罗尼亚语文学复兴，不仅得到了广泛的民众支持，也使加泰罗尼亚人产生了强烈的差别意识：加泰罗尼亚是工业化和现代化的，而整个西班牙则是传统的和没落的；自加泰罗尼亚资产阶级诞生后，这种差别被视为一种有诸多客观表现的差别和利益差别。在这种气候下，政治振兴就采取了一种国族主义方式，并于1914年破天荒地建立了"加泰罗尼亚联合体"(Mancomunidad de Cataluña)。

巴斯克地区也变成了一个重要的工业化和政治重建中心；但与加泰罗尼亚不同，巴斯克国族主义开始时旨在捍卫其传统社会免遭现代化威胁，只是后来才发展为一种主张革新的力量。巴斯克语言问题的表现方式，也与加泰罗尼亚不同。加泰罗尼亚语的维持，是因为有多数人使用

第二章 国族语言与语言国族主义

它;而巴斯克语的使用人数日益减少,面临消亡的危险。除此之外,加泰罗尼亚地区的两种语言都是新拉丁语,从一种语言转向另一种语言很容易;而在巴斯克地区,巴斯克语和西班牙语之间毫无关系,很难相互转换。但是,鉴于巴斯克人把语言视为标志性特点,捍卫和发展巴斯克语就变成了首要问题。

加利西亚的语言是加利西亚语,与葡萄牙语很接近,它与加泰罗尼亚语一样,也是一种新拉丁语;因此,复兴加利西亚语和伴随这种复兴产生的政治态度,与加泰罗尼亚情况类似。但是,加泰罗尼亚因工业化获得的经济发展,为政治振兴提供了广泛的支持;而在加利西亚,由于它是一个贫穷且是由移民开发的地区,其政治振兴只是少数阶层关心。但不管怎么说,当第二共和国赋予加泰罗尼亚和巴斯克自治地位时,加利西亚也随之要求自治。

在英国,国族主义振兴产生了重要结果:爱尔兰分离了。但在爱尔兰,独立并未带来语言恢复。19世纪初,爱尔兰抵抗运动已很强烈,但大部分抵抗运动的文件都是使用英语。直到1893年,爱尔兰语已经完全衰落,爱尔兰人才加入"盖尔语联盟"(Liga Gaéliga)的建立,为恢复自己的语言使用和地位进行斗争。这个目标一度似乎可以达到了。当1921年爱尔兰走向独立时,新政府做出了恢复爱尔兰语的努力,但收效甚微,讲爱尔兰语的人一直在减少。在恢复爱尔兰语的过程中,教育界发生的情况很有意思。独立后,爱尔兰宣布进行爱尔兰语义务教学,在校学生必须学会爱尔兰语。但是,学生们越来越难完成这个要求,1973年,学校不得不取消爱尔兰语义务考试,代之以自愿测试。

威尔士语的命运完全不同。19世纪末,威尔士语在威尔士地区也面临着接近消失的命运,但一场捍卫威尔士语的文学和政治运动,保证了威尔士语的生存,尽管在政治领域的结果很有限。

与我们说过的法国、西班牙和英国不同,比利时是一个1830年建立的国家。当法语区的瓦隆和荷兰语区的佛兰德(二者都是天主教地区)与荷兰分离时,坚定地宣布自己信仰自宗教改革以来所信奉的新教。这

多语言的欧洲

个新国家把法语作为官方语言，因为法语是经济实力最强的瓦隆地区使用的语言，此外，法语在佛兰德地区也被认为是文雅语言。但随着时间的推移，随着语言振兴在欧洲的发展，弗拉芒人开始要求重视自己的语言，并以语言特殊性为由要求自治。经过长期坚持，这种斗争使比利时完全承认了弗拉芒语和瓦隆语的平等地位；与此同时，弗拉芒人还统一了自己的语言，并与荷兰签署了一项语言协议，该协议保证促进同一语言的发展，但不能由语言统一引申出政治领域的问题。由此，比利时变成了一个联邦国家，但这并不能说比利时的语言冲突最终解决了。

现在，我再来说一说巴尔干的情况。巴尔干是欧洲语言振兴与国族振兴最富戏剧性的地区，其结果直到今日仍使欧洲上空阴云笼罩。

19世纪初，现在被称为巴尔干的那片土地仍然是奥斯曼帝国的一部分。奥斯曼帝国在种族上是土耳其血统，宗教是伊斯兰教，首都是君士坦丁堡。在奥斯曼帝国的欧洲部分，族类、语言和文化不同的居民生活在一起，包括土耳其人（只在一些地方是多数）、希腊人、斯拉夫人（有的是东正教徒，有的是天主教徒）、罗马尼亚人、阿尔巴尼亚人、犹太人，等等。奥斯曼的制度是一种不承认其他法律、只承认苏丹意志的专制制度，相反却容忍每个族类和语言群体保持他们的宗教、语言、习惯乃至社会组织方式；由此，在同一个地理空间、在同一个村庄，往往共同生活着大不相同的群体。以不同的国族主义名义举行的反对土耳其人的全国起义，完全改变了这个局面。

希腊也是一个很典型的例子。在古典时代，从语言上说，希腊不是一个现代意义的国族。那时的希腊，只是一个包括不同独立城市的共同体，这些城市之间既没有达成协议，也没有共同的敌人需要反对。古希腊也没有现代国家所具有的明确边界。许多希腊城市遍布希腊半岛，但在爱奥尼亚、小亚细亚、大希腊（Magna Grecia）、意大利南部和非洲海岸，也有一些非常重要的希腊城市。在希腊半岛北部，界限也同样模糊不清，以至于当马其顿的菲利普试图统一希腊半岛时，雅典人把他视为外国人。

第二章　国族语言与语言国族主义

罗马帝国分裂后，君士坦丁堡成了东罗马帝国的首都，但它主要是反对罗马教会的东正教教会的首都。东正教教会，首先是希腊人的教会。后来，斯拉夫人扩张把斯拉夫居民带到了希腊半岛北部，土耳其人的入侵又加剧了这种杂居状态。在土耳其人的长期统治下，希腊人靠语言和东正教相互认同，这两个认同标志又相互加强。东正教教会使用希腊语作为礼拜用语，但希腊语则没有具体的地理使用范围。

希腊人的斗争，获得了西欧的同情；西欧有希腊古典历史情节，拜伦（Byron）勋爵前往雅典参加斗争是最好的象征。希腊人反对土耳其人的斗争，是在国族主义原则的名义下进行的，目标是建立一个希腊国族。驱逐占领者，意味着要驱逐已长期扎根的土耳其农民。当战争打到半岛北部马其顿时，北部各族人民也起来反对土耳其人。由此，希腊人与他们的邻居开始发生冲突。最后的结果是，许多斯拉夫人不得不离开希腊化的马其顿，同时，许多希腊人也不得不放弃保加利亚和其他斯拉夫人统治的地区。更多的流血还在后头。自希腊历史开始，有大批居民居住在小亚细亚的爱奥尼亚沿海。希腊人相信西欧人会一直帮助自己，于是开始发动把爱奥尼亚从土耳其帝国解放出来的战争；但处在欧洲战争前夜的西方列强各有自己的担心，把希腊人扔到了一边，希腊人最后被土耳其人打败。这场战争有 100 万希腊人死亡或从爱奥尼亚出逃，作为报复，希腊人则驱逐了生活在半岛上的土耳其人，唯一的例外是在色雷斯保留了一小部分土耳其人，以换取土耳其允许东正教教会的长老继续留在君士坦丁堡。

因此，把希腊变为一个独立国家的努力，伴随着许多族类和语言清洗。我曾说过，希腊的情况可能会在整个巴尔干地区重现。巴尔干战争起初是反对土耳其人的解放战争，结果导致建立了许多新的国族国家，如匈牙利、罗马尼亚、阿尔巴尼亚，等等。但需要特别强调的是，促使战争结束并为新国家划定边界的，是来自外部的那些大国。南部斯拉夫人的国家——南斯拉夫的建立，可以证明这一点；那些大国认为：把不同族类分开太难了，不如把他们统一到一个由塞尔维亚人领导并保护少

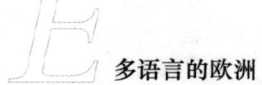

数族类的国家中。这个办法一路走下来，如今产生的结局却是爆炸性的。

▶▷ 结论

主要以语言为基础的国族主义振兴持续了大约一个世纪，欧洲大陆的地图发生了天翻地覆的变化；比较一下1814年维也纳会议确定的欧洲地图和1914年《凡尔赛条约》划定的欧洲地图，这种变化一目了然。一场自由之风从欧洲大陆吹过，语言成了确定集体认同的主要因素。欧洲大多数语言现已成为成熟的多数人语言，这不仅体现在文学领域，也体现在政治领域。

如同一切历史现象一样，语言因素上升为主要因素是一个十分复杂的现象，它看起来解决了一些旧问题，却又产生了一些新问题。

认为语言与国族性意识（conciencia de la nacionalidad）之间存在密切和必然联系的观点，严格说来，在整个19世纪都没有案例可资证明。我这样说，不是否定有一些语言导致了国族意识（conciencia nacional）的产生，而是强调一件更有意义的事实：即使是德语这样的大语言，尽管它的政治分量显而易见，它的同一性也无可置疑，但它并没有汇聚成统一的国族意识，支持建立唯一的德意志国家。荷兰语也是一个例子，尽管影响不那么大。弗拉芒人曾强调自己的方言不同于邻近的荷兰语，但现在则捍卫荷兰语的统一，这使得在佛兰德使用的这一语言成了国际语言和欧盟的官方语言；然而，荷兰语的统一并没有政治意涵，并没有被用来证明共同的国族性，则是明确无疑的。

以上案例表明，语言认同不意味着产生统一的国族意识；我们还可以看到一些相反的例子，即语言的多样性并不是国族意识统一的障碍，如瑞士就是如此。

瑞士联邦的联邦主义承认四种国族语言，经常被人们拿来当作国家承认内部语言差别的成功案例，甚至被当作欧盟未来的样板。但我们应当记住，在瑞士，语言忠诚很强烈，并未产生不同的国族主义情感；同时，瑞士国族意识也很强烈，但这与人们操何种语言无关。

当然，世界大多数国家与瑞士不一样，像瑞士这样的情况很少，但此类不多的案例足以证明：在许多地方，语言与国族性之间的关系无论多么密切，它都没有人们以为的那样绝对。

至于本书所说的语言国族主义浪潮产生的后果，我们应关注至今还不曾引起人们重视的方面。国族主义思想不仅激发了人们去传播和振兴至今被忽视的语言，而且还影响到人们如何看待一些大语言的优势地位：这些大语言已是统一国家中的官方语言，人们从国族主义思想中找到了为其辩护的最好理由。

我们在叙述法国语言统一的过程时，已阐明正是在19世纪，产生了促进语言统一的决定性努力。学校和报纸发挥了根本性作用，这是事实；但知识分子和政治家都赞成法语与法兰西国族精神之间的明确结合，也发挥了促进作用。

德国的例子同样有意义。德国不存在需要为统一而斗争的语言多样性，但在强调语言是德意志人民的纯正表现方面，则有各种各样的幼稚说法，例如，对居住在邻国的少数德语使用者，如捷克斯洛伐克南部的苏台德人，有人主张要激励他们的泛日耳曼感情；有些知名教育家，甚至提醒居住在外国的德意志人，让子女过早学习外语有害，说语言混用就像混血一样危害德意志精神。

意大利的例子也很有意义。自从意大利国家建立起，就强调意大利语是意大利精神的工具和国族统一的体现；意大利通过学校教育，对不同方言施加强大压力，在双语地区只能讲意大利语。这种过分做法，直到后来才有所改变。

这类不当做法不只是大语种和强大国家所独有，那些受长期压制后获得独立的国家，也不大容忍本国的少数人语言，例如多瑙河流域的大多数国家都是如此。指出这些事实可让我们想一想人类的本性是什么，换位思考多么难！但在这里，我不想进行道义反思，只想简单提醒大家，我们现在都是这样身处国族主义思想的中心，都面对怎样看待国族主义

多语言的欧洲

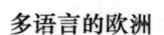

的领土边界问题。

语言是一个人民共同体最明确的国族认同表现，这种说法意味着，国族的地理边界与语言使用的边界一致，或者说应该一致，进而认为政治边界应当按照语言边界进行调整。但是，这样做有一个原则性的困难。相邻国家之间的边界是延续不断的线条，完全是划出来的，它把居民明确地分在国界的这一边和那一边；然而，语言地图不是那么延续不断的，而是时有中断，各语言之间相互联系，甚至在一个语言集体中存在操其他语言的人们。

这个情况，现在继续是我们在欧洲看到的事实。欧洲大陆的大多数国界并不与语言界限一致，而是基于各种复杂的情况，多少都有点随心所欲划定的。

西班牙和法国的边界划分，没有让西班牙语和法语相互渗透；但在两国的西部边界，巴斯克语被双方边界分开了。东部的加泰罗尼亚语，也是如此。在六边形法国的东部，边界划分在穿越德语方言区时，在不同时期常有变化；在比利时和荷兰之间，法语与荷兰语之间的界限，荷兰语与德语之间的界限，同样很难精确划定。布鲁塞尔的官方语言，现在是双语。

从语言学角度说，意大利的陆地边界争议更大。意大利的西部边界穿越古代法兰克普罗旺斯地区；在许多地方，法语自数个世纪以来都是文化用语，但这些地方的归属是意大利还是法国，是通过公民投票决定的。于是，尼扎（Niza）选择加入法国，而都灵（Turín）则选择加入意大利。阿科斯塔谷地的官方语言，现在继续是双语。向东，在与瑞士交界的两边，都说拉迪语（ladino）或利提语（retorromántico）。在上阿迪杰（Alto Adigio），共同居住着讲德语的居民和讲意大利语的居民。在的里雅斯特（Trieste）及其周边地区，分布着讲斯洛文尼亚语的居民，而边界另一边和整个达尔马提亚则生活着意大利人。

西欧的情况是如此复杂，东欧就更不用说了。这里，我们只举一个例子就够了，这个例子就是波兰的族类边界和语言边界：今日是波兰领土的西里西亚,曾经先后是普鲁士、捷克和奥地利的领土,而东面的加利曾(Galitzia),先后是俄罗斯帝国、波兰、奥地利帝国的一部分,后再归波兰和苏联,现在则归乌克兰。在波兰北部,中世纪就被条顿骑士团殖民的东普鲁士,现在则归波兰所有,其中有一小块地方现在是俄罗斯领土,这个地方就是康德执教过的柯尼斯堡,今称加里宁格勒。

一个世纪的国族和语言振兴,改变了欧洲的地图,这满足了一些旧愿望,但结果远非完美;而且,这种改变还使各方产生了同样不完美的感受,或者说都不觉得安全。

因此,我们应该得出这样的结论:即使我们承认语言是一个国族共同体的特色因素,我们也不能由语言的地理分布直接得出国族的政治边界;我们应该允许一些语言在同一国族领土上共存,并且要采取使共存成为可能的政治方案。

事实上,大多数欧洲国家现在都保护其国内重要的语言差别。在下一章中,我将论述欧洲国家采取语言多元主义的不同方式。

(朱伦 译)

第三章　统一性与多样性：欧洲国家的语言政策

▶▷　**类型划分**

欧洲各国少数人语言或方言差别的重要性各不相同，面对这些不同所采取的语言政策也不尽一致。这里，我仅对"欧洲共同体"（《马斯特里赫特条约》签订后改名为"欧洲联盟"）国家的语言政策进行论述和评论。

概括起来，我们可以划分出如下五种主要类型：

第一，单语主义。有些国家的语言政策，只考虑国家语言（lengua estatal），并将其界定为国族语言（lengua nacional）。促进和捍卫单语主义的政策，也可以伴随着承认不同语言的存在，甚至对这些语言采取有限的扶助措施。采取这种政策的国家，首推葡萄牙，其次是法国。葡萄牙实际上是单一语言的国家，而法国则存在重要的语言差别。单一语言主义政策，是法国的历史选择。

第二，保护或包容少数人语言。有些国家只承认一种语言是国族语言，并且不承认语言少数人的政治权利，但承认少数人语言的存在，而且还对这些语言采取促进和保护的措施。英国对威尔士语、荷兰对弗里斯语的态度，就是这种语言政策的例子。

第三章 统一性与多样性：欧洲国家的语言政策

第三，语言自治。有些确立一种国族语言的国家，赋予使用其他语言的地区实行政治自治的权力，这意味着这些自治地区可以确定自己的语言政策，可以把不同语言共同列为官方语言。这方面最典型的例子是今日西班牙，意大利个别地区也是如此。

第四，语言联邦主义。有些联邦制国家，虽然所有语言都被视为国族语言，但其地理组成单位有不同的语言和语言政策。欧盟内部的例子是比利时，欧盟以外则有瑞士。

第五，制度性多语主义。这类国家承认两种或两种以上语言为国族语言，其语言政策是力图使这些语言在全国各地都使用。制度性多语主义最明确的例子是卢森堡。从一定意义上说，也可包括爱尔兰和芬兰。

▶▷ 作为目标的单语主义

欧洲有些国家的语言政策只捍卫和推行一种语言；不管是只有一种语言，还是同时使用其他人数较少的小语言，也不管一些语言差别多么重要，这类国家就是把单语主义当作目标。

事实上的确是单一语言的国家，当属例外。在欧盟内部，葡萄牙是这样的例子；1995 年加入欧盟的奥地利，也是例子。与此相反，有些国家虽然存在不同语言，却坚持单语主义的目标，法国是一个例子。

如同其他语言空间相对广阔的国家一样，葡萄牙的共同文雅语言也随着语言发展而产生出众多方言差别；这些方言是随着从北向南打败阿拉伯人开始形成的，其根源则是在罗马占领和拉丁语传播之前。但是，葡萄牙语的方言差别意义不大。唯一的例外，是米兰达语（mirandés），也就是米兰达的口语。米兰达是个小居民点，位于同西班牙交界处，流行一种西班牙莱昂方言（hispanoleonés），它是阿斯图里亚斯莱昂语（asturianoleonés）的遗存。米兰达语是唯一的特例，这表明葡萄牙的语言空间十分划一。但这并不意味着葡萄牙语不存在与政治有关的问题，即国际范围的语言统一问题；这个问题正在努力解决中，以求达成一种共

多语言的欧洲

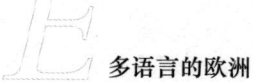

同的正字法规范。

德国也可包括在单一语言的国家中，尽管内部方言差异比葡萄牙多。直到进入19世纪之后很久，德国才实现国家统一，这使德国的方言差别意识比在葡萄牙强烈许多。在德国东部存在一个语言孤岛索拉波语（sorabo），这证明在日耳曼人东侵之前，那里的居民讲各种斯拉夫语言；但从总体上看，这些语言差别意义不大，无须与政治规划联系起来。东德和西德长达近半个世纪的严格隔离，尽管曾有预言说将会产生不可逆转的语言差别，但现在看来不足为虑，或者说不会延续下去。

法国是完全相反的例子。法国一直在实行一种消除现有语言差异的单语政策。我们在本书第一章中说过，法国语言统一政策的历史过程不仅坚定有效，而且还为那些想把自己改造成国族国家（Estados nacionales）的国家（países），提供了一种语言政策模式。法国的语言统一过程可以说实现了自己的目标，尽管如此，法国现仍存在一些重要的语言差别和差异。

奥伊尔语言内部的方言差别，以前是非常巨大和丰富的，现在虽然小多了，但在口语中和乡村中依然存在。至于奥克语或奥克语群，由于没有书面语言传统，行政管理也不使用，因此没有形成统一的语言形式，而是分为众多方言：西部居民讲各种加斯科尼方言（gascones）；东部居民讲各种普罗旺斯方言或叫法兰克普罗旺斯方言（francoprovenzales）。19世纪（1854年）兴起的以米斯特拉尔为领军人物的菲列布里什派诗人，试图复兴的语言正是普罗旺斯语；但不知出于什么原因，菲列布里什派诗人没有形成一种政治态度，后来都悄无声息地消失了。只是在很晚近的时候，人们才又努力去重建这一语言，开始建立一种共同规则。

与奥克语言区接壤，在比利牛斯边界的罗塞利翁谷地（1659年被并入法国），讲一种当地语言——加泰罗尼亚语（catalán）。在比利牛斯山南麓，加泰罗尼亚语得到承认，加泰罗尼亚语文学得到复兴，这促进了加泰罗尼亚语在罗塞利翁的存续。

在法国西部（原文为东部，应是笔误。——译者注）的布列塔尼，

第三章 统一性与多样性：欧洲国家的语言政策

现存有布列塔尼语（bretón）。布列塔尼语是一种克尔特语言，因此，它与罗马征服时期居住在法国的高卢人语言、与今日英国和爱尔兰保留下来的一些语言是同类。目前，法国存在布列塔尼语振兴运动，这一运动或多或少与要求政治自治有关。

在法国南部与西班牙接壤的地方，同样使用巴斯克语（vasco）或叫埃斯卡拉语（euskera）。这一语言早于欧洲现有的大多数语言。在西班牙的巴斯克地区，巴斯克语得到了政治承认；这个情况激起法国的巴斯克地区（面积相对较小，人口也少）也提出了同样的要求。

在法国东部边界地区，拉丁语及其派生语同日耳曼语言之间的界限，从罗马占领时代就开始后退，各种日耳曼方言得以流行起来。在阿尔萨斯，现在继续讲一种德语方言；在洛林部分地区，情况也类似。法国难忘最近两个世纪与德国发生的三次战争，担心任何语言复兴或自治要求可能会导致该地区赞同德国的吞并企图，这两个因素曾使该地区任何强调德语差别的意识，都受到压制。

在法国北部边界，也存在一块日耳曼语言区，它就是同佛兰德接壤的敦刻尔克省，那里使用一种荷兰语方言。荷兰语在比利时的恢复，也在敦刻尔克产生了连锁运动；但敦刻尔克的运动没有在形式上把自己的方言与荷兰语等同起来，而是进行了一些正字法区别。

最后，说一说科西嘉岛的情况。该岛在拿破仑诞生前一年，即 1768 年被并入法国，它也有自己的语言，原本是一种意大利语方言。在科西嘉并入法国之前，如同整个意大利一样，科西嘉的文雅和书面语言是托斯卡纳语（toscano），尽管科西嘉的贫穷使认识这种语言的人数很少。目前，科西嘉的自治主义或国族主义运动，提出要对各种科西嘉方言进行统一规范。

尽管在 19 世纪奥克语（occitano）开始复兴起，上述大多数语言都有热心团体推广其使用，但直到前不久，法国一直拒绝采取任何扶持这些语言发展的制度性措施。法国一直把法语作为国族认同的象征和体现，这种传统反对承认其他语言。直到 20 世纪中叶，在那些仍讲地方土话

多语言的欧洲

（patois）的地区，法国公共学校的明确目标就是把法语作为学生学习的第一语言。1951年颁布的"旨在保护地方语言和方言"的《迪克松法案》（Ley Dixone），是变化的开始；除其他规定外，该法案还规定在有条件的情况下，小学可以开展四种地方语言的教学，这四种语言是布列塔尼语、巴斯克语、奥克语和加泰罗尼亚语。但是，支持这些语言教学的措施很不得力，实施条件也很困难，致使该法案的执行不过是象征性的。

40年之后，也就是1991年，支持这些语言教学的压力明显增大。当时的总统候选人密特朗的竞选纲领第54条说，"地方语言和地方文化将得到尊重和学习"。自此以后，法国的确采取了一些方向性的变化措施。自愿教授这些语言的课时在增加，并且由上述四种语言扩大到所有语言。与此同时，还规定了在大学中继续教授这些语言的可能性，授权一些大学开设双语教学试验班，尽管这些试验班很少，只有象征意义而无实际效果。另一件有意义的事情是，法国政府承认了由家长协会开办的使用地区语言教学的学校，并资助这些学校（如布列塔尼地区的迪万学校、巴斯克地区的伊卡斯托拉学校、罗塞利翁地区的布雷索拉学校）。甚至在公共教育中，还试验举办一些双语学校，并把布列塔尼语列为布列塔尼地区的教学用语。考虑到法国的传统，这些重要变化在几年前是难以想象的。但这些变化不能理解成法国的语言政策，也发生了方向性变化。法国拒绝批准欧洲理事会提出的《欧洲地区语言宪章》（*Carta Europea de las Lenguas Regionales*），可以证明这一点。

严格说来，意大利可以列入实行语言自治政策的国家中。在意大利的两个自治区——上阿迪杰和奥斯塔谷地，意大利语和另一种语言同为官方语言；这另一种语言，在上阿迪杰是德语，在奥斯塔谷地是法语。但这两个自治区在意大利是很小的地方；此外，德语和法语在邻国是官方语言，这两个自治区赋予德语和法语官方语言地位，可以说是受国际政治的影响。因此，认为意大利的语言政策是保护语言独特性，这有点夸大其词。

我们在有关语言史的章节中说过，意大利长期是多种语言和方言与

第三章 统一性与多样性：欧洲国家的语言政策

一种共同的文学语言共存，只是随着19世纪意大利半岛的政治统一，这种文学语言才得以变为意大利国家语言和意大利统一的象征。以国家认同的名义，意大利主要通过学校，开始实行一种语言统一政策，规范意大利语以缩小方言差别；当然，在那些传统上使用其他语言的地区，也推行意大利语。

尽管意大利这样做，但意大利现在仍然存在许多方言差别，这些方言是：

各种北方方言：皮埃蒙特语（piamontés）、伦巴第语（lombardo）、威尼斯语（veneciano），以及在艾米利亚－罗马涅大区流行的伊斯特里奥语（istrio）。

各种托斯卡纳方言（toscanos）：佛罗伦萨语处于中心地位，使用较广。

各种中部和南部方言：使用范围包括马尔凯、翁布利亚、罗马、阿布鲁齐、阿布利亚北部、卡拉布利亚和西西里等地区。

此外，还有其他一些源于拉丁语的方言，这些方言不是意大利语的支系，而是其他语言的支系。这些方言由西向东依次是：

阿尔卑斯山区的普洛旺斯语，流行在奥斯塔谷地。

各种利提罗曼语（retorrománticos），亦称利提语（réticos）。包括两个语组：各种拉迪方言（ladinos），流行于多罗米塔斯各条谷地中，并与瑞士的利提语地区相连；各种中部方言，其中以弗留利语为主要代表，流行地区以乌迪内为中心，19世纪延伸到特里亚斯特。有些语言学家认为，所有这些方言都是同一语言的支系；也有人认为，这些方言可分为两种不同语言——拉迪语和弗留利语。

在撒丁岛上，撒丁语（sardo）有四种方言：第一种是中部的罗古多雷斯语（logudorés），并且有一种比较重要的文学语言；第二种是南部使用的坎皮达尼语（campidanés）；另外两种方言与托斯卡纳方言有联系。在撒丁岛上，加泰罗尼亚语在阿尔格尔城里使用，这是中世纪加泰罗尼亚人到达该岛的留存。在意大利半岛，还有一些讲希腊语和阿尔巴尼亚

语的语言区。在特里亚斯特周围,还有许多人使用斯洛文尼亚语。

意大利学校教育和传媒特别是电视,使用的是单一语言;但与此同时,很长时间以来,各种方言也很有生命力,并且在许多公开场合使用,如文艺比赛和民间庆祝活动。在一些地区,还推动使用方言进行初小教育。对使用弗留利语的推动特别突出,有些协会专以此为目标。但是,弗留利语现还没有一个普遍接受的共同规则。在意大利,也没有形成一种集体意识来推动制定一项支持方言的政策。可能因为缺少这样的压力,意大利的语言政策继续奉行单语主义的目标。

前述上阿迪杰和奥斯塔谷地的情况,是仅有的两个例外。上阿迪杰的德语居民,也就是南蒂罗尔或意大利蒂罗尔的居民,是随着1918年《凡尔赛条约》签订而并入意大利的;虽然自并入后从意大利各地来了不少移民,但这里的居民基本上继续使用德语,只有40%的人说意大利语,60%的人说德语。这两类居民在任何情况下都可使用自己的语言,并且建立了德语和意大利语两种教育系统,甚至在许多地方建立了两个行政系统。这种分离状态,在公共职位分配上也有体现,要按照两种语言的人口比例进行安排。

这种分离所产生的意外结果之一,是在一条谷地即加尔达纳谷地上,居民们说一种拉迪语或利提语方言,并建立了使用三种语言的教学制度。这样,如同弗留利语一样,拉迪语在意大利其他地方没有受到任何关照,但在上阿迪杰则得到了特别保护。

奥斯塔谷地的情况完全相反。当意大利开始统一时,奥斯塔谷地被并入了这个新国家;该谷地的居民讲一种普罗旺斯方言,但其文雅语言,即当地小资产阶级的语言和教学语言,则是法语。教育和行政语言使用法语,这在奥斯塔谷地自治条例中有明确规定。该谷地主要从事旅游业,这加强了双语的使用。相反,在农民家庭中使用的地方方言,很少受到保护,正趋向消亡。

希腊也是一个很有代表性的例子。希腊的语言政策也是专注捍卫国族语言,忽视少数人语言。这些少数人语言包括:邻国土耳其的语言土

第三章 统一性与多样性：欧洲国家的语言政策

耳其语；斯拉夫人来到希腊马其顿地区留下的斯拉夫马其顿语；与罗马尼亚语有联系的新拉丁语——阿罗马尼亚语（arumano）；阿尔巴尼亚语的支系阿尔巴尼塔语（arbanita）。这些语言群体大多数人口不多。土耳其语在希腊不受重视，这与希腊和土耳其的艰难关系有关。只有讲阿罗马尼亚语的人们，有组成一个群体的意识，有实现语言复兴的愿望。认为希腊政府和大多数政党十分担心少数人语言的存在，这有点夸大事实；但想一想希腊独立战争的艰难情况（我在有关欧洲语言史的章节里提到过），看一看希腊的少数人语言都与邻国的语言有联系，而这些邻国与希腊经常发生冲突，我们也容易理解希腊对少数人语言的态度。

此外，总结希腊语言政策的特点，还要考虑20世纪的希腊一直处在激烈的语言冲突之中，且类型多样。这归因于传统语言和民众方言之间的对抗；传统语言是在土耳其统治期间形成的教会语言，叫卡萨维罗斯语（kathsverousa），这种语言曾长期是唯一的文雅语言和书面语言；民众方言是口头交流和日常生活用语，叫德莫蒂克语（demótica）。以民众语言取代传统语言，民众语言上升为文化和行政用语，历经了半个多世纪的长期过程，其间在保守派和进步派之间发生了许多尖锐斗争，尽管现在可以说大局已定。

在东欧各国，一国的某些居民讲另一国的语言，这是屡见不鲜的事情。传统帝国的解体，近在眼前的战争产生的边界变化，导致许多国家的居民讲邻国的语言。这个现象是双向的，例如，匈牙利有一部分居民讲克罗地亚语，而在克罗地亚则有一部分居民讲匈牙利语。这些情况经常导致怀疑相关居民的国族忠诚，进而习惯于采取语言统一政策。

关于这种情况，最典型的例子是罗马尼亚。罗马尼亚存在操匈牙利语的少数人群体，这个群体占总人口的6%，一直让罗马尼亚感到十分紧张。波兰可以看成是单一语言的国家，因为根据有关人口统计，98%的居民讲波兰语。但事实是，在第二次世界大战前，现今波兰国土有一些地区是德国的组成部分，如西里西亚和东普鲁士；这些地方的德语居民后被驱逐，但依然有部分人留了下来。依地语（yídish）的情况也是一个例

多语言的欧洲

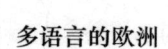

子；依地语是东欧犹太人的习惯用语，但随着犹太人遭到迫害，大部分人离去，现很少有人会讲这种语言。而最有意义的例子，则是波罗的海国家的情况。当二战后拉脱维亚加入苏联时，所有居民实际上都说拉脱维亚语；但当拉脱维亚重新获得独立时，由于来自苏联其他地区的移民增加，现今的拉脱维亚有35%的居民把俄语作为第一语言，还有很大一部分人根本不会说拉脱维亚语。在波罗的海其他国家，如爱沙尼亚和立陶宛，情况也大致如此，但俄语人口比例要小一些。在波罗的海三国，现都在实行力度大体相同的语言国族化政策。

南斯拉夫解体后建立的那些国家，由于族类和文化各异的居民相互渗透，有些地区是各族人民共居的，政治边界只能随意划定。但是，那里的差别基本上不是语言差别，因为塞尔维亚语、克罗地亚语被认为是同一语言，尽管信仰天主教的克罗地亚人使用拉丁字母，而信仰东正教的塞尔维亚人使用西里尔字母。现在，巴尔干各国的语言政策，都强调语言独特性。

▶▷ 保护少数人语言

有些国家虽然只承认一种语言为国族语言，且不赋予语言少数群体政治权利，却采取措施保护少数人语言的存在，并支持这些语言的使用。

英国对威尔士语的所作所为，是这一政策的好例子。自5世纪撒克逊人入侵起，英国诸岛使用的各种克尔特语，便开始让位于入侵者带来的古英语；而当12世纪一个诺曼底人王朝在伦敦王室推行法语时，各种克尔特语进一步走向了衰退。自英语重新作为政治和社会用语起，如同在法国一样，英国也开始走向语言统一过程；到19世纪末，这个过程把各种克尔特语逼到了近乎消失的地步。自此以后，一度在康沃尔诸岛使用的康尼克语（córnico），以及在曼克斯岛使用的曼克斯语（manxés），实际上已消失了；而苏格兰的盖尔语，现虽在几个地区保存下来，但其前景不容乐观。只有威尔士地区的威尔士语基本保持下来了，并在20世

第三章 统一性与多样性：欧洲国家的语言政策

纪初期产生了捍卫和恢复威尔士语的运动；这场运动不仅保护了威尔士语，而且还使威尔士语得到了一定发展。据 20 世纪 90 年代统计，现有 50 万人讲威尔士语；除此之外，有调查说还有 40 万人或主动或被动地略识威尔士语。

英国没有法律正式承认威尔士语的存在，没有法律赋予操威尔士语的居民政治权利。威尔士地区也不实行政治自治，没有自己的政府及语言政策。英国政府通过自己的代表机构"威尔士办事处"（Wales Office），表明自己对威尔士地区拥有的权力。但是，很久以来，中央政府也采取支持威尔士语的政策；威尔士办事处不仅通过各种方式促进威尔士语的学习和使用，而且还在一定场合使用威尔士语办公。另外，我们还应想到，在英国，当然包括威尔士地区，地方当局首先是市政府拥有很大权限（如教育事务），地方当局可以利用这些权限支持语言发展。当然，实际情况不尽相同：有些地方当局对语言问题漠不关心，有的则支持发展威尔士语，或实行双语制。

教育领域是承认和支持威尔士语的最重要的领域。但如同我们所说的那样，各地态度不同；就整个威尔士地区来说，大约有 20% 的小学用威尔士语授课，有 60% 的小学生接受威尔士语学习。在中学教育阶段，使用威尔士语授课的比例降到 10%；而在大学教育阶段，只开设一些威尔士语讲习班和一些威尔士语学分课程。

至于媒体，现有一家公共广播电台每周播放 30 小时威尔士语节目，还有一些电台也使用相当多时间播放威尔士语节目。威尔士语报纸和杂志也不少，威尔士语书籍每年大约出版 500 种。但更重要的是，最近的调查表明，年轻人了解和使用威尔士语的人数在上升，这对威尔士语的发展前景来说是个好消息。

荷兰对弗里斯语的政策也类似。弗里斯语是一种日耳曼语，与荷兰语和德语同源，夹在二者之间，主要分布在荷兰弗里斯省，大约有 40 万人使用它。

荷兰有一些法律和法令承认弗里斯语的存在，但这不能说是实行了

多语言的欧洲

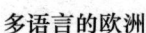

保护弗里斯语的政策，也不能说是在公共管理中确立了使用它的规定，以及确定了它与使用者的关系。但是，荷兰国家对弗里斯语，现在采取一种积极态度，其最明确的体现是在教育系统使用弗里斯语。在弗里斯省的大多数学校里，在基础教育阶段，弗里斯语是基本用语和交流用语；在高级教育阶段，荷兰语取代了弗里斯语，但仍教授弗里斯语。在边界另一端的德国领土上，也有一些弗里斯语小村庄，教学中也使用弗里斯语。

▶▷ 语言自治

苏联曾是长期实行语言自治的例子。但苏联的解体和政局的动荡不安，使我们难以准确得到那些原是苏联加盟共和国的国家的语言政策材料。在这些国家中，显然是国族主义思想占上风，因此，它们都在推动使用以前与俄语同是官方语言的语言。但无论如何，许多共和国似乎都不可能消除俄语，更不可能在那些族类多样的领土上实行彻底的单一语言政策。俄罗斯的情况恰是例证；在那些被称为自治领土的地区，使用的是不同于俄语的语言，这些语言和俄语同为官方语言，尽管使用范围有限。

在欧盟范围内，实行语言自治的典型例子是西班牙。我们在本书第一章中讲到，由于巴斯克语的存在和拉丁语演变为各种新拉丁语，今日西班牙是一个语言多样性的国家。如同法国和英国一样，西班牙的政治统一过程伴随着语言统一，但这种统一并没有消除人们使用不同于卡斯蒂利亚语的各种语言。基于这个事实，19世纪产生了各种文学复兴和政治振兴运动；在佛朗哥统治期间（1939—1975），这类运动也存在，但遭到严厉镇压。1978年通过的宪法一改单语化传统，在宣布"卡斯蒂利亚语（西班牙语）是西班牙的官方语言"的同时，宣布"西班牙的其他语言，按照相关自治条例的规定，也是相关自治共同体的官方语言"；"西班牙的各种语言财富是文化遗产，受到特别尊重和保护"。根据这部宪法

第三章 统一性与多样性：欧洲国家的语言政策

的规定，西班牙领土被分为 17 个自治共同体，每个自治共同体都有自己的政府和议会。有 5 个自治共同体的自治条例规定：本自治共同体的语言，与西班牙语同为官方语言。这 5 个自治共同体是：加泰罗尼亚（600万人），使用加泰罗尼亚语；巴利阿里群岛（68 万人），使用加泰罗尼亚语；瓦伦西亚（375 万人），使用瓦伦西亚语（加泰罗尼亚语的分支）；加利西亚（285 万人），使用加利西亚语；巴斯克地区（220 万人），使用巴斯克语，或叫埃斯卡拉语（euskera）。还有第六个自治共同体纳瓦拉，也承认巴斯克语同卡斯蒂利亚语一样是该共同体的语言；但在纳瓦拉，巴斯克语的共同官方语言地位，只限于部分地区。阿斯图利亚斯的自治条例也值得一提，该条例主张保护巴布莱语（bable），尽管没有规定它是共同官方语言。阿拉贡的自治条例也涉及阿拉贡的"语言特点"，即古代阿拉贡语言的遗存和加泰罗尼亚语，后者在一条与加泰罗尼亚相邻的谷地上流行。加泰罗尼亚自治条例承认存在于阿兰谷地的阿兰语（aranés）；阿兰谷地是比利牛斯山脉中的一条谷地，与法国毗邻；而阿兰语则是加斯科尼语-奥克语（gascón-occitano）的方言。

在 1982—1986 年间，前述六个自治共同体首先通过了各自的语言法，这些法律规定了各自治共同体的两种语言同为官方语言，用任何一种语言写成的文书具有同等的法律效力，市民在私人和公共生活领域有权使用任何一种语言。与此同时，这些法律还规定，要采取措施鼓励当地语言在公共管理、各级教育和媒体三个主要领域里使用。关于公共管理，法律赋予所有市民都有权利使用两种语言中的任何一种语言；因此，市民在与公共管理机关发生关系时，在任何情况下都可以使用卡斯蒂利亚语，也可以使用当地语言。关于教育，法律规定各级教育机构都有义务讲授当地语言，并且要尽可能地把当地语言作为基本的教学用语。关于媒体，法律规定自治政府可以建立自己的电台和电视台，并且可以使用当地语言播送节目。

虽然法律规定都相似，但可以想见，各个自治共同体的情况则不尽相同。加泰罗尼亚语在中世纪就是一种重要的文学语言，19 世纪又得到

多语言的欧洲

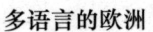

复兴,对加泰罗尼亚的政治团结起到了重要作用,以至于在加泰罗尼亚政府中,赤裸裸的国族主义党派占有优势,影响较大。与此同时,加泰罗尼亚还是西班牙工业化程度最高和最有活力的共同体之一。加泰罗尼亚的经济发展,使它成为西班牙南部移民的首选之地,这对加泰罗尼亚语言不利。目前,加泰罗尼亚的居民一半使用加泰罗尼亚语,一半使用卡斯蒂利亚语,但90%的人能听懂加泰罗尼亚语,85%的人会说加泰罗尼亚语。总之,加泰罗尼亚实行一种坚决保护当地语言的语言政策。在加泰罗尼亚的公共管理中,加泰罗尼亚语是工作语言;大约有三分之二以上的学生,受过加泰罗尼亚语教育;在大学中,加泰罗尼亚语也占有重要地位。

在巴利阿里群岛,会讲加泰罗尼亚语的人口比例与加泰罗尼亚差不多,但语言的政治含义小得多。该岛居民主要从事旅游业,这也不利于加泰罗尼亚语的使用。在瓦伦西亚,会说会用加泰罗尼亚语的人口比例更小。在瓦伦西亚,关于加泰罗尼亚语的性质争论,关于瓦伦西亚的同一性是与加泰罗尼亚有关还是相反的争论,使加泰罗尼亚语的传播变得更加复杂。如同在加泰罗尼亚一样,巴斯克地区的地方政府具有国族主义色彩,地方政府对巴斯克语言的政治许诺也很高调;巴斯克语的使用问题,在于操巴斯克语的居民数量少,巴斯克语和卡斯蒂利亚语之间差别巨大:卡斯蒂利亚语是一种新拉丁语,而巴斯克语则是在印欧人入侵前就存在的语言。但巴斯克地方政府做出的巨大努力,扭转了讲巴斯克语的人一直逐步减少的趋势。纳瓦拉的情况与巴斯克类似,但巴斯克语在纳瓦拉的分布地域很小。至于加利西亚,加利西亚语是民众语言,所有居民都会加利西亚语;但该自治共同体十分贫穷,这使它的居民外迁后完全不愿意使用加利西亚语,把加利西亚语同乡村和贫穷等同起来。这种态度现已改变,行政管理、电视和学校教育使用加利西亚语,为加利西亚语赢回了相当大的社会声誉。

第三章 统一性与多样性：欧洲国家的语言政策

▶▷ 语言联邦主义

有些国家的各块组成领土有自己的官方语言，这些语言同时是国家的官方语言；实行这种语言政策，可称之为语言联邦主义。一般说来，实行语言联邦主义，前提是一个联邦国家。在欧洲，瑞士和比利时可以认为是语言联邦主义的典型例子，但二者是完全不同的两种类型。

欧洲许多国家的建立，是由一个初始核心开始，经过扩展和统一过程实现的，但瑞士与此不同。瑞士在12世纪出现时，就是由许多反对哈布斯堡王朝扩张的地方单位结合成的联邦，它至今保持了明显的中世纪特点，即各个地方单位之间平等联合。如同整个欧洲一样，瑞士联邦建立之初，就是一个存在各种方言的地方；瑞士大多数州的方言是日耳曼方言，另有几个州是拉丁方言。但是，语言差别并不影响各个地方单位建立共同联系的意愿，并不影响它至今维护这样的联系。

瑞士存在四种语言：德语、法语、意大利语和罗曼语（romanche），罗曼语又叫利提罗马语（retorromático）或利提语（rético）。在今日瑞士联邦的26个州中，有17个州使用德语；4个州使用法语（日内瓦、汝拉、纳沙特尔和沃克斯）；1个州使用意大利语（提契诺）；4个州使用多种语言，其中3个州同时使用法语和德语两种语言（伯尔尼、弗里堡和瓦莱），1个州使用德语、罗曼语和意大利语3种语言（格里松斯）。根据20世纪90年代的统计资料，瑞士人口大约400万人，其中约65%的居民操德语；约18.5%的居民操法语；约9.8%的居民操意大利语；约7.8%的居民操罗曼语。此外，还有约6%的居民使用其他语言。

1848年的联邦宪法就已规定，德语、法语和意大利语同为瑞士联邦的官方语言。1938年修订的宪法，把罗曼语又增加为官方语言。这样，现行宪法第116条规定，瑞士有德语、法语、意大利语和罗曼语四种国族语言，尽管在接下来的条文中又说只有德语、法语和意大利语是官方语言。这种双重规定的法律安排可概括如下：

多语言的欧洲

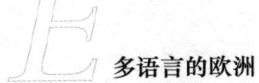

每个州采取的原则是领土原则，每个州都确定一种官方语言；存在多种语言的州里，则分区确定自己的主要语言。这样做的结果是，以使用法语的日内瓦为例，由于日内瓦在行政、教育等所有公共领域里都使用法语，如果有哪位瑞士人从伯尔尼或苏黎世移居日内瓦，他必须自觉地学会法语。而在那些多语言的州里，则实行按区确定自己语言的规则。

在联邦众议院里，众议员可以随意使用三种语言中的一种，但只进行德语和法语的同声翻译，因为意大利语在议会里实际上没有人使用。在参议院里，参议员也可以随意使用哪种语言，但没有翻译服务，大多数参议员都使用德语发言。至于联邦行政管理，法律和法规使用三种语言发布，联邦与各州之间的关系使用各州的语言，但联邦行政部门之间大多使用德语。瑞士还有许多法规确定，哪些工作职位必须会两三种官方语言。对一些全国性的企业如银行和服务公司，也有类似规定。例如，瑞士航空公司的工作人员，大部分是德语和法语双语者。

这些不同规定，源于社会语言学情况；因为虽然确立了四种国族语言，且规定三种官方语言具有同等地位，但各种语言在瑞士社会中的分量大不相同。罗曼语只有很少一部分居民使用，而使用它的农业区现已变成旅游区；因此，尽管罗曼语受到保护，却面临着被德语取代的严重威胁。邻国语言意大利语，没有这样的威胁，但它在瑞士的使用人数不多，在政府机构使用机会有限。至于法语，虽然在瑞士许多州里使用，并享有国际声誉，但它在瑞士公共生活中的作用比德语小很多。大部分居民和联邦政府机构所在城市，都使用德语。

因此，德语是瑞士的第一语言。但这并不意味着瑞士没有自己的语言问题了。一方面，面对规范化法语的压力，在那些使用法语的州里，法语方言和法兰克-普罗旺斯方言实际上已经消失了；另一方面，在那些使用德语的州里，不同的日耳曼方言依然如日中天，并由此产生了明确的语言分化局面：一是形成了下层语言——"瑞士德语"，这是一种口语；二是形成了"上层德语"或文学语言，这是教学语言和正式场合使用的语言，因此是书面语言。但一段时间以来，瑞士德语的使用范围在

第三章 统一性与多样性：欧洲国家的语言政策

扩大，首先是电台和电视台使用这种语言；而且，瑞士德语也在以某种书写形式传播，在一些地方甚至成了教学语言。这样，瑞士德语的前途很有可能像希腊语的情况一样，民间语言最终会取代文雅语言。也有可能像卢森堡的情况那样，由地方方言发展成一种独立语言。

在瑞士的大部分州里，普通教育从七年级开始进行第二语言的教学，原则是在德语州里教法语，在法语州里教德语。但第二语言的教学成效并不乐观，特别是英语很有可能成为第二教学语言。我们还应注意，瑞士有很大一部分居民（占总人口14%）是外国人，这个比例在欧洲仅次于比利时。瑞士对外国人的吸引力，是瑞士的祥和形象。经济情况好的外国人，喜欢选择在瑞士颐养天年；同时，瑞士还是许多国际企业和国际组织的总部所在地。另外，瑞士有许多下层职业没人愿意干，这也吸引了不少经济地位低的移民。第一类外国人的交际语通常是英语，但经济移民特别是他们的子女就有问题了，他们中的许多人在一些州里通常享受不到系统教育。

尽管存在这些问题，但我们不要忘记，在如此复杂的语言环境里，瑞士人却实现了令人羡慕的平衡，这与其他语言冲突频繁的国家形成了鲜明对照。原因很简单：许多国家把语言当作国族认同的标志，这样，语言冲突就变成了国族冲突；而在瑞士，尽管语言忠诚很强烈，但这与国族认同没有关系。瑞士的多种语言，并没有影响瑞士人同样很强烈的国族主义或爱国主义。

与瑞士相反，比利时的语言问题不仅具有强烈的政治色彩，而且经常成为比利时的政治问题核心。我们在本书第二章第四节中讲到，比利时在19世纪立国时，包括两部分语言不同的居民，一部分是法语居民，一部分是弗拉芒语居民，但法语居于统治地位。这不仅因为瓦隆地区讲法语，是最繁荣的地区，而且因为在农民占多数的佛兰德地区，资产阶级的语言和教育语言也是法语。但我们也要看到，经过一个世纪的努力，情况完全变了，讲弗拉芒语的居民为自己的语言赢得了尊重，并建立了一种保证语言对等的制度。

多语言的欧洲

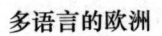

比利时目前的情况是，根据《宪法》第 2 条规定，比利时由三个语言共同体组成，即法语居民、荷兰语居民和德语居民。另外，根据《宪法》第 4 条规定，比利时又分为四个地理区：一个法语区；一个荷兰语区；一个德语区；一个双语区，即布鲁塞尔。

共同体之间的语言差别需要有法律规定，但《宪法》第 30 条则说，法律规定的用语只涉及公共管理和司法审判领域。在其他情况下，公民自由选择自己喜欢的语言。1971 年的一项建议案，扩大了调节范围，规定企业文书以及企业与劳动者的合同也需要使用法定语言。

比利时的语言使用规范可概括如下：无论是在弗拉芒语地区佛兰德，还是在法语地区瓦隆，都奉行领土原则，实际上都是单一语言的地区。在瓦隆，不论是公共管理还是教学，使用的都是法语；而在佛兰德，则使用荷兰语。在德语区，由于讲德语的居民人数较少，不到 10 万人，行政管理和教学使用德语，但法语的使用也很普遍。在双语区布鲁塞尔城，行政管理根据情况或使用两种语言中的一种，或同时使用两种语言；教育实行双重体系，一种体系是为法语学生设立的；另一种体系是为弗拉芒语学生设立的。这种体系区分一直到大学阶段。在佛兰德和瓦隆，大学使用各自地区的语言；而在布鲁塞尔，则同时存在使用法语的大学和使用荷兰语的大学。比利时两所最著名的大学——卢万天主教大学和布鲁塞尔自由大学，本来是一家，但很早就分开了，现在分别使用弗拉芒语和法语教学。

国家按语言划分地区，不得不对语言的使用作出详细规定。例如在布鲁塞尔，一宗诉讼案件的提出，如果诉讼人使用的是法语，只要有一份弗拉芒语文书出现，诉讼就将无效。问题还不止于此。如果被告人操弗拉芒语，他有权使用自己的语言应诉，并有权要求把自己的应诉发言翻译为法语后交付审理。所有公告也是这样；如果公告发到某个弗拉芒语地方，那就要翻译成弗拉芒语。比利时还存在一些有特殊制度的边界市，涉及这些市的语言法规就更加复杂了。

至于中央管理，如同布鲁塞尔市政管理一样，要使用两种语言。回

第三章 统一性与多样性：欧洲国家的语言政策

答以一种语言提出的要求和处理用一种语言写成的文件，公布时一般要使用两种语言。这种用语规定，也对公共管理的每一个岗位提出了语言知识要求。例如在军队中，举一个最有代表性的例子说，如果一个建制单位是单一语言，向士兵和军官下指示就要使用他们的语言；如果一名军官想升为司令，他必须证明自己至少粗知其他一种语言——法语或荷兰语；而对高级军官的要求，则必须能毫无困难地使用两种语言。

除了法律规定外，还有一些社会语言学考虑。比利时建立国家时，弗拉芒地区纯粹是农业区，地位比工业化和文化发达的瓦隆地区低，但随着时间的推移，现在倒过来了。瓦隆的工业主要是钢铁产业，该产业早就进入危机阶段了，而弗拉芒各大城市则变成了繁荣的第三产业中心。弗拉芒的高出生率，也影响到语言发展；这对推动当时的语言立法产生了压力，使比利时形成了一种联邦结构。总而言之，弗拉芒人意识到，尽管自己的语言与荷兰语同源，也变成了欧盟的官方语言，但与具有很大国际影响的法语相比，弗拉芒语仍然是一种小语言。在双语城市布鲁塞尔，受法语威胁的担心特别强烈；布鲁塞尔建有许多国际机构，如欧盟委员会或北大西洋公约组织总部，在这些机构工作的外国人喜欢讲法语而不是弗拉芒语。

对法语产生的这种妒忌，可以解释如下现象：在布鲁塞尔，弗拉芒人共同体的教育负责人坚持，弗拉芒人家庭必须把自己的孩子送到弗拉芒语学校读书，因为他们担心有些弗拉芒人家长会被法语的国际声誉吸引，把孩子送到法语学校读书。这种担心现在已失去意义，因为人们看到，有些法语家庭把自己的孩子送到荷兰语学校读书，以便让孩子成为双语者，使他们将来可以选择按法律规定需要使用双语的许多职位。从外界看来，这个现象似乎使以下做法变得不太合理：同一个城市，不实行共同的教育体系以保证两种语言教学的竞争力，相反，却严格按照语言差别奉行两种教育体系。还需要指出的是，在布鲁塞尔，外国人的大量存在，有理由开设欧洲学校和各种国际学校，在这些学校里规定使用各种语言教学。外国人的大量存在，已经使布鲁塞尔完全变成了一个世

多语言的欧洲

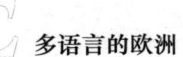

界城市。因此,布鲁塞尔一方面存在强烈的语言冲突;另一方面又是语言最多样化的欧洲城市,这就不奇怪了。这个局面,也许就是未来欧洲的样子。

▶▷ **制度性多语主义**

制度性多语国家,指的是那些规定了多种官方语言,但又不像联邦国家那样把语言与一定领土联系起来,而是与整个国家联系起来的国家。爱尔兰、芬兰和卢森堡等欧盟成员国,可以认为是这样的国家。

我在谈19世纪的国族和语言解放运动时,讲到过芬兰的情况。芬兰曾长期受瑞典统治,瑞典语不仅是占领者的语言,还是芬兰居民的文雅语言。在19世纪,芬兰产生了民间语言振兴运动,但这场运动不是针对瑞典和瑞典语的,因为自1809年起,芬兰就不属于瑞典而是变成了俄罗斯的一个公国。这样,芬兰语取代瑞典语成为文雅语言和行政语言,没有引起政治紧张,居民的权利和感情得到尊重,居住在芬兰南部和东部不同地区的瑞典居民继续讲瑞典语。当1919年芬兰从俄罗斯独立时,宪法规定:"芬兰语和瑞典语同是共和国的国族语言。法律保障所有芬兰公民与行政管理机关发生关系时,都有权使用自己的母语,不论其母语是芬兰语还是瑞典语。"实际上,这种权利仅限于芬兰语居民集中的几个地区,这些地区也是实行双语教学的地区。但不管怎么说,芬兰的瑞典语居民只有40万人,不超过芬兰总人口的10%,而且还在下降。

在讲到国族解放运动时,我也说过爱尔兰的情况;爱尔兰宣布独立时,爱尔兰语已成为少数人使用的语言。根据1991年的统计材料,爱尔兰只有30%的居民会说爱尔兰语;但更可靠的统计表明,只有5%的居民日常使用爱尔兰语,另有10%的居民可以不困难地偶尔使用爱尔兰语,还有10%的居民能听懂但说起来有困难。宪法把爱尔兰语和英语同时定为官方语言,甚至更偏向爱尔兰语,这主要是在表面场合和庆典仪式上。但在实际中,大多数行政和公共活动,都使用英语。只有一些工作地点

第三章 统一性与多样性：欧洲国家的语言政策

特别是学校，才要求会说爱尔兰语。只有在爱尔兰语居民占多数的市，才要求行政用语使用爱尔兰语，把爱尔兰语当作教学用语。众所周知，爱尔兰放弃把自己的语言作为欧盟的工作用语，欧盟只在非常特殊的情况下才使用爱尔兰语。

卢森堡大公国一度是布尔戈尼王国的一部分，它本可以并入任何邻国的，只因一系列原因，它才得以保持独立至今。卢森堡的经济基础是钢铁工业，独立的岁月困难重重，加入"煤钢共同体"后才克服。煤钢共同体是欧盟的萌芽。由此，卢森堡面积虽然很小，但在欧盟中则是一个享有完全权力的国家，并因此成为重要的金融中心。

本书多处提到，卢森堡位于日耳曼语和拉丁语之间的联系带上，卢森堡居民传统上讲一种日耳曼语方言，文雅语言是邻国语言德语和法语。今天依然如此。卢森堡语是日常生活和口头交流用语；而德语是行政和商业主要用语；法语是文化活动和外交事务用语。1984年以前，卢森堡的官方语言是法语和德语，但在1984年，由于出现了试图加强卢森堡意识、崇尚自己语言的潮流，卢森堡语被宣布为国族语言，只有少数人使用且使用范围有限的书面语也受到鼓励。但不论怎样努力，《罗马条约》签订时，卢森堡语还不是卢森堡的官方语言，因此，它现在不是欧盟的工作用语，其地位与爱尔兰语类似。

在教育系统中，卢森堡的多语言特点最显著。在学前教育阶段，学校使用卢森堡语，师生间对话也都使用卢森堡语。但从正式学校教育阶段开始，也就是从六岁开始，阅读和书写都使用德语；从七岁开始教法语，并且有的课程使用德语，有的课程使用法语，每周再教半小时的卢森堡语。这种教育对培养学生的语言能力作用如何，只要想一下卢森堡缺少高等教育机构，也就明白了。卢森堡的大多数学生，都要到邻国德国、瑞士、比利时或法国完成学业，因此，他们的德语或法语水平与当地学生差不多。

1984年的语言法规定，卢森堡公民可以使用三种语言中的任何一种语言办理公务。而且，卢森堡的出版物，78%是德语；20%是法语；2%

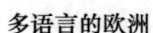

是卢森堡语。卢森堡的电台和电视台，使用各种邻国语言播出，包括法语、德语、荷兰语和英语，同时有一个地方电台每天播出两小时的卢森堡语节目。我们还须指出，卢森堡的经济繁荣引来了大量移民。卢森堡的居民三分之一是移民，其中大多数来自葡萄牙；卢森堡试图建立欧洲最好的教育系统，这些移民对此目标是个严重挑战。从另一个角度说，卢森堡在变成金融中心、同时又是国际机构所在地后，不仅外国人司空见惯，英语也随之变成了常用语言。因此，欧盟在调查各国掌握外语的水平时，卢森堡总是位居第一，这没有什么可奇怪的。

1928年，第一次双语教育问题国际会议在卢森堡召开，与会者非常羡慕卢森堡提前引入了第二语言的教学；但一位卢森堡部长在开幕式上的讲话却语出惊人，他遗憾地说：卢森堡人依靠他人的语言进行教育，这使卢森堡人的身份变得含糊不清、没有定数。70多年后，没有哪位卢森堡人还这么说了。卢森堡是个小国家，但它经济运行良好，政治有影响力；今日的卢森堡人很自豪自己的集体认同，他们把自己的语言定为国族语言，但又不因此放弃多语主义。

▶▷ 推行和捍卫国家语言

在前文中，根据对待境内不同语言的态度，我们谈到了一些国家的语言政策。我们看到，除联邦国家外，每个国家都把一种主要语言定为国族语言（lengua nacional），在公共管理中主要和排他地使用这种语言，并将其作为教育工具。从这个角度说，每个国家都有推行和捍卫自己的主要语言的基本语言政策；在联邦国家，主要语言只不过不是一种而是多种罢了。

除了把国族语言确定为公共机构使用的语言外，有些国家还采取专门措施来推行和捍卫自己的语言；为此目的，这些国家有的在国内外建立组织机构，有的则颁布各种法规。在这个问题上，欧洲各国的语言政策也大不相同。

第三章 统一性与多样性：欧洲国家的语言政策

法国最关心在境外推动法语教学。在 19 世纪，法国成为第二大殖民帝国，在所有殖民地里，法国都极力传播法语而非当地语言。其他殖民强国的做法，也与法国一样。但是，法国还关心在那些不属于自己统治、但羡慕法国文化并与法国保持友好关系的国家中传播法语。1883 年，"法语同盟"建立。这个同盟理论上是私人机构，但得到了政府的支持；它的任务是在外国创立并支持法语教学中心，或资助那些已在开展法语教学的中心和机构。不久，这个同盟就遍布世界各地。在教学问题上，法国政府在本土宣称保持世俗性，禁止和限制教会进行教育，但它却支持教会在外国教授法语。自 20 世纪初期开始，法国政府在世界各地主要城市里也开始建立法国文化传播中心。自第二次世界大战开始，法语作为国际语言的地位让位于英语了，但法国继续保持和加强法语在境外的存在。

在法国，鉴于法语在国际舞台上的衰退，以及对英语压力可能会破坏法语本身的担心，促使法国政府采取了一种明确推行和捍卫法语的政策。为了配合这个政策在政府行为的各个领域里得到贯彻执行，1966 年建立了"捍卫和扩展法语高级委员会"，现在改名为"法语最高理事会"（Consejo Superior de Lengua Francesa）。1986 年，成立了"法语国家高级理事会"（Alto Consejo de la Francofonía），任务与前者类似，但工作范围是在国际上推动所有法语国家之间的合作。1994 年，法国议会通过了捍卫法语的《都蓬法》（Ley Toubon）。借修改宪法以适应通过《马斯特里赫特条约》的需要，法国宪法增加一条说："法兰西共和国的语言是法语"；这个说法，在法国各个时期的宪法中都没有。

法国捍卫语言的政策包括一些不同的目标。最早的目标是在外国促进法语教学。目前，这个目标中最有意义的事情，是在法国驻外外交机构的文化处配备一名专门从事语言教学的教育学顾问。另一个目标是面对英语成为共同交际语的趋势，保证法语在国际会议和国际出版界的使用。第三个目标争议最多，这就是规定来自外国的产品必须保证以法语标注。这样的规定就是说，不仅在法国流通的商品要使用法语说明书

多语言的欧洲

（标签、使用须知、保证，等等），而且在法国出售的播送或影像制品，法语也要占据重要的比例；这个目标就是要为这些产品规定语言份额。在与美国讨论世界自由贸易的谈判中，即在讨论所谓《关税及贸易总协定》（GATT）时，这个问题确是双方首先谈到的问题。法国语言政策的另一个目标，是保证法语纯洁、限制盎格鲁词语的使用，《都蓬法》对此提出了各项措施。

《都蓬法》中的各项措施此处不详谈，这里只强调一个事实：如果说英语目前的扩展在许多地方引起了妒忌，法国无疑是采取有力的系统措施反对英语影响、限制英语使用范围的国家。

在德国，也存在对德语受英语损害的强烈担心。这种担心主要存在于学术界和传媒界，但政府也采取了行动。这些情况表明，从柏林墙拆除和欧洲机构对东欧开放以来，德国当局希望加强德语在国际机构中的地位；虽然德国不指望德语可与英语竞争，但至少希望使德语具有与法语类似的地位。至于在国外的教学，传统上是由居住在国外的德国人创办学校教育他们的孩子，这些学校也是传播德国文化的中心。希特勒政权最先开始了系统的推动工作，试图把这些中心纳入自己的控制之下，并创办了一些具有明显意识形态色彩的中心。二战结束后，德国政府十分关注恢复被战争毁坏的对外声誉，开始认识到需要在对外文化政策上采取重要行动，并于1951年创办了歌德学院来执行这个任务。至今，歌德学院在世界70多个国家建立了众多德语学院。

意大利也是这样做的。特别是在法西斯时代，意大利紧随德国模式，在境外建立了一张不大的意大利语学校和学院网；战后，这张网变成了但丁学院，并且相当现代化。

西班牙语虽然在世界许多地方使用，但西班牙很晚才加入这种有计划地推动语言传播的运动。尽管有许多这方面的通告和计划，但西班牙直到1990年才为此建立塞万提斯学院。造成耽搁的部分原因，是对这种新机构的职责争论不休，方向和原则变来变去。目前，情况似乎稳定了，发展形势越来越好。塞万提斯学院不仅有许多网点，而且还推动教学改

第三章 统一性与多样性：欧洲国家的语言政策

革行动。

即使不靠塞万提斯学院，西班牙语教学在世界上也很红火。因与西班牙美洲存在重要的商业关系，远东地区的西班牙语教学很普遍；在被西班牙语国家包围的巴西，在西班牙语移民越来越多的美国，情况也是如此。但欧洲的情况相反：尽管西班牙语在欧洲的地位持续上升，但西班牙语作为外语的作用显然落后于法语和德语。

西班牙语地位的上升，伴随着两个新情况的出现。第一个新情况是，传统上对西班牙语的捍卫，往往是对单语主义的捍卫，反对其他语言，如西班牙的加泰罗尼亚语、加利西亚语和埃斯卡拉语，以及美洲的各种土著语言；而现在的情况是，在超出西班牙语的政治边界之外，如在巴西或美国，对西班牙语教学的推动，伴随着对双语主义和多语主义的推崇。

第二个新情况是，尽管西班牙语经过领土大扩张，但它保持了高度的统一。拉丁美洲各国独立后虽然各自建立了自己的语言科学院，但都坚定宣布西班牙语是团结的象征。但在目前，每个西班牙语国家的特殊词汇越来越多，西班牙语言科学院把这些词汇都收进了自己的词典中，同时注明它们的使用地区。还有，美国使用西班牙语，但美国没有西班牙语规范机构，以至于因与英语混用形成了"西班英语"（spanglish）。这对西班牙语是一种现实威胁。

此外，根据西班牙宪法的规定，塞万提斯学院认为西班牙的语言多样性是一种需要保护和宣传的财富，并在学院所属的一些中心教这些语言，还成立了拉蒙·卢尔学院，专门对外推广加泰罗尼亚语。

最后，我们再来说英国。英国政府对语言问题曾长期不感兴趣，这的确是事实。在19世纪期间，在广大的不列颠帝国领土上，各殖民地当局当然都在努力传播英语和使用英语，而且，这些努力在一定程度上也是由伦敦推动的。但是，在帝国之外，不存在这种努力。事实上，直到1935年，才有一个商人团体说服英国政府同意建立"不列颠理事会"。该机构以在外国传播英语和英国文化为目的，同时又在外国宣传英国人和

多语言的欧洲

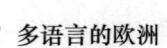

英国政府的观点。这些商人认为，这样做能改善他们的商业联系；同时，他们也是受柏林-罗马轴心国家对外宣传的影响，想抵制这个轴心。不列颠理事会刚开始运行不久，第二次世界大战开始了。第二次世界大战结束后，英国不得不面对新形势，也就是在国际政治的大问题上让位给美国。因此，不列颠理事会陷入了危机，政府开始怀疑它的作用。为摆脱债务，英国成立了一个王室委员会来研究这个问题；实际上，这是希望不列颠理事会宣布解散，但结果却相反：委员会一致认为，大英帝国和英联邦（Commonwealth）的消失，要求英国应努力加强语言和文化联系，以维持英国在世界上的存在意义。根据这个结论，不列颠理事会再度得到支持，获得了新的动力和更多的资源。

英语不仅是英国的语言，而且是英国前殖民地的语言，其中最重要的是美国的语言。人们有理由认为，英语在当今世界的广泛传播，多赖于美国当前的强大而不是英国以往的强大。但事实是，美国很晚才关注促进英语的传播，或者说关注在境外推行自己的政策。只是从冷战开始，出于向世人宣传自己的观点需要，美国才建立"情报局"，该情报局现在世界大多数国家都设有情报和资料中心。但是，传播美国语言和文化的任务，现主要是由大学和私立基金会承担的。这些机构虽然有政府支持，但主要靠福布赖特基金会各种奖学金，推动大量外国教授和学生到美国交流。

与其他语言的推动机制相比，英语的推动机制有所不同。例如在法国，语言传播的推动机构明确地以增加法语学生的数量为主要目标，一旦招收到足够多的学生，再去提高教学质量。其他国家和其他语言，也是这种做法。但不列颠理事会多年来的年度报告表明，该机构不担心学生数量增加，而是考虑如何满足不断增长的难以满足的需求。"国外向我们要10名教授，我们只能派出2名"，这句话可代表这些年度报告的基调。

我们还可以从另一个角度进行比较。法国投入大量资金推动境外的法语教学，认为自己有这样做的爱国义务。其他投入重要预算推动本国

第三章 统一性与多样性：欧洲国家的语言政策

语言教学的政府，也是这样想的。不列颠理事会也花钱，以体现英国的贡献。但是，从总体上看，对英国人来说，花钱是一种交易。在我们欧洲当今社会里，所谓"语言产业"，现已变成了一种搅动大量资金运作的商业行为。语言教学超过了这类生意的半数甚至达到了四分之三。不列颠理事会的一位会长明确地说："英国的真正黑金不是北海的石油，而是英国的语言。这种金子长期埋藏在我们的文化根基之中，现在，它正在转变为世界性的经济和资讯语言。我们现在面临的挑战，是学会利用它。"（《不列颠理事会1987—1988年度报告》）

英语在世界舞台上的影响呈上升趋势，是我们这个时代最有意义的现象之一，它也深刻影响欧洲的语言问题，需要我们认真分析。但在此之前，我们需要先说一说一些影响到所有欧洲语言的一般问题。

（朱伦 译）

第四章 欧洲的语言与社会

▶▷ 语言共存：大语言与小语言

在上一章中，我们讲到欧洲国家的语言极具多样性，并讲到各国应对这一局面的不同措施。但人们在实际生活中怎样理解语言多样性，两种语言或更多语言在同一块领土上如何共存，也需要我们研究。以具体案例说话，可能更容易说清楚。

阿尔萨斯是两种语言共存的欧洲地区之一：一种语言是自中世纪起就在该地区使用的德语方言——阿尔萨斯语，现主要在农村地区使用；另一种语言是法语，也就是法国的语言，它是17世纪阿尔萨斯并入法国后带来的，主要在各大城市，特别是首府斯特拉斯堡通用。一名生长在农村阿尔萨斯语家庭中的儿童，他从小就学说阿尔萨斯语，一生都以此语言为第一语言，并用这种语言跟家人交流；如果他一直住在农村，阿尔萨斯语很可能也是他与朋友、邻居交流的语言。但是，如果他入学，他就要熟悉法语，用法语与老师交流，学习用法语读写。从此以后，法语就是他的文化语言和书面交流用语，也是他面对当局者与政府使用的语言。相反，生活在操法语家庭的儿童，从小就学习法语，尽管他生活在阿尔萨斯会让他多少懂点阿尔萨斯语，但他一生还是使用法语来处理

第四章 欧洲的语言与社会

公私事务。

在所有双语共存的地方，都会发生类似情况。无论什么原因，两种语言中总有一种是大语言或强势语言，承担着更多的社会功能。操弱势语言的人们，要比使用强势语言的人们更迫切地去学习对方的语言。由此，判定一种语言比另一种语言优越的最好指数，就是操每种语言的人们学习另一种语言的人数比例，以及由此产生的双语者比例。

一名阿尔萨斯儿童不仅很早就要学习法语成为双语者，而且他在学校里就教他注意法语的纯净，不能掺杂阿尔萨斯语成分，并要在一生中承受这样的社会压力。但反过来，没有人要求他保持阿尔萨斯语的纯净，他会像周围操阿尔萨斯语的人一样，在阿尔萨斯语中掺杂法语成分。这种不对称现象，也是许多语言共存地区的特点。

一种社会强势语言对一种社会弱势语言的压力是很强的，久而久之，可能会导致弱势语言的消失。但是，这个过程缓慢而又复杂，不是三言两语就能说清的事。一个人，即使掌握了更具社会优势的语言，也会在一生中保持自己在童年和家庭环境中学到的语言。一个人只有决心在只使用大语言的社会里生存时，他才会感到要加紧改变自己的第一语言。但在双语社会里，语言改变很简单。一名小语言的使用者和一名大语言的使用者结婚，即使双方都会讲两种语言，大语言也可能是他们的共同语言，并且首先将该语言传给他们的后代。在人口流动较少的传统社会里，这样的案例比较少见，但在当今社会里则是司空见惯的事情，小语言受到的压力越来越大。因此，人们经常预言说，如果不及时采取措施，要不了多久，欧洲的大部分小语言都将消亡。

如果一种小语言只靠使用者的守护意识来保存，上述悲观预言定会成真。但事实往往并非如此。在阿尔萨斯，现在操阿尔萨斯语者并不都是农村人。在阿尔萨斯的城市里，也有中产家庭和受过学术训练的知识分子忠于自己祖先的语言。而且，他们中还有人致力于传播阿尔萨斯语，并为此成立语言协会、出版读物。这样一来，语言就不只是过去的见证、祖先的遗产，并与农业和传统生活方式相连；语言保持也不再是习惯问题，而是集体努力的结果。要想这种努力取得成功，小语言的捍卫者们就必须让使用者认识到，他们讲同一语言可以建立某种相互团结的纽带，他们这个群体对自己的共同语言既有权利，也有义务。

　　当然，这种集体意识也很有可能产生不出来。而产生了这种意识，又可能带来两类问题：一类问题与语言有关；另一类问题则与国族意识有关。以阿尔萨斯为例，第一个与语言有关的问题是：既然当地使用的阿尔萨斯语是一种德语方言，那么，我们可以认为其书面形式就是学术或文雅德语；但我们也可以反过来想一想，阿尔萨斯语历经数个世纪的独立发展，阿尔萨斯人已形成了自己的语言，至少有了自己的规范。原则上说，这两种回答都有可能。操德语的瑞士人选择的是第一种回答，他们认为自己和德国人使用的是同一种语言，但也明确表示二者使用同一文雅语言绝非等于二者具有同一国族性。卢森堡人相反，他们虽也使用一种德语方言，但他们却选择把这种语言视为国族语言。在这种情况下，对独立化的方言显然需要赋予它可识别的语法规范，并使其保持统一。至于语言和国族性之间的关联，阿尔萨斯的情况是：不管是语言相近还是地理位置相邻，长期战争和相互占领使得语言忠诚和国族忠诚相互脱钩了。我这里不是要讨论阿尔萨斯的情况，而是想明确一点：即使一门大语言和一门小语言存在社会语言学方面的相似特征，但语言与民族之间的关联却不可一概而论，而应具体情况具体分析。

　　概括说，尽管每种情况的政治含义不同，但集体意识和振兴愿望的过程则如出一辙。简单说，可分为以下几个阶段：

　　第一个阶段是，小语言的使用者已具有一定的语言意识，标志是建有一些协会来培育和发展这种语言，并尽可能通过这些协会帮助，出版该语言读物。我讲到过的阿尔萨斯，就属这种情况。

　　第二个阶段是，要求小语言进入教育系统，并得到一定程度的体现。此时，学校既发挥了传承和保持小语言的作用，又体现着小语言进入教育系统的象征意义：在学校里教授一种小语言，代表着该语言得到了官方一定程度的认可，有了前途，否则，小语言只能成为过往的乡愁。

第四章　欧洲的语言与社会

在阿尔萨斯,《迪松尼法》(Ley Dixone)准许阿尔萨斯语进学校;但在布列塔尼和法国境内的巴斯克地区,连把语言作为教学媒介的倡议都没有,尽管最近开始重视了德语在教育系统中的使用,包括开展法-德双语教学实验。

在19世纪,在双语地区,教学是扩张官方语言地位的重要手段;但在20世纪,广播和电视等视听媒体则担当了这个角色。撇开电视不谈,所有争取小语言地位的运动,都力求在广播中播出一些该语言的节目,实现这个目标则标志着小语言振兴进入了新阶段。应该承认,虽然欧洲现有许多地方广播电台播出小语言节目,但电视节目使用小语言者则屈指可数。

接下来的阶段,是雄心更大的阶段:尽可能在公共管理和政府机构中使用小语言。如果说这些阶段都可能提出甚至包括争取政治振兴诉求的话,那这种诉求只有在获得一定的政治自治的情况下才有意义。比如,西班牙的加泰罗尼亚人和巴斯克人,就获得了这样的自治。

根据以上所言,按照小语言使用者建构群体意识的程度,以及这些小语言被公共承认的程度,我们不难对欧洲各种小语言进行排序。不过,我们也可从这些小语言对人们的言语行为和日常生活影响的角度,来考察同一块领土上不同语言的共存情况。

如果一种语言只在乡村环境中使用,没有获得任何公共认可,那么,人们的言语行为很容易想到:这种语言只在家里、朋友和熟人圈内聊天和日常生活中使用,而在严肃场合,在与陌生人或政府官员打交道时,人们就会使用其他优势语言。但是,如果一种小语言获得了一定的承认并在城市中也有使用,那么,它与大语言之间功能区分就变得复杂起来了。都市社会语言学现在还谈不上什么成就,我在此冒昧说说自己的看法。

首先说斯特拉斯堡这个例子。法语是斯特拉斯堡多数人的第一语言,和整个法国一样是官方语言,所以也是行政、各级教学和大部分媒体语言。但是,那里仍然有一部分居民把阿尔萨斯语作为第一语言,其中还有人把维护这一语言当成自己的使命;由于当地没有语言普查,操阿尔萨斯语者的具体人数难以统计。另外,斯特拉斯堡的地理位置与德国交

界，如同斯特拉斯堡人常到德国一样，德国游人也常来斯特拉斯堡，这也让人们对德语颇感亲切。

和所有双语地区一样，在斯特拉斯堡也存在语言失衡问题：操阿尔萨斯语的人都会说法语，而操法语的人许多都不会、不懂阿尔萨斯语。阿尔萨斯语只在家里、朋友和熟人之间使用。人们只有在事先知道对方会阿尔萨斯语时，才使用阿尔萨斯语交谈；如果不确定对方会不会，开场都会用法语。若一群人聚会，肯定有人不会阿尔萨斯语，此时大家自然都用法语交流。法语现在任何场合都是主导语言，对法语的妒忌或不满、希望有一天到处都使用阿尔萨斯语的抗议行为已成过去。

第二个例子是布鲁塞尔。布鲁塞尔也是两种语言共存的欧洲城市，但情况大不一样。我们前文讲过比利时的语言与语言政策，相对法语而言，弗拉芒语或曰荷兰语一度是弱势语言，但目前的地位与法语完全平等，布鲁塞尔正式成为双语城市。大部分的公共信息，从街道名字到官方发布的口头通知与书面公告，都会使用这两种语言。但是，大部分居民并不是双语使用者。与斯特拉斯堡不同，那里人人都会法语；而在布鲁塞尔，很多操法语者听不懂荷兰语，也有一些操荷兰语者则听不懂或不愿使用法语。这个现实，双方都看重各自语言认同的伟大价值，使得双方的日常生活都囿于自己人中间；这就是说，大多数布鲁塞尔人的社会生活是在两个社会系统下运行的，人们按照各自语言成立不同的职业团体和娱乐协会，公共服务也按语言分开，或者说设置不同的服务窗口。更有意思的是，两种语言还各自建立不同的学校系统：一是荷兰语学校，出身弗拉芒家庭的子女在这类学校接受荷兰语和法语两种教育，但并不以掌握双语为目标；二是法语学校，出身法语家庭的孩子在这里也接受荷兰语教育，但也不太强调掌握程度。我们在讲比利时的语言政策时，布鲁塞尔的大学也早就按语言分成两类了。

尽管有语言分隔，但布鲁塞尔居民在许多场合显然需要互相碰面、互相接触。有一些细节可以让对方很快知道对方使用的语言；如果有可能不放弃使用自己的语言，或者难免要适应对话者的语言，也有一些让人们保持接触的策略和礼貌规则。但是，人们之间更长久的关系都是以自己的语言圈子建立起来的，只有双语婚姻是例外。

鉴于弗拉芒居民早就摆脱了社会弱势和语言从属的少数人地位，如今在人数上和经济上都占统治地位，但他们仍坚持维护语言分离，这让人感到有点不可思议。不过我们应该想到，虽然弗拉芒人有荷兰语认同，但他们使用的语言仍是小语言，而法语则是国际大语言之一。布鲁塞尔有很多国际组织——欧盟、北大西洋公约组织等，大量官员和外来游客更喜欢使用法语而非荷兰语。由于对法语的担心，由于大量外国人到来，使英语快速发展，甚至连比利时人也会在特定场合使用英语。

第三个例子是巴塞罗那，这里也使用两种语言。在讲到欧洲国家的语言政策时，我们说过加泰罗尼亚实行自治制度，除其他方面外，自治可以让加泰罗尼亚在宪法框架下确立自己的语言政策，这种政策首先就是保护和推广加泰罗尼亚语，保证其在公共管理系统和教育系统中的优先地位。但我们应该记住，由于许多原因，尤其是移民大量涌入，加泰罗尼亚人口中大约有半数人把卡斯蒂利亚语（西班牙语）作为第一语言。

因此，巴塞罗那的双语使用情况，不同于其他双语地区的一般或通常模式。一方面，虽然西班牙语不是统治语言，但它仍是主要语言。当然，这因为西班牙语是国家语言，但更因为它是国际大语言之一，在人数和经济分量上远超加泰罗尼亚语。因此，虽然使用加泰罗尼亚语的媒体不少（报纸、广播、电视……），但使用西班牙语的媒体更多。加泰罗尼亚还有双语地区的一个典型现象：所有第一语言为加泰罗尼亚语的人都懂也都会说西班牙语，但反过来却非如此。

但换个角度看，加泰罗尼亚语也是主要语言。我说过，因为加泰罗尼亚语被视为加泰罗尼亚自己的语言，加泰罗尼亚法律赋予它在行政和教育中优先使用。在许多机构和许多权力与权威机关中，加泰罗尼亚语都占统治地位。从社会学角度看，加泰罗尼亚语同样重要。很多入境移民是劳工，掌握加泰罗尼亚语不仅是融入所在社会的媒介，甚至是提升其社会地位的手段。由此可以认为，加泰罗尼亚是一种"交叉双语区"

多语言的欧洲

(diglosia cruzada)：在某些情况下，卡斯蒂利亚语是主要语言；换一种情况，加泰罗尼亚语则是主要语言。

近年来，人们对加泰罗尼亚语的公共认识不断提升，这显著改变了加泰罗尼亚居民的语言行为。以前，不同语言使用者交流时，都习惯使用西班牙语；若多人聚会，只要有一人操西班牙语，其他人都会跟进。但现在不同，大家倾向于认为交谈者都懂两种语言，可随便讲什么语言。同样，若在公共场合与陌生人说话，如在商店、办公室、接电话等，开始都会使用西班牙语，只有对方表示要说加泰罗尼亚语时才会转换。但现在不同了，人们交流时一开始就可任意使用西班牙语或加泰罗尼亚语。

但我们必须指出，加泰罗尼亚语的发展过程，并没有产生语言冲突。是的，保护加泰罗尼亚语具有政治意味，一些国族主义党派也把保护加泰罗尼亚语列为党纲的主要目标之一；但是，这没有带来一致的反对运动，相反却得到大家的赞同，其制度性的清楚反映，就是《加泰罗尼亚语标准法》获得了各党派的一致通过。布鲁塞尔有两套教学体系，这在巴塞罗那是不可想象的。巴塞罗那有四所大学宣布自己的教学语言是加泰罗尼亚语，但都有部分课程使用西班牙语授课。

因此，加泰罗尼亚没有靠各自语言凝聚起来的两类居民之分。在涉及语言问题时，各种民意调查显示，人们的观点各种各样，但并非极端化，也无对立。事实是，移民学会了加泰罗尼亚语，往往走向缔结双语婚姻，其子女从小就熟悉加泰罗尼亚语。

斯特拉堡、布鲁塞尔和巴塞罗那的例子表明，语言接触的情况各不相同，语言共存的表现也不一样，但我们可以看到一种有意思的现象。在上述三个案例中，我们很容易发现人们都有支持使用这种或那种语言的互相矛盾的观念理由，却很少看到有支持双语主义的观念理由，包括官方宣布是双语国家的人们也是如此。在欧盟以外，可以见到例外。在那些不久前是社会主义国家，以前和现在都有少数人操一种不同于本国族语言的语言，这些语言通常是邻国的国族语言。所有社会主义制度的国家，都承认少数民族有这样那样的权利，此外还经常对少数民族宣传

第四章 欧洲的语言与社会

双语主义的各种价值。例如在匈牙利，在一份少数德语人杂志上公布的《双语主义十诫》（*decálogo del bilingüísmo*），就有如下内容：

命运赐你一件礼物：两门语言。望你妥善保存。也许有一天有人对你说"你不是真正的甲"，或者说"你不是真正的乙"，请你微笑着回答："我是真正的甲和乙。"你有两个感官理解世界，理解现在、过去和未来，理解希望、发展和回忆……

命运给你一种语言，又给你另一种语言。你使用两种语言说话读书。生活丰富了你的交流能力。你可用两种语言创造，二者相得益彰；

你别让两种语言为敌。二者没有谁更美丽，也没有谁更高贵；

如果两种语言有一种最贴近你的心，人人都会有这样的感觉，那就请你也去喜欢另一种语言，就像父亲与母亲、田园与城市、海洋与陆地，相互补充；

你要让你的孩子丰富起来，让你的继承人丰富起来；你要做一个好父亲、好母亲，你就把两种语言都教给他们。虽无人知道子女比父母是穷是富，但知道让子女的交流能力像父母一样富足，甚至变得更优秀。

虽然不确定，但在今日匈牙利德语少数人的某个咨询机构，也可能存在类似文件。在匈牙利发布上述《双语主义十诫》时，当时的德意志民主共和国和东欧其他国家也奉行社会主义团结原则，并以此原则尊重各自的语言少数人。这种尊重虽然有时纯是流于口头，但无论如何，它表明有一种超越民族的制度结构，可以抑制和克服语言国族主义。欧盟要提出这个目标，现还为时尚早。

▶▷ **本国人与外国人**

在很多欧洲国家中，语言少数人产生的问题不管多么重要，但都不

多语言的欧洲

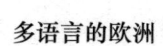

如操其他语言的外国人到来所引起的问题严重。说这类问题严重，是因为影响到的人群更多。更加严重的问题是，所涉语言更多，本地人与外来者之间的文化差异更大。仅就外国人在其生活的社会里不享有政治权利这一点来看，外国人也处于劣势地位。这一点一直掩盖着语言问题，但在今天，这些问题却以种种方式趋于尖锐。

我们说不清欧洲国家现有多少外国人，大概人数也难估计。仅在欧盟成员国，外国人就有1500万人，其中500万人是欧盟内部的外国人，另外1000万人来自欧盟以外国家。在所有欧盟国家，外国人占总人口的4.5%左右，但各国差别很大。不算外国人占30%的卢森堡这个特例，外国人比例较大的其他国家有比利时、法国和德国，外国人占8%—10%；外国人比例较小的国家大多是南欧国家，如西班牙的外国人占总人口的比例不到1.5%，但趋势是不断提高。外国人倾向于聚集在城市里，比如巴黎、柏林和伦敦，外国居民可能占总人口的20%—25%。这些数据都是官方统计出来的，通常低于实际数据。

而且，比一个国家或一个城市移民规模更重要的，是搞清楚移民们生存状况的多样性。移民间最重要的区别是：有些移民是带着稳定的工作而来，或怀着理性的优厚工作回报预期而来；有些移民则是逃难而来，想寻找生存出路。除了这两个极端类型的移民外，还有处于中间状态的移民。

居住在法国的大多数马格里布人和定居在德国的大多数土耳其人，可以视为第二类移民，他们背井离乡是为谋求生存。20世纪70年代移居德国和法国的西班牙人和葡萄牙人，也是为了生存，但如果他们从此定居下来，说明他们找到了稳定的工作，属于中间状态的移民。居住在伦敦和法兰克福的日本人和美国人，可视为第一类移民，他们的生活水平可能还高出法国和英国中等收入的市民。显而易见，这些不同类型的出境移民，在适应当地社会时面临的问题不尽相同。

一个外国人定居在与母国不同的社会里，必然面临双重压力：一方面，他越是依赖于定居社会而生存，他就越须融入这个社会，为此就得更加努力。其中，学习所在社会的语言，就是要努力而为的事情；另一方面，撇开融入是否遭到本地人排斥不谈，单就融入本身面临的困难来看，也会促使外来移民去加强同那些来自共同文化、使用共同语言的人们的联系。

最终，不管是移民个体还是移民群体，都会在融入当地社会与加强同族联系之间寻找平衡，否则只能离开。如何实现平衡，因移民个体的特点而异，因自己所属族群的特点而异，并与接收国的主流态度有关。虽然移民的情况不同，接收国的态度不同，但显而易见的事实是，对于那些谋求生存的移民来说，高层次移民更容易找到平衡。

作为来源国企业派驻巴黎或法兰克福担任职员的日本人或美国人，不管是在工作中还是在工作之外，他们主要与同胞打交道，喜欢住在同胞附近，并把孩子们送到都是同胞的学校就读。另外，只要愿意，他们也可以平等地与法国人或德国人来往，一起看同样的节目，到同一餐馆就餐。如果他们有兴趣学习法语或德语，这也毫无问题，并且还可以把孩子送到当地学校学习。如果他们或他们的孩子和当地人结婚，谁也不觉得奇怪。

那些来法国谋生的马格里布人，或来德国谋生的土耳其人，命运就大不一样了。即使他们获得了合法身份，找到了工作，这工作也是被当时社会瞧不起的工作，不得不居住在边缘街区，与同他们地位一样的移民生活在一起。他们学习法语的可能性很小，他们想过上"真正的"法国人的生活，与法国人交朋友，可能性不是很小，而是徒劳一场。因此，他们会懒得去学新语言，懒得去搞社交。

这样一来，就形成了一种恶性循环：语言不通限制了人际交往，交往太少又阻碍了学习语言。这样的恶性循环，只有在他们的孩子到就学年龄时才能打破。虽然所有欧洲国家都不愿对移民给予社会权利和社会福利，但任何国家都不拒绝移民子女进入公立学校读书。

鉴于所有地方都使用国家语言教学，移民子女一入学就面临语言障碍。目前，人们的普遍共识是，操另一种语言的孩子入学时，需要采取

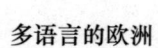

适当的教学法。浸入式方法有助于通过共享活动，形成这种新语言的导入教学。同时，人们也普遍认识到，移民子女除了要学习新语言外，还应保持和学好母语，为此需要一种补充帮助。这些要求说起来容易，做起来却困难重重。

问题还不止于此。如果移民子女周围的学生讲所在国语言，这些学生就是他最密切的老师。但是，当课堂上的学生大多数是移民时，就没有这个优势了。我这里还只是指语言统一的移民学生，如法国的马格里布学生或德国的土耳其学生；但实际情况是，在一个街区或一所学校，移民通常来自世界各地。这个问题在英国尤为严重，那里的移民大多数来自以前是不列颠帝国殖民地的国家，族源和语言千差万别。伦敦郊区的学校，学生一般有500名左右，他们通常操20—25种语言。学生操这么多语言，确定一种教学法实际上是不可能的。

即使是第二代移民，学习新语言还有这么多困难，其结果就是他们成了社会边缘化群体；在欧洲许多地方，尤其是在大城市，移民倾向于结成族群，他们对当地语言掌握不全，交往局限在族群内，置身当地社会的边缘。

我们还应记住，复杂的语言问题背后，还有更严重的问题，这就是文化性和政治性问题，最终是意识形态问题。一个国家内部的语言少数人，其文化差异终究不大，因为我们都共享一种共同的欧洲遗产；而外来移民，其生理和文化差异可能很大，如面相、肤色、饮食习惯、卫生习惯、理解社会关系的方式等，后者源于其家庭结构、女性在家庭中的角色、价值体系和宗教信仰……这么多差别，决定着欧洲国家应采取怎样的融入政策，特别是应提供何种与这种政策相符的教育。

可能的答案有很多。

有人可能认为，融入就是指移民把所在社会的文化和价值体系视为自己的，直至把自己原来的国家和文化仅作为一种情感回忆留下来。持这种观点，学校就应当像对待本国学生那样对待移民学生，只要为移民学生提供必要的帮助，让他们尽早弥补自己的语言赤字就可以了。相反，也有人可能认为，未来的社会必然是一个多元文化的社会，在这种社会里，所有文化及其表现形式，包括各自的价值体系都应平等共存，学校应培育这种社会的先锋队，不仅要向移民学生宣讲多元文化主义，更应向本国学生首先宣讲。也有人持中立和更现实的态度，认为欧洲国家的价值体系和文化传统将继续是欧洲集体生活的核心，移民应该发现和重视它们，最后适应它们。然而，在欧洲文化的价值观里，恰恰有尊重和包容差异这一条，名为"尊重人权"。按照这种观点，学校应当成为包容的学校，允许移民学生保持其不同的身份，同时帮助他们发现共存的价值观和相互尊重的价值观，与当地学生共享这一发现。

当然，只有公共社会先采取尊重和包容差异的价值观，并将其变为一种法律，形成符合这一价值观的社会实践，学校才可能将其作为教育目标。很不幸，在我写下这几行字时，在欧洲许多地方刮起的风向不是如此。可能是经济困难，更有可能是意识形态危机，欧洲人对外国人的态度，尤其是对贫穷移民的态度，现在是日趋强硬。很显然，这种态度背离了欧洲固有的理念，与欧洲开启的团结之路南辕北辙。

▶▷ 世界性社会

在语言国族主义名下，大多数欧洲国家都采取语言统一、促使国家语言成为国族语言的政策，并获得了显著成果。然而，如同前文所言，所有欧洲国家都存在值得重视的语言差异。一方面，存在语言少数人，他们得到了或多或少的承认和保护；另一方面，存在操不同语言的移民，他们提出了各种各样的融入问题。然而，语言多样性还有其他原因。

当代欧洲社会的交通十分便利，至少在那些发达国家是如此，这产生了大规模的人口流动，特别是大都市之间的人们常来常往。欧洲各国首都不停地举办展会、论坛、博览会、文艺演出和体育比赛，吸引着成千上万的外国人。机场统计数据显示，所有欧洲城市的机场，每年客流量都高达几十万人甚至几百万人。旅游和商务是人口大规模流动的巨大

多语言的欧洲

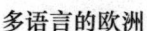

推动力,尽管还有其他推动力。

发达交通产生的第一个结果是,各个城市都有庞大的流动人口,其中很大一部分人的语言与他们到访国家的语言不同,他们影响到许多场合的言语行为,如酒店、餐馆、商店、购物中心、银行、旅行社……另外,各大城市还有诸如国际组织、跨国公司、实验室和高校研究机构,在这些组织和机构里工作的人们自然也操不同语言。

上文说到的被动移民,也同样存在两种相对的趋势,一是与当地人交往的愿望或需要;二是与同国人保持关系的诸多方便。这些外国人的处境都差不多:为实现自己的目标,他们必须与当地人打交道,但语言障碍却让他们更愿意与同国人交往。我在上文说到的那些既说本国语言又说当地语言的移民(外国人和过路客也如此),他们的语言状况也是所在国家的语言氛围,这种氛围因国而异、因地而异。

荷兰是这方面的例子。荷兰有自己的语言,该语言很久之前就已形成,是今日荷兰全国使用的语言,只有弗里斯兰是例外;那里有语言少数人,他们得到了承认和保护,但没有提出政治问题。但是,就国际范围看,荷兰语是一个小语言,荷兰人也认为不值得花大力气去提高其国际知名度。荷兰国家不大,荷兰语使用范围也不广,所以,荷兰人随时愿意学习其他语言。荷兰人一度喜欢使用的第一语言是邻国最强势的德语,但二战期间德国侵占荷兰,给荷兰人留下了痛苦回忆,德语遭到排斥。今天,这种回忆虽在逐渐淡化,但在国际贸易频繁的荷兰,英语已站稳脚跟。在荷兰的跨国公司,都使用双语;荷兰的许多高校机构和研究所,因有许多外国科学家,也使用双语。荷兰还有一些科学出版社,主要出版英语刊物。

与此同时,荷兰还有为数不少的移民。较早的移民来自南欧,新近的移民来自马格里布和近东,还有荷兰在远东的旧殖民地。来自远东的移民,因各种特殊原因,让荷兰人感到彼此关联特别多。另外,荷兰还是一流的商业中心,吸引着来自世界各地的游客,使荷兰成了颇受欢迎的旅游目的地。有些荷兰城市,如阿姆斯特丹,对于年轻人更具巨大吸引力。由此产生的结果是，荷兰全国使用荷兰语，但在一些地方或环境中则混合使用各种语言，这些地方和环境可称之为"世界性社会"（sociedades cosmopolitas）。除了荷兰，这类小世界社会在其他国家也屡见不鲜。

前文说过，操不同语言的人们共聚一处有许多原因，共聚一处就需要沟通交流。交流可以是简短的和表面的，如店主和外国顺道顾客之间的对话；也可以是时间持久的并发展为个人关系的交流，如在同一公司或高校同一部门工作的两个语言不同的同事之间的友谊，以及两者结婚组建一个新家庭的夫妻关系。

由于人们使用不同的语言，就可能形成一种语言多样性的社会，处在双语两端的例子是：一是家庭双语现象，这是最高级的双语现象；二是只粗浅会讲对方语言的双语现象。

人们学会双语的方式不同，最深刻的双语体现在生于双语家庭而学会两种语言的孩子身上。我们说过，由于种种原因，在欧洲操两种语言的家庭越来越多。

一般来说，两个操不同语言的人在决定结婚之前，就已适应使用哪种共同语言来交流了，它可以是其中一方的主要语言，也可以是双方都会说的第三种语言。而且，一对夫妻的一方排斥另一方语言，并不意味着他们的子女就不会这种语言；子女掌握这种语言的途径很多，其中最基本的途径是双方都用自己的语言跟孩子说话。

1916年，巴黎的法语教授荣加特（Ronjat）与一位德国女士结婚，他出版了一本书，讲述儿子是怎样同时学会法语和德语的，这就是爸爸妈妈分别用法语和德语跟他说话。荣加特的书是第一部涉及双语学习的著作，因此享有盛誉，一直被人们经常引用。后来的研究著作，如特赫纳教授（Taechner）写的关于她的女儿们学习德语和意大利语的书，充分肯定了荣加特的观点。生长在双语家庭的孩子，学习身边的双语毫无困难，大约五岁时就是地道的双语者了；他明白两套语言系统，可以分清两者的区别，如非故意而为也不会混在一起说；他可以在两种语言之间迅速转换，如交

多语言的欧洲

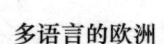

谈者改变语言的时候；他还可为只懂这两种语言之一的人当翻译。最终，这个早期就是双语的孩子，还具备单一语言者不具备的"纯理语言学意识"（conciencia metelingüística，"元语言学"）。

当然，荣加特的孩子成长的环境比较特殊。还有其他类型的双语家庭：比如，一个孩子虽然生在单一语言家庭，但他从小就可能接触操不同语言的孩子和成人；也有可能，他很早就接受了另一种语言的系统教育。总之，成为双语者的方式很多，但从小就和父母学习双语最轻松、最自然。随着年龄的增长，学习另一种语言的语音就会越来越难。根据荣加特儿子掌握双语的情况，最重要的启示还不在这里。

荣加特的儿子，以及特赫纳教授的女儿们，他们不会混淆两种语言，是因为他们的父母都是语言学家，都是看重语言正确和纯正的文化人。但是，有些家庭不是这样，他们只讲语言的实用价值，因此，他们与孩子交流，发生两种语言混淆，只要能听懂就可以了，不会去纠正什么。人们经常举例说，一个在农村环境中学说阿尔萨斯语的孩子，会和父母一样把阿尔萨斯语同法语混淆起来，没有谁去纠正；相反，如果是在学校，如果他说法语时夹杂阿尔萨斯方言的词语，老师和同学们都会纠正他。同样，一个只能在社会边缘学习新语言的移民，身边的人也不会纠正他。这种比较结论非常重要，可能导致人们对双语主义产生不同的理解：一种理解是，双语者是完全掌握并能运用两种语言者；另一种理解是，双语者是可以仔细区分两种语言者，或者是毫无忌讳地混淆两种语言者。

下面，我来说一说最后一个关键性的问题。荣加特夫妇的孩子同时学习德语和法语，是一种自我丰富，绝不是什么问题，因为他们认为在同一欧洲文化或人类文化框架下，孩子通过学习两种语言具有同等意义，或具有相互补充意义。但对许多双语者来说，情况显然不是如此。一种语言，在一定程度上都是一个人群的文化体现，是使用这一语言的人们进行交流的工具。语言团结一群人，并把他们与操其他语言的人群区分开来；由此，语言就成了集体认同符号，承载着诸多情感内涵。在本书第二章，我充分阐释了语言国族主义问题。

第四章　欧洲的语言与社会

因此，移民努力学习居住国语言，不只是提高交际能力、增加工作机会、加深社会认知的问题，而且是在开始认同他所在的新国家。随着他更多使用新语言、更少使用原来的语言，他可能面临一种复杂痛苦的选择：使用新语言可以成为社会地位上升的保证，同样也是对自己的出身和群体的背叛。反过来说，排斥新语言可以让他感到这是忠于群体的方式，但同时也是融入失败和被边缘化的方式。无须过多证明，语言历来有社会和文化含义，有时还有政治内容；是双语者，会讲两种语言，这本来没有什么问题，但双语者使用的两种语言的社会和政治背景，有可能给他带来问题，如要求他明确自己的忠诚时便是这样。以耶路撒冷为例，一个小孩生长在说阿拉伯语和希伯来语的混合家庭里，他周围的阿拉伯人和希伯来人相互敌对，当这个小孩出门时，他就能感受到这种敌对氛围，并会被要求他表明自己站在哪一边。荣加特的儿子学习两种语言是互补的，耶路撒冷混合家庭的孩子学习两种语言则是互斥的。荣加特儿子的境遇，至少持续了一段时间，因为荣加特的书是 1916 年出版的，但成书时间要早；我们不知道第一次世界大战给荣加特家庭带来了什么影响，也不知道他儿子是如何面对学校同学猜忌的；荣加特的儿子熟悉德语，同学们可能会把他归为亲德派。

我说这么多情况，结论相对简单。一个存在多种语言的社会，和一名双语者一样，只要它的成员觉得自己属于这个社会，只要这个社会奉行比语言差异更高的价值观，社会运转就没有什么问题。将这个原则运用于多语言的欧洲，不该是多么困难的事情。

一个社会空间存在多种语言，不管多么容易造就双语者，但就整个社会而言，双语者人数终究还是少数；我们还应想到，尽管外语教学不断普及，双语者在可见的未来仍是少数。这就意味着，操不同语言的人们之间进行语言交流，大多数发生在不完全掌握对方语言的人们之间。还有一种现象很有趣、也很重要：当人们有意愿或有需求交流时，哪怕对另一种语言只知一点皮毛，也可以进行有效沟通。法国和德国游客进入巴利阿里群岛的商店，或进入蒂雷诺海边的商店，他跟售货员讲法语

多语言的欧洲

或德语时，会加点西班牙语或意大利语词汇，而售货员在用西班牙语回答他时也会加进一些法语词汇，或者用意大利语回答他时加上一两句西班牙语；这样加进对方语言的一些简单词汇，二者的对话就能继续下去，就能交换意见，就能做成买卖。

卡尔维（J. Calvet）在其有关欧洲语言的著作中，曾转述过这类谈话，并分析了这类谈话的策略：极为简单的句法；最少的词汇；统一的词法；辅助手势和语境；语言混用；如此等等。但总的结论就是我刚才说的：如果有沟通的意愿和需求，语言并不是什么障碍；即使只会一点点对方的语言，也能达成比理论上更有效的沟通。这让有些人认为，与其费力提高一种外语的活用能耐，从交流能力角度说，还不如掌握多种语言的纯是应付的能耐。

卡尔维搜集的对话还让人产生这样的看法：人们是否愿意用一种陌生语言交流，取决于该语言在他周围的使用情况，取决于和该语言使用者沟通的好处。不管在巴利阿里群岛还是在蒂雷诺海边，商人都在努力学习使用德语、法语和英语，因为这些语言是他们潜在客户的语言；但他们不会同样努力去学习其他语言，因为他们很少遇到操其他语言者，或者他们认为其他语言使用者不是潜在客户。

人们甚至可能认为，大家出于好处而集中学习几种特定语言，有可能产生一种"实用语"（lingua franca）。这是有先例的。从古代起，地中海上的船队来往于操不同语言的港口间，从不同地方雇来的商船本身就使用多种语言。于是，在地中海北非海岸就形成了一种大家都懂的实用语；从中世纪开始，这种语言一方面从各种拉丁语言中汲取词汇；另一方面也从各种闪米特语言主要是阿拉伯语中汲取词汇。不难设想，在今日多种语言频繁接触的地方，可能自然形成的实用语将是一种简化英语，并混杂一些当地词汇与表达方式。在不同语言的接触中，英语何以取得今日的优势地位，容我稍后解释，下面先说另外一个问题——语言的生命。

（李思渊 译，朱伦 校）

第五章 语言的生命

▶▷ 规范弱化

在欧洲所有国家，我们遗憾地看到，人们的语言水平下降由来已久：且不说错字病句，滥用俗语和外来语、行文粗浅、简化和遗忘语法等现象，也是屡见不鲜。任何时候都有人对这种现象扼腕叹息，但今日更加普遍和广泛担忧的是，有许多现象表明，语言变化的速度比任何时候都快。

在探讨导致今日语言变化的原因之前，让我们先界定一下立论的依据，概括说：所有语言，至少是在正式活动、科学研究和文学创作中使用的语言，都有一套词义规范，我们可根据词典来理解各个单词；另外，还有一套语法规范，这让人们可以按照这个规范把词汇组织成有意义的句子；此外，还有正字法规范，可以让人们把口头语言转换为书面符号。要正确地口说和书写一种语言，就要遵守该语言的一整套规范。除了这些保证正确使用语言的最低规范外，还有一些可以判定语言水平高低的方式：按照一定的优秀语文标准，借助一定的优秀语文模式，可以分辨出一个人的言说和文字功夫。在这个层面上，书面语就比口语更重要。书面语因其是书面语，人们更注重它，自然要比口语更忠实于语法规范；

多语言的欧洲

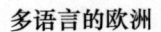

语言表达模式，也正是来源于名作家的书面作品。学校教学是从教孩子学读写开始的，或者说是教学生们如何使用书面语言；学生们学会了书面语言，他们的学习从此基本上就靠书面语言了。教学生们如何使用书面语言，最终目标是让他们像文化人一样说话书写。

如何解释文化人的书面语在当代失去声望的问题，可以找出许多因素，其中首先是历史和社会原因。书面语的声望产生于一种严格的等级社会，但随着民主化进程，乃至随着现代时代固有的群众化进程，等级制受到质疑，由此，文雅语言模式被视为社会精英的优越工具。这样一来，讨伐许多规范和坚守这些规范的保守主义都变得突出起来，随意性或特立独行随之受到追捧。最后，学校的作用也受到质疑。

20世纪60年代初，语言学家伯恩斯坦（Bernstein）对英语学生语言状况的研究结果，引发了巨大反响。他认为，虽然所有英语学生都讲英语，虽然受过中等教育阶级的孩子在家庭环境中就获得了一套可以胜任思考的"宽代码"（código ampliado），并且对书面语言也接近熟悉，但普通人家的孩子学到的则是一套贫乏的、几乎都是实用的"窄代码"（código restringido），限于行为和情感词汇。于是，前一类孩子入学时就能掌握教育系统的语言模式，而后一类孩子则遇到了障碍，很难理解这种模式。也是在20世纪60年代初，语言学家拉波夫（Labov）在同纽约郊区黑人少年共处一段时间后，他得出的结论是：虽然黑人少年的语言与受过中等教育者的语言相差很大，但他们还是可以用自己的语言表达抽象概念。这两位学者的研究结论有点对立，但二者都认为校园语言受社会影响，歧视那些弱势群体。

撇开这些意识形态原因不谈，作为沟通工具的语言，科技进步也深刻地影响到它的功能。

虽然口语是语言的最初形式和延续数千年的唯一形式，但文字的发明则凸显出口语的局限性。口语只能在说话者声音所到的范围内传递，虽然现在特别是以前有些演讲者声音很大，能传到很远的地方，但所及范围仍很有限。相反，一篇文章却能传到世界任何一个角落。口语不仅

第五章 语言的生命

空间上受限,而且言说者一停下来就没有了,至多保留在听者的记忆里。相比而言,书面语却能长久保存下来。总起来看,两种特点不同的表达方式,书面语显然具有优越性。在欧洲历史上,书面语比口语重要显而易见。中世纪的很多文学作品、史诗、行吟诗人的抒情诗等,在书面语出现之前都只有口头表达形式。最早的法律文本也是对口头条文的记载,甚至许多神学和哲学著作,如托马斯·德·阿奎纳(Tomás de Aquino)的《神学大全》(Suma teológica),也是复制学者的讲述与辩论。但后来,特别是自印刷术产生后,不管是文学作品还是科学文章,都直接以书面语言发表了。欧洲史,可以有不同著作、不同文章来探讨其命运,与此同时,图书馆成了所有信息的聚集处。

在电报被发明之后,书面语的地位完全改变了。电报可把人们的声音传播到遥远的地方。后来,留声机发明出来了,留声机可把声音录下来长久保存。运用这两项发明而产生的新通信系统虽然出现有点晚,但现在已得到广泛使用。新通信系统的使用,由于技术进步,不仅让声音实现了远距离传播并被保存下来,图像也可以做到。人们也曾一度设想,图像信息可以取代文字信息,这个设想是麦克卢汉(MacLuhan)在1962年发表的《古登堡星系》(La Galaxia Guterbug)一文中提出来的。但直到今天,以图像取代文字的设想还远不清楚。相反,远程通话比近距离说话和写信更常用,倒是无可置疑的事实。如今,欧洲大部分市民使用手机通话的频率远高于面对面交流,通过电视机接收的信息也比对话接收的信息多,当然也比从平面媒体获取的信息多。由此产生的明确结果是,书面语言传承下来的规范,在这些新通信系统中失去了作用。是的,电视讲座具有规范语言的强大功用,但这样的节目很少见。大部分电视节目要么让大众人物说话,他们丝毫不顾及语言规范;要么是主持人自己说话,他们的语言也不怎么规范。目前,在语言表达模式方面,电视有取代以前学校和教科书所占地位的趋势。

我们可以把人们的批评概括如下:以前的媒体承担着纠正语言模式的功能,而现在的媒体则是复制和传播街头语言,助长了语言的败坏。

多语言的欧洲

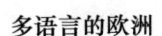

除了上述事实外，导致今日语言质量下降的最大责任是学校。现在的学校不但没有致力于保护书面用语和语法规范，没有发挥调查和分析语言使用情况的功能，反而越来越注重口语和交流功能。学校越来越不注重教授文雅和精练语言，反而容忍通俗和粗糙语言；学校不是去引导社会上的语言进步，而是在这个社会中随波逐流。

▶▷ **维护纯正与汇合趋势**

面对语言变化的趋势，所有国家现在都担忧受各种因素影响导致语言质量下降，并努力加以遏制，这也容易理解。一些国家的语言科学院，或专门负责纯洁语言的类似机构，就是承担这个任务的。所有西班牙语读者都知道拉萨罗·卡雷特（Lazaro Carreter）的名字，他在担任西班牙语言科学院院长时为此做出了许多努力。法国是一个历来高度重视语言使用正确的国家。法国高中全国会考（baccalauréat）只关注语言教学怎么样，各种批评声特别强烈；此外，保护语言纯洁的任务，是由法国政府直接承担的。

和很多国家一样，由于英语也进入了法国，法国保护语言使用正确的斗争，首先就是反英语介入的斗争。法语失去国际优势而被英语取代，可以理解法国对英语的反感，可以理解法国如此保护语言纯洁的立场。在其他地方，我们也可看到类似情况。在加泰罗尼亚，一种语言是相对较小的加泰罗尼亚语，另一种语言是很强势的卡斯蒂利亚语，人们经常争论媒体该用何种语言模式：是严格遵守语言权威的规范，使用一种"纯净"的加泰罗尼亚语，还是使用一种接近日常口语的"简化"的加泰罗尼亚语。这种争论与下述事实有关：所谓的"日常加泰罗尼亚语"，充满了卡斯蒂利亚语风格；保护加泰罗尼亚语纯洁的斗争，首先是反对卡斯蒂利亚语混入的斗争。

上述案例和其他更多案例给我们的印象是，维护一种语言纯洁的举措，矛头似乎都直指其他语言混入的威胁，而今日大多数语言面临的威

第五章　语言的生命

胁，首先是来自英语的污染。但这也不完全正确，因为在英国，英语没有其他语言混入，对英语准确使用的降低也与其他国家一样怨声载道。其实，如同前文所言，威胁语言准确使用的根本，是我们的生活方式。

怎样解释人们对语言准确性下降的指责？

我们应首先知道，这些指责并不是近年才出现的新鲜事。自17世纪起，在欧洲很多地方，语言领域的保守派和革新派就经常争论，抱怨语言规范衰退和滥用外来语。这些争论充分揭示了语言的深刻本质：如同所有社会事实一样，语言也受社会内部张力的左右；保守派要保持语言的统一性和持续性，而革新派和异见派则主张语言随便发展，这些张力相互较劲构成了语言的生命历程和演变历史。今日的英语，直接来自于17世纪的英语；弥尔顿（Milton）时代的人们，如果能听到目前的伦敦话、看到今日伦敦的报纸，他可能什么也不懂。任何欧洲语言都是这样，许多现在的流行词汇以前根本没有，或者意义不同。当时没有现在流行的词汇，主要是因为当时没有这些词汇指代的事物。因此，语言的演变同社会和文化的演变一样是自然现象。语言的演变，直接源于语言使用者之间的互动，任何权威都难控制。

但有一点可以肯定：目前可以左右语言变化的因素和以前大不相同。自语言形成书面语起，语言的演化方式已同纯粹口口相传的时代不同了。当代最大的新事物是媒体，这些媒体可以使语言实现远程传送和传播。无论如何我们都应注意，这些新媒体是加强其所用语言统一性的首要因素。如果说书写对语言的统一有过贡献，迫使人们遵守共同的规则、同一套词汇、同一套语法以及统一的正字法，但对正音、对单词发音则没有办法，而一种书面语是可以和语音语调各不相同的地区差异共存的。相反，广播和电视可以把同一语音语调的语言传播到四面八方。

但如同前文所言，广播和电视也有缺陷。广播和电视不仅使用口语播报，而且努力接近民众的语言，甚至时常直接让民众出来讲，因此，广播和电视不能发挥语言教学作用，只是反映民众语言，使民众语言离文雅语言越来越远。鉴于这种非但遏制不住，反而有增无减的趋势，现

多语言的欧洲

在很难提出阻止办法，纠正其影响。法规禁止和处罚，长远看也没有效果。一些媒体的业内"语言守则"建议，倒能起到一定作用；这些建议旨在引导从业人员在媒体上使用"正确语言"。但是，建议终归是对媒体从业者的建议，正如上文所说，广播和电视的主角现在越来越多是受访者或民众，广播和电视的语言使用趋势越来越接近我们身边语言的特点，这绝非偶然。

这些现象表明，尽管人们有这些担忧，但欧洲语言将朝着它现在的方向演变下去，这就是口头语压倒书面语，来自各领域特别是科技领域的新词强势侵入；这绝不意味着，这些变化威胁到了所有语言的生存，也不是说威胁到了所有语言的本质特点。

但这种语言发展趋势，会不会导致欧洲各种语言走向有感的逐步汇合（convergencia），则是一个问题。

20世纪30年代，苏联语言学家们竞相讨论革命对俄语演变的影响。有一位名叫马尔（Marr）的语言学家，他以马克思主义原则为依据，坚持认为语言在每个时代都反映出其使用该语言的人民的社会结构，以前是这样，现在依然还是这样。革命与走向无阶级社会的道路，正影响着俄语；随着革命变为全世界的事实，各种语言不仅会发生与俄语类似的演变，而且这种演变还会让各种语言逐步汇合。

马尔的观点受到苏联学界的广泛赞同，但在1950年，"最聪明的语言学家"斯大林发表了一篇文章，反对马尔的观点，斯大林断言：语言是一种超结构，是文化的一部分；虽然可以讲资本主义文化，但民族文化远超阶级差异。或者说，革命可以改进俄语，但那些伟大的经典作家写下的语言，与马尔使用的语言本质上是同一种语言。虽然斯大林依据严格的马克思主义观点提出的这个断言可以商榷，斯大林不可置疑的权威消除了人们的争议，但马尔的观点并非没有道理。今天，马克思主义之外的学者，依然有人认为在一个日益全球化和标准化的世界里，不同语言会越来越相似。

这种语言汇合过程的第一个指标，如上文指出的，就是各种语言都

第五章 语言的生命

在大量直接吸收英语词汇，如 bit（比特）、chip（芯片）、software（软件）等，数不胜数。这些词汇都出自英语，可视为英语优势，但也可归因于这些新玩意儿都诞生在盎格鲁-撒克逊地区。但是，主要是因为这些词语所指代的技术现象，以同样的方式普及到了全世界，自然要赋予它们同样的名称。现在不仅技术在全球化，当代生活也在全球化，从食品到演出、从体育到媒体，盎格鲁-撒克逊的影响无处不在，英语词汇也随之被引用开来。

回想一下以往时代也发生过类似现象，不无益处。不仅是各种新拉丁语，所有欧洲语言的文雅词汇之根，都是希腊-拉丁语。在整个欧洲，实际上是在全世界，我们区分不同学科的用语如物理学、地质学、语法学等，在 1500 多年前的希腊就已在使用了。作为创立科学用语基础的希腊语和拉丁语优势之大，即使在我们目前的科学术语中也有体现，比如控制论（cibernética）、拓扑学（topología）和生态学（ecología）等，词根都是这两种语言。这种语言传统还远不止于科学语言。在许多欧洲语言中，法学和行政学的术语大多也是拉丁语词根，因为这些术语涉及的法学和管理学的许多事项，最早产生在拉丁语所代表的文化中。

即使抛开英语的分量不谈，我们也可以想到，单是我们生存在一个联系如此紧密，甚至在某些方面是标准化的世界上，都会使所有语言向着同一个方向演变。举一个例子：欧盟每个国家都有自己的管理传统，并以此形成了自己的管理语言，这些管理语言对外行来说莫名其妙，难以理解。但加入欧盟后，所有成员国的行政管理都要适应整个欧盟共同的管理诉讼，以及其他成员国的行政管理；行政诉讼要求各国考虑其他国家的行政运作，首先是各自使用的语言，而诉讼就要产生经常的翻译工作。我们可以想到，这种经常的互动，必然导致成员国管理体制变得越来越相似。即使现在还没有走到这一步，仅就各个领域经常性的互译活动来说，它也会在这个或那个方面产生一种促进语言汇合的因素，因为翻译虽然源自语言差异并要忠实差异，但翻译的结果则是加强了语言的共同含义。

多语言的欧洲

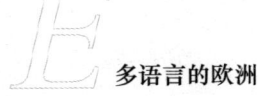

以上所谈主要是词语汇合，我们自然还会想到，有些原因会促使更高层次的语言汇合。

前文说到过人们对语言质量下降的担忧，主要是指到处都出现了词汇贫乏、句法简化的现象，这些现象进一步导致语法结构简单化和思维固化。这些现象在各种语言中普遍存在，据此我们可以认为，各种语言的演变方式也都类似。我们不难证明，世界各地的电视节目，至少是欧洲的电视节目，都采用一种共同的"电视模式"；这意味着不管使用何种语言，都在走向一种相近的语言模式。

讲到这里，我们有充足的理由认为，不同语言间都在发生汇合过程。若不是全世界所有语言都在走向汇合，至少在欧洲语言间是如此。这种汇合过程在中世纪就开始了，当时欧洲各种语言都在互相接触，参与谱写共同的历史。不过，这种汇合过程现在还不影响各种语言的深层结构，同时还激起各种保护自己语言纯洁的逆反行为。因此，即使我们承认语言汇合是现实，但过程则是非常缓慢的。在可见的未来，不同语言的使用者如不通晓对方语言，交流还是难以进行。

▶▷ **书写简化**

如果说当今社会的特征是全球化，并导致各种语言走向汇合的话，那么，这种汇合首先体现在书写系统中。显然，现在有些语言的书写系统比其他语言更简便和更易于掌握，因此，书面文化的传播特别是各级教育的普及，有望推动这些书写系统走向简化，特别是其字母系统更能适应今日大规模信息系统时，更是如此。

我们都知道，最早的文字系统是表意文字系统，也就是用一些符号表达想说的意思。表意文字历经数世纪的演化，在一些地方和语言中就产生了字母文字，这些文字中专门用于表音的符号很少。与此同时，还有一些地方和语言保持了很复杂的文字系统，拥有几百乃至几千个不同符号。字母系统简便，容易掌握，在居民中传播越来越广。因此，第

第五章 语言的生命

一个字母文字系统出自腓尼基人之手绝非偶然；腓尼基人是商业民族（pueblo），我们欧洲人的字母系统就源自腓尼基人，而对腓尼基人字母系统进行采集整理的则是希腊人。最复杂的文字系统是在诸如中国或日本社会里保存下来的，那里的社会曾实行严格的等级制，很保守；在这样的社会里，文字与权力密切相连，同时还是精英阶层的财产。

正因为书写系统复杂，当中国引入共产主义，决定社会与文化民主化时，后来加速工业化和现代化进程时，中国不得不付出很大努力推行简体字系统；随着信息化的发展，汉字简化更加迫切。当然，这并非和过去一刀两断，这样成本太大，不可承受，甚至可能因地域广大、方言差别大到相互听不懂而产生交流阻碍。中国的文字系统不是欧洲这样的表音文字系统，汉字书写和发音没有关系，大家都能看懂；若用字母文字代替汉字，将会使汉字系统崩溃。日本没有这个难题，日语发音全国都一样，字符系统比汉字简单。日本的电子工业与美国平行发展，规模密集，可以想到书写系统简单是其自然结果。一开始，电子工业发展确实导致日本出现了书写简化方案，并迈出了最初的步伐，但很快引起了国族主义反对之声。看来，现代电子工业表明，它有可能在保持高效的同时，保持传统的书写系统。

阿拉伯国家的阿拉伯文是字母文字，但因其符号书写复杂、不写元音，比拉丁文更容易出错。阿拉伯文起源于书法，也不便于印刷。正因为这个难点，20世纪初土耳其走向现代化时，凯末尔·阿塔图尔克（Kemal Akaturk）推动采用了拉丁字母。但在阿拉伯国家，它们对同一性的关心程度强于对现代化的要求；另外，信息技术在阿拉伯国家没有广泛普及，这使它们传统的书写体系没受影响。

在欧洲使用的所有书写体系都是严格的字母体系，但互相间也有很大差异，这给沟通造成了障碍，互相靠近的过程顺理成章。这些差异有两类：一类是使用不同的字母；另一类是字母相同读音不同。

欧洲语言基本上使用三套字母：希腊字母、拉丁字母、西里尔字母。希腊字母最古老，虽使用了数个世纪，但也有重大变动，目前在希腊使

多语言的欧洲

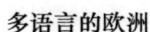

用，用来书写希腊语。罗马人根据希腊字母创制了拉丁字母，在中世纪由教会整理出来，用以书写古代文化读本，后来也用于印刷。在一些日耳曼国家，书写传统导致产生了一种不同的字母表，即"哥特字母表"；19世纪，哥特字母被弃用，转用更明晰的拉丁字母。希特勒时代的国族主义逆反行为，强制使用哥特字母；正是因为这种强制行为及其政治色彩，在第二次世界大战后，哥特字母被弃用。

希腊字母在9世纪产生了另一种变体：受希腊字母启发，圣徒西里罗（Cirilo）和梅妥迪奥（Metodio）在斯拉夫各国传播福音时，二人编制了一套可体现斯拉夫语准确发音的西里尔字母，并在与东正教联系密切的国家里普及开来，后又传播到沙皇俄国。苏联时期，这套字母失去了宗教色彩，但仍继续被俄语使用，并与苏联的扩张联系紧密。这样，当俄罗斯共产主义者决定复兴苏联少数人语言，包括一些根本没有文字的语言时，苏联便推动使用西里尔字母来书写这些语言。至少在阿塞拜疆是如此；俄国革命前，阿塞拜疆语使用的是拉丁字母，后被西里尔字母取代。

鉴于书写系统可与语言完全脱离，似乎可以想象出来，这三套字母系统会走向汇合。但我们现在还无任何把握这样说。例如，塞尔维亚-克罗地亚语是塞尔维亚人和克罗地亚人共同使用的语言，虽然二者口语确实有差异，但还是可以认为是一种统一的语言。但在书写上，塞尔维亚人一直都用西里尔字母，而克罗地亚人则用拉丁字母。甚至在南斯拉夫存在期间，情况也是如此。官方宣布塞尔维亚-克罗地亚语是同一语言，但根据发行对象，书籍可使用两者字母印刷；在学校教学中，根据学生族裔身份，可分别使用两种字母教学生们认字书写。这个案例说明，语言的传播的确可以脱离它的书写系统，但书写系统本身也和语言一样具有强大的文化内涵。克罗地亚人使用拉丁字母，与其天主教传统有关，与它原属奥匈帝国、文化接近德国有关；而塞尔维亚人使用西里尔字母，是因为塞尔维亚为东正教教会的地盘，被土耳其人统治了几百年，是靠俄罗斯和保加利亚的帮助与支援才获得解放的，后二者与塞尔维亚一样

第五章 语言的生命

都是信东正教和使用西里尔字母的国家。概括说,信天主教和新教的斯拉夫人如斯洛文尼亚人、捷克人、斯洛伐克人、波兰人等,使用的是拉丁字母,而信东正教的斯拉夫人如塞尔维亚人、保加利亚人、乌克兰人、白俄罗斯人和俄罗斯人等,则使用西里尔字母。除了文化内涵的力量,我们找不到任何其他管用的理由,可以解释人们放弃或更改一种确定的字母表。

从机构和制度运行的角度看,同时使用不同的字母,确实是额外的困难。欧盟如今的语言结构,还没有考虑西里尔字母,尽管希腊字母考虑到了这一点,并配有希腊字母打字机和电脑键盘。问题的复杂性还在于,即使考虑到了希腊语人名和公司名的字母,希腊语与欧盟其他语言也无法在同一个键盘上兼容。

除希腊外,欧盟其他国家都使用拉丁文字,字母表也一样,但各种语言并不完全统一。虽说差别不大,甚至微不足道,但这些差异在实际中还是产生了有时是很严重的困难。

举几个例子:西班牙语有字母"ñ",丹麦语有"Ø",法语有"ç"。西班牙语有一种重音符号,意大利语和加泰罗尼亚语有两种,而法语则有三种:重音符、闭音符和长音符(grave, agudo, circunflejo)。法语、西班牙语、加泰罗尼亚语、德语和其他一些语言还有分音符。在疑问句和感叹句中,西班牙语除了在句末加问号和感叹号外,在句首也倒过来使用这两种符号,分别是"¿"和"¡"。

这些符号意味着,一种语言的文本只能在包含该语言所有符号的键盘上才能打出来。如果使用光盘自动转写,一个带有特殊符号的字母就可能会丢失。换句话说,在自动转写某项欧盟补贴的接受者名称时,有的可能会漏掉,因为有些名称在使用机器转写时,有些符号显示不出来。

照理说,信息技术的传播本应让欧洲人快速达成一种共识,减少和消除语言之间的书写差异,但我们看到的事实却截然相反:客户和政府都要求电脑厂家提供包含所有符号的灵活键盘,不同语言的购买者需要时可随时使用、不致糊涂;不仅要求电脑这样,传播程序和系统也要如

多语言的欧洲

此。这样，至少从原则上说，人们可以使用任何一套符号系统来收集和传递信息，也可以在两套符号系统之间转换信息。我说"原则上"可以，是因为那些最常用语言的书写系统居于优势地位，操作起来也最简便。

▶▷ **正字法合理化**

除了字母的符号差异外，欧洲语言书写系统的第二类差异是语音转写规则的差异，或者说是人们常讲的正字法差异。由于欧洲每种语言使用的语音表不一样，其转写规则也显然不同。而且，不同语言间的正字法规则差异，比每种语言不同语音所需的符号差异更大。即使在同一语言内部，其书写规则也不系统、也不连贯。

第一类不连贯是，同一语言中的同一语音或音素，可依据不同情况用不同字母代表。比如在德语中，音素 F 有时是"f"（Form），有时是"v"（vorm），还有时是字母组合"ph"（phosfor）。这些不同用法，没有规则可循。在法语中，音素 E，也就是所谓"开音 e"，一共有 14 种表达方式，同样也无规则可循。例如可以是"e"（fer）、"è"（mère）、"ê"（fête）、"ë"（Noël）、"ei"（peine）、"ep"（sept）、"é"（intérêt），等等。在法语中，还有 k 这个音素，也有 9 种表达方式，如："k"（klaxon）、"c"（corps）、"q"（quand）、"cc"（accord），如此等等。

在英语中，这样的例子也不少。比如音素 i，有 10 种表达方式："ea"（sea）、"ee"（bee）、"ie"（field）、"ei"（ceiling）、"eo"（people）等，不一而足。

第二类更严重的不连贯是，一个或几个字母组合可以发不同的语音。比如在西班牙语中，辅音字母"c"在"a""o""u"之前发"k"音，在"e"和"i"之前又发"ø"音。辅音字母"g"的发音也类似。这种现象在其他欧洲语言中也有，英语尤其多，并且没有规则说得清楚。例如英语元音"a"，依情况有六种发音：ə（account）、ä（arm）、ei（lake）、o（fall）、e（many）、i（language），还有不发音的时候，如

· 98 ·

arrival 中的第二个"a"。而音素或字母组合"ai",在不同情况下有四种发音,如在以下单词中:wait、aisle、said、plaid。音素"au"也是如此,如在以下单词中:claw、laugh、gauge、mauve。

这些不连贯带来的第一个后果是:我们听到一个单词,但不知怎么拼写;反过来,看到一个单词,则不知怎么读。模棱两可,有可能导致两个拼写完全一致的词,在表示不同意思时读音不同;反之,读音完全相同的两个词,拼写可按意思完全不一样。第一种情况属于一词多音,如英语中的"read",可以读成 rid 或 red,"bow"可以读成 bou 或者 bau。在法语中,单词"portions"中的字母"t",根据不同情况可以念成 t 或 s。第二种情况属于音同形不同,这里只举一个例子:法语正字法很重视阴阳形容词之分:vrai-vraie、egal-egale、aigu-aigue、cher-chere,但当口说时,这些形容词则没有任何阴阳差别。

这些正字法系统不连贯的问题,对书写造成什么困难,儿童从小学习它要花多少时间和精力,什么时候才能掌握它,我们不必太操心;我们也不必强调掌握正字法的人与经常犯正字法书写错误的人之间的社会差别,他们受到的教育有时是免费的,有时又是不公平的。现在全民都在学外语,正字法无章可循也增加了学外语的难度。是否要使书写系统适应信息传播的情况,我们前文有所思考,这里所说的一切,又增加了我们思考的内容。这些问题显而易见,在所有语言的正字法合理化过程中自然都有所解决,现在继续需要加以解决。我们有希望完成这些改革吗?

法语正字法,是法语科学院在 18 世纪制定的,标准老旧,符合当时卖弄知识的氛围,如宣称:"本科学院声明继续延用古老正字法,它使'文人'不同于无知者和家庭妇女……"自这一正字法出台,尽管遭到不断谴责,如认为"这个罪恶的正字法……是世界上最粗俗的产物之一"(Valery, *Varieté* Ⅲ, 1936),但一直不曾改变。要求改革之声也不曾间断。历史上,西班牙语言科学院曾因改革呼声强烈,两次修改过正字法;但与西班牙语言科学院不同,法语科学院一直没有接受任何改革要求。

多语言的欧洲

近几年来，支持改革的呼声越来越强烈。法国著名语言学家马丁内（Martiner），清楚认识到这套正字法给掌握法语书面语言带来的各种困难，于 1977 年曾提出一套严格的语音系统——《语音表》（alfonic），建议根据这个语音表去教儿童读写，把"正式的"正字法放到以后再学。但这样一来，问题变得更加复杂了。谢维尔（Chervel）和白·邦弗尼斯特（Blanche Benveniste）的方案更激进，二人在 1978 年提出一套严格的语音系统，以取代法语正字法。最近，法语科学院面临各种强烈压力，但仍拒绝考虑任何改革，哪怕是最微小的改动。

我们来说一说英语。在所有使用拉丁字母的语言里，英语正字法系统可能是最不连贯的。之所以如此，是因为英语原封不动地保持了 16 世纪的英语文字符号，有些学者甚至认为是中世纪的文字符号，尽管读音自那时以来已改变了很多。英语正字法的保守性，与其词汇、句法等各方面的灵活性形成了鲜明对比。这归因于如同在法国发生的情况一样，会书面语给人带来名气，是文人才会的，是少数人的特权。中国传统书法得以保持下来，原因也在于此。

对英语，人们也并非没有批评或改革建议。19 世纪，速记法发明者皮特曼（Pitman）曾把靠自己的发明挣到的大量金钱，花在推动英语简化正字法普及上。20 世纪最著名的改革运动是剧作家萧伯纳（Bernard Shaw）发动的，他也提倡简化正字法，在遗嘱中把大部分遗产用来支持英语正字法改革。英语"简化拼写协会"（Simplified Spelling Society），也致力于此，其会员中有许多著名的语言学家；皮特曼的一位孙子，还在很多学校推广一种拼音方法，这种方法与马丁内（Martinet）在法国推广的方法类似。但是，所有努力都劳而无功。不可思议的是，法国有法语科学院负责推广正字法，而英国没有推广正字法的决策机构，完全靠一种传统的权威力量，这让改革难上加难。

我以法语和英语为例谈正字法问题，是因为这两种语言的正字法不连贯最显著。著名语言学家范德里斯（Vendreys）在 1923 年说，"德语正字法很规则，西班牙语也不错，英语和法语则让人生厌"。实际上，德语

第五章 语言的生命

和西班牙语正字法也不那么连贯。正字法不连贯的问题，在所有语言中多少都存在。书写完全合理的语音，除了世界语外，还有一些西伯利亚语。这些西伯利亚语言从前只有口语，书面语是苏联语言学家在20世纪30年代创制出来的。确实有一些语言，以前在学界和官方都不曾使用，在19世纪甚至是在20世纪才有了书面规范；但这些语言的书面规范，也不全是遵循合理性理由。有时候，人们会用强势语言的办法来创制其他语言的书面语。在西班牙语居统治地位的美洲国家，现在为各种印第安语言创制书写规范时，就是这么做的。但也有其他相反的例子：为了凸显与传统上居统治地位的语言区别，人们有时特意使用对比符号，包括正字法符号，来证明某种语言的独特性。

理由不难理解。一种语言或一组语言要建立自己的一套规范，包括正字法规范，通常意味着一种振兴使用者集体认同的意志，以此显示与其他语言使用者的群体性区别。比如挪威，独立后对挪威语的整理，就是要明确表达与丹麦语的区别；加泰罗尼亚语的整理，也寻求显示与西班牙语的区别。西班牙的加利西亚现在实行一种自治制度，可以确立自己的语言政策，加利西亚政府支持加利西亚语科学院制定的正字法规范，有一些语音转写要点遵循与西班牙语规则相似的规则。但也有一些人特别是激进的国族主义者，对此提出异议，主张靠近葡萄牙语规则。不难想象，在语言理由之下，往往潜藏着文化和政治因素。在荷兰的弗里斯地区，有人提出弗里斯语中的普通名词开头字母应像德语一样大写，也有人提出应像荷兰语那样只用小写，虽然政治含义不多，但也并非偶然。

上述看法并非仅适用于那些急于表达自己认同的小语言，也适用于那些要把自己变成国族认同符号的大语言。对近年来有关法语正字法改革的建议，法语科学院和法国很多民众表示激烈反对，实际上是把捍卫传统正字法与捍卫法国文化传统联系了起来。西班牙也有类似情况。有人曾提议用与其他语言通用的字母来取代"ñ"，得到的回答也是把这个字母视为西班牙国族认同的符号。更称奇的是在德国发生的一幕：德语研究所（Deutsche Sprache Institut）在2000年提出了一个最低程度的正字

多语言的欧洲

法简化方案，只涉及有限几个词，联邦政府也批准了，并计划在 2005 年变为学校义务教育的内容；临近 2005 年时，德国发生了强烈的反对声音，言辞之激烈难以言状。

根据以上所言，我们可这么说：欧洲语言的正字法改革虽然必要和紧迫，但在短期内实现的可能性很小。尽管这些改革的意义有待进一步观察，但如何观察正是本书的精神所在。

直到 20 世纪中期，正字法改革建议都是在某一语言内部提出的，只考虑到该语言的当地使用者和教授该语言的学校。现如今，随着外语学习需求的不断增长，以及信息系统日新月异的发展，不仅一门语言的正字法规则要尽可能简单合理，同样重要的是各种语言系统也要相互联系起来考虑，不能相互冲突。换句话说，同一个字母或同几个字母组合的读音，不可因语言各异而不同；反过来说，同一读音或相似的读音，不应因语言各异而形式完全不同。但即使我们接受这个目标，如同我们看到的那样，实现这个目标也不容易。

鉴于世界上不同语言的读音系统不一，可适用所有语言和相对等值的普世语音系统不能只使用拉丁字母符号，而应采用更多的字母符号。这也正是对语音感兴趣的语言学家们创立"国际音标"（Alfabeto Fonética Internacional，AFI）所做的事情。国际音标可以相对等值的方式，复制任何一种语言的任何一个单词的读音。当然，根据国际音标来创造一套适用所有欧洲语言的正字法，这纯是乌托邦，有许多原因要求我们坚持使用我们传统的字母。但相反，遵循国际音标的共同音标表，在每种语言内部进行改革，这倒是完全可能的。这样做的话，音标表中的每个符号可指每种语言中各不相同，但又相互联系的发音。这样一来，虽然每种语言的书写做不到严格一致，学习一门新语言还是要掌握其独特的语音和书写规则，但这至少可以避免不同语言间的一些不连贯和矛盾之处，而这些恰恰是外语学生们感到绝望的地方。读音不连贯的例子很多，一个简单的例子是，所有新拉丁语中都有腭音"n"，中世纪的书写者会在"n"上面再加一个"n"来表示，现在的法语和意大利语则写成"gn"，

第五章　语言的生命

葡萄牙语和奥克语写成"nh",加泰罗尼亚语写成"ny",而西班牙语和加利西亚语则使用独特字母"ñ"来表示。

正字法改革的建议,就是按照这个方向提出来的。前文提到过的谢维尔和白·邦弗尼斯特的改革建议,就是例子。逻辑学教授莫斯特兰(J. Mosterín)在1981年提出的西班牙语正字法改革方案,也是例子,我在本书中引述的大部分案例,都来源于他的著作。

我在前文中一直在讲正字法改革至今遇到的反对之声,我现在再说一个相反的例子,这个例子获得了一致同意,它是基于技术发展、迫于协调各国习惯与欧盟共同实践而进行的改革;这个例子表明,无论进行多么小的改革,也要克服巨大阻力。

西班牙语言科学院自其成立之时起,就认为字母"ll"因有自己的发音,应视为独立的字母,应和"l"分开。字母"ch"也一样,需和字母"c"分开。根据这个原则,在语言科学院编纂的字典中,以"ll"开头的单词都排在以"lu"开头的单词后面,以"ch"开头的单词则排在以"cu"为开头的单词后面,其他字母顺序也是如此。结果是,西班牙语的字母排序和其他国家的语言不一致,当西班牙加入欧洲共同市场时,这种不一致带来的问题十分明显。于是,各方压力敦促西班牙调整字母顺序,和其他国家的语言保持一致。有些出版商率先开始这么做,但语言科学院迟疑不决,遇到了一个难题:西班牙语言科学院和美洲西语国家的语言科学院签有一项休戚与共的协议,这个协议约定对西班牙语进行任何正字法规则修改,必须获得一致同意。在字母重新排序问题上,拉美有一个科学院反对,西班牙语言科学院不得不对该协议有关条款进行修改,把一致同意改为大多数同意,改革才得以通过。

▶▷　**信息系统与语言**

一门被称为计算机科学的发展,产生了能够处理各种数据特别是语言数据的电脑。电脑可使人们大量制作、处理和传播语言数据,人们可

多语言的欧洲

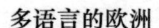

通过私人电子邮件相互接收数据，还可通过公开的互联网接收数据。如同视听媒体一样，信息系统也正在影响着各地特别是欧洲的语言使用和语言境遇，这些影响有两层含义：一是增强了一些语言的统治地位并使另一些语言边缘化；二是加剧了前文所言的语言规范弱化。

最早生产出来的可制作、储存和处理语言信息的计算机，使用的语言是英语；对此，我们可作三重含义解读。一是所谓的程序语言。程序语言就是负责调控系统基本运算和各种应用的语言，虽然这些语言一般由抽象符号组成，但以往和现在有时也要使用某一语言的词汇，这就是英语。二是人机对话。人机对话就是机器给用户指令、引导用户获得一定结果的方式，比如"打印"或者"复制"；人机对话也要用到某一语言的词汇，第一批生产出来的电脑使用的语言也是英语。三是第一批电脑设计的用户是使用英语者，不仅计算系统使用的是英文字母表的符号，连键盘上也是这些符号，且只有这些符号。这些意味着只有懂英语的人才能使用第一批电脑，使用者也只能使用电脑书写英语。

信息系统具有很大的更新变化空间，这使文字处理程序很快就把不同于英文的其他语言的符号收了进来，如西班牙语字母"ñ"和法语分音符。当然，其他不使用字母拼写的文字书写系统如中文、日文很复杂，但这并不能阻止信息技术在这些语言处理上的应用；同时，信息技术的普及还迫使这些语言的书写系统走向简化，及至将引发一场真正的革命。但如同我们看到的那样，革命并没有发生。这是因为，信息编程的容量如此之大，可以适应一切复杂的书写系统。1991年，可适应一切语言的实用符号目录"万国码"（UNICODE）发布。利用万国码，世界上任何语言的信息程序都可编制出来。但实际上，并非所有语言都编制了信息程序，编出来的信息程序也不是一样丰富。

当用户要在电脑上使用某种语言书写时，首先他的电脑键盘要包含所用语言的所有字符。一名西班牙人在马德里买电脑，自然要看键盘上有没有字母"ñ"；同一品牌同一型号的电脑，巴黎人要看键盘上有没有"ç"和分音符；而加泰罗尼亚人在巴塞罗那买电脑，这两种字母都要有，

第五章　语言的生命

因为加泰罗尼亚语中有这两种字母和分音符。即使这些字符不在键盘上，比如丹麦语里的"ø"，起码得在操作系统中有，我们通过一些简单操作就可打出来。这就是说，只要是在欧洲买电脑，用户都可以毫无困难地使用拉丁字母书写任何一种欧洲文字。理论上说，还应该可以用古希腊语和西里尔语书写，只需把每个拉丁字母与另一种语言的字母一一对应起来就可以；但在实际中，这样的操作太麻烦。

是的，我在马德里或在巴黎购买电脑，只要使用"文字处理"程序，我就能用西班牙语、法语或者加泰罗尼亚语，甚至是丹麦语来书写；但电脑不是用所有这些语言与我对话，而是让我选择特定语言，对所写文章进行"保存""删除"和"打印"；例如，我购买的电脑若是在马德里安装的程序，它只会用西班牙语显示这些对话框。我们以使用最广的信息系统和程序生产厂家"微软"（Micrisoft）为例，其办公软件"Office 2000"有不同语言的版本，哪里要什么版本就卖什么版本。目前，Office 2000 有大约 60 种语言的版本，其中 40 种是欧洲语言，另外 20 种是其他语言。在 40 种欧洲语言中，大多数是各国官方语言，只有加泰罗尼亚语、巴斯克语、加利西亚语和威尔士语不是；因此，用户若在巴塞罗那购买电脑，可以在西班牙语版本和加泰罗尼亚语版本之间选择。市场关注语言差异，还导致产生了另一个新创造，即"正字法修正程序"（correctores ortográficos）的使用。目前，这项技术已经普及，电脑里都安装有不同语言的文本处理程序，这些语言都是设备购买者最常用的语言。继续以"微软"为例，它的文本处理软件 Office 可以加载多个正字法修正程序，因此，一台在巴塞罗那购买的电脑，不管是西班牙语版本还是加泰罗尼亚语版本，都可以加载西班牙语、加泰罗尼亚语、法语和英语的正字法修正程序。同样，购自布鲁塞尔的程序，可以是法语、英语或爱尔兰语版本，但不论哪种版本，都兼容法语、英语、爱尔兰语，甚至是德语的正字法修正程序。微软总共有 60 种语言版本，也就有 60 个正字法修正程序。

让我们再说说互联网使用的问题。广大的互联网搜索者，都可使用

多语言的欧洲

不同语言的搜索引擎进行搜索，"谷歌"可能是人们最常用的搜索引擎；目前，谷歌提供了104种语言的搜索引擎，欧洲所有国家的官方语言都包括在内，还有两种挪威语分支；在非官方语言中，除了加泰罗尼亚语、加利西亚语、巴斯克语和威尔士语外，还包括苏格兰盖尔语、布列塔尼语、弗里斯语和奥克语；一些古老语言如拉丁语，以及人工语言如"世界语"（esperanto）和"语际语"（interlingua），也都包括在内。

上文所言 Windows 和 Google 的情况，在其他程序和应用上也是如此，结论也很容易做出。一种语言要想在信息系统里得到运用，至少需要具备以下几个条件：是书面语言和标准化语言；有自己的字典和一套被普遍接受的语法规范，包括正字法规范。一种语言只要具备这些基本条件，决定它能否成为市场需求语言的东西，就是它可以使用不同语言提供的信息资源。在今日电脑中，英语程序和游戏比西班牙语的多，西班牙语的又比拉脱维亚语的多，而有些语言的程序和游戏根本就找不到。这些现象的背后，都是经济因素在起作用。

以上所言，可让我们得出一个明确结论：信息传播正在大力推进大语言的扩张，首先是英语的扩张，而小语言则被加速边缘化；但小语言之间也有很大差别：那些不能被信息化处理的语言，生存现在受到明显威胁，而能够在信息系统中占有一席之地的小语言，至少能保证自己延续下去。

如果分析一下各种语言在互联网中出现的相对频率，我们也可以得出相同的结论。虽然这方面的统计数据不甚精确，但还是可以明显看到英文网页所占比例，要高于全球英语人口所占的比例；其他大语言在网页上所占的比例要比英语低，但也高于这些语言使用者在世界上的人口比例。

我在分析人们对语言质量下降的普遍痛惜时，主要谈的是视听产品对口语的影响；信息技术的运用，现在至少在文字产品和书面沟通中已被广泛运用，这似乎不应受到批评；但事实是，无论是普遍使用电脑处理文字的习惯，还是互联网与电子邮件的大众化，都导致语言规范越来越无力。当然，互联网上也有一些编辑规范的信息，包括规范的文学创作，但更多的是粗制滥造的东西和近似口语的文章。这在电子邮件中更加突出。电子邮件本应是通过更快渠道发出的一封信件，但实际上完全不是信件，而是写下来的口头语。信件自成一种书信体，有自己的规则和格式；写信人在写信之前会仔细斟酌内容，有时需要修改和重写，最后才算完成。相反，电子邮件非常直接，想到哪儿就写到哪儿，更像口头交流，并和口头交流一样，句法很随意，结构很松散。

电子邮件的句法和结构不管有多松散，它毕竟是一种书写方式，因此应遵守正字法的规范；但正是在这个地方，电脑书写随意违反规范的情况特别明显。这首先因为，电子邮件注重沟通效率，不在意正字法细节，比如重音符号，只要不影响信息的理解就行。其次是电脑系统自身固有的原因。当用到一种语言特有的符号如重音符号时，即使信息资源把它都收录在案了，事实上也确实做到了，但在实际使用中，来回切换程序时很容易把这些符号丢掉，这让使用者很烦使用这些符号。还有一个主要原因，它不是别的，正是正字法修正程序带来的问题。正字法修正程序本是用来帮助纠正文本错误的，它不但不能检出所有错误，相反还显示出许多模棱两可的情况让书写者去决定和解决；由此带来的主要影响是，书写者便不顾正字法往下写，然后交给正字法修改程序去改错，久而久之，他就养成了对正字法漠不关心的习惯。

▶▷ **自动翻译**

随着电子技术的发展，人们发明了可以处理大量数据的计算工具——电脑或叫计算机，进而为发展将一种语言译为另一种语言的程序提供了可能性。在冷战的关键时刻，应美国政府的要求，加利福尼亚大学一个研究小组，发明了翻译程序，可以把俄语技术资料翻译为英语。但这个程序是一种初级系统，离商业化应用还有很远的路要走。1976 年，欧洲委员会（Comisión Europea）已运行近 20 年，世界上可能没有哪个组织像

多语言的欧洲

欧洲委员会那样有那么多的翻译工作要做，于是，它就委托加利福尼亚大学这个研究小组，再研发一种可以进行英法互译的程序。

一年以后，这个名为"互译系统"（Systrans）的程序诞生，并在"欧共体"的翻译部投入使用。由于该程序仍很粗糙，大多数译员拒绝使用。但不管怎么说，努力并非无用功：该翻译软件的局限性，让人们认识到了现有字典的不足，让人们意识到有必要系统地填补各行各业术语的空白。后来，欧洲委员会赞助一个新项目，研发"第二代自动翻译程序"。之所以称为"第二代"，就是要力争抛弃依据词汇逐词翻译，而是争取依据文本语法整句翻译。这个项目最后失败了，却促进了一种新型翻译辅助资料的开发。目前，不仅一直被称为"互译系统"的最早程序有了实质改善，而且译员的电脑屏幕上还有"Euramis"程序，这个程序为译员提供了大量分类排序的补充翻译资源，可以同时查询和使用。有了这些改进，译员们对翻译软件的态度完全变了，大部分人都将其提供的参考译文作为自己加工的原材料。

现在，还有其他一些翻译系统。例如，网络用户都可使用一些程序自动对网上文本进行英西互译。自动翻译系统只能翻译大概内容，译文准确度也比较低，但足以让用户明白翻译文本的意思，很多用户都在使用。

上述两个例子表明，50年前还被人们视为乌托邦的自动翻译，现已走向变为事实，虽然进程比预想的慢很多。互译系统的发展之路表明，自动翻译的进步不怎么取决于电子技术的进步，而主要取决于语言学的进步，这种进步体现在两个方面：一是随着专业词典和术语数据库的发展，各种语言的单词定义越来越精确和具体；二是人们对句法及其内涵的认知越来越深入。自动翻译是一项任重道远的工作，在一些欧洲语言中成就显著，而在其他语言中才刚刚起步。

自动翻译在不同语言中发展不均衡，这有很多原因，其中与作为翻译对象的语言是否是常用语言有关，而这又与这些语言使用频率高低有关。欧盟是一个明显的例子。

第五章　语言的生命

互译系统和现有的其他翻译软件一样，可把一种语言译为另一种语言。欧盟在最近一次扩大前使用 11 种官方语言，这意味着有 110 种不同的翻译组合；欧盟扩大后，官方语言增到 20 种，这有 360 种不同的翻译组合，每一种组合都要配有合适的翻译软件。但是，互译系统现只提供 17 种语言组合的互译：有 7 种是将英语作为基点，翻译为法语、意大利语、德语、西班牙语、希腊语、荷兰语和葡萄牙语；有 6 种是将法语作为基点，翻译为英语、德语、西班牙语、意大利语、荷兰语和葡萄牙语；有 2 种是将德语作为基点，翻译为法语和英语。另外，还有 2 种软件是法语和希腊语互译，但这 2 种软件现还处在试验阶段。这就是说，互译系统的所有翻译程序，是以英语或法语作为译出语和译入语的，这与英语和法语在欧盟运作中主要是语言一致。

在欧盟和欧洲之外，现也有其他语言的自动翻译应用系统，比如英-日翻译。即使在欧洲内部，自动翻译系统的使用，也不止为满足欧盟运作之需。例如在巴塞罗那出版的日报《报纸》(*El Periódico*)，由于开发出了一种成熟的自动翻译系统，就同时以西班牙语和加泰罗尼亚语出版。但总的来说，只有那些使用者众多的语言，只有那些经济-政治分量大的语言，才会成为自动翻译程序关注的目标。

说到这里，我只是讲书面文章的自动翻译；但我们可以设想，在不久的将来，我们或许可开发出能够进行口语和书面语互译的自动翻译程序。换句话说，两个人各自使用自己语言的对话，一方可以听到另一方的对话被自动翻译成自己的语言。如果这种程序能够用于所有语言，这对维持小语言的生存将发挥有效作用。当然，这类语音识别系统、把语音转换成书面语的系统，目前还处在探索阶段；我们同样可以想到，这样的研究首先也会从最常用的语言开始。

（李思渊 译，朱伦 校）

第六章　国际交际语言

▶▷　**拉丁语被替代与英语的上升**

虽然欧洲已历史地形成了许多国族，每个国族各有自己的语言，但它们之间的联系则一直很密切，这让某些语言承担了国际交际语的功能。我在总结欧洲语言发展史一章中说过，拉丁语曾长期发挥着国际交际语的功能；与此同时我也说到，随着一些新语言的巩固，外人学会这些语言也很有用处，而且变得很有名望，他们既可以阅读文学原著，还可以服务于外交和贸易关系。当然，有兴趣学习外语的人毕竟是少数，但他们却是关键的少数。

在 16 世纪和 17 世纪期间，根据地域和使用情况，西欧最有名气的语言首先是意大利语；其次是西班牙语和法语；而在中欧，德语使用最广。但到 18 世纪，法语却成了文人们的国际语言。启蒙运动的各种思想，就是借助法语在整个欧洲传播开来的。无论是俄国女皇叶卡捷琳娜还是普鲁士国王腓特烈，他们都自豪自己能用法语跟当时的社会精英交流。在同一时期，法语还是外交和国际交往的正式用语。

19 世纪，虽然法语继续保持在欧洲的地位，仍然发挥着外交用语的作用，但在知识领域，德语的地位却在逐渐上升。以康德、黑格尔和马

第六章　国际交际语言

克思以及其他名家为代表的德国哲学，是重要的影响因素。然而，更大的推动力来源于德国大学里的科学发展，尤其是化学、冶金等应用科学的产生。中欧和东欧的学生都想去德国学习，其中自然也包括来自拉丁语国家的学生。可以说，在19世纪，欧洲的知识精英们认识到，他们必须掌握法语或德语，甚至同时掌握二者。

知识动因推动了外语学习，这是大家普遍认可的。但另一个重要的事实却常被忽视。如果说在法国、英格兰或者西班牙，国族国家（Estado nacional）的形成让贵族囿于国土之内，变成了宫廷贵族（palatina），但在中欧和东欧却相反。在中欧和东欧，贵族身份的合法性也来自君主制度，即基本上产生于由帝国王朝延续下来的神圣日耳曼帝国，但奥匈帝国并不打算按照法国君主制那样进行政治和语言统一。这样，在中欧和东欧就形成了一种封建贵族阶层，并在许多地方保留着地方或区域语言与特性，如奥地利、普鲁士、巴伐利亚、匈牙利、波兰、捷克、斯洛文尼亚和威尼斯，等等。封建贵族深深扎根于土地上，他们都是大地主；同时，这些封建贵族又具有世界性：他们相互之间联系紧密，并且在某种程度上与俄国封建贵族组成一个共同体，互相通婚，从小就会说多种语言。无论他们出生地的语言是什么，无论成长在哪个家族，他们从小都学法语；如果他们的第一语言不是德语，也要从小就学，为此，他们便与全家住在会说德语的人们中间，以保证他们能学会德语。

19世纪期间，欧洲大陆所有国家都建立了中学教育系统，为进入大学做准备。在中等或预科教育阶段，除了学习古典语言，也包括一两门现代语言，其中古典语是入读大学的基础之一。这一创新要归功于新兴资产阶级的实用主义精神。总之，是资产阶级在推动和利用中等教育，他们想要给自己的子女创造国外进修的机会。或者，我们也可以猜想：至少在中欧，资产阶级想通过中等教育，让子女获得封建贵族阶级的教育模式。总之，在欧洲所有国家的中等教学大纲里，最受青睐的语言分别是法语和德语，而英语的地位则差得远。

19世纪末期，除了渴望上大学的学生外，外语教学也开始吸引不同

多语言的欧洲

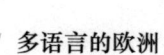

行业的人群，成人培训中心成倍增长。这说明语言学习带来的实际好处，越来越被人们重视。进入20世纪，尤其在二战后，语言学习开始走向全民化。但这个时候最受人重视的语言，开始变为英语，而在此之前英语在欧洲一直处于相对次要的地位。为了更好理解英语地位的上升，必须扩大参照范围，不能只说欧洲，而要放眼全球。

自15世纪末发现美洲以来，经过几个世纪的传播，欧洲的语言在美洲大陆被广泛使用。西班牙语和葡萄牙语通行于南美洲和中美洲，北美洲则主要使用法语和英语。然而，在19世纪，随着各个现代殖民帝国的形成，其扩张范围覆盖了所有大陆。英格兰、法国、荷兰、俄国以及殖民地相对较少的德国和比利时，把欧洲以外的大部分地方都占领了。占领伴随着各自语言的传播，于是，这些国家的语言就变成了国际交流用语。

在现代殖民帝国建立过程中，大英帝国位居第一；虽然19世纪初美国已成为独立国家，但大英帝国仍占有许多地方，拥有最庞大的财富资源。大英帝国不仅占有加拿大、印度、澳大利亚和南非，还将殖民网络扩展到全球各地，包括加勒比地区、大部分非洲与亚洲地区，以及几乎所有太平洋岛屿。这些财富和领土，不仅使英国舰队在军事和贸易上称霸全球，而且还决定了英语在世界海洋运输中的地位。要知道，当时的海运是最重要的运输方式。而美国经济实力的迅速发展，进一步巩固了英语在世界贸易中的地位。此外，美国的经济实力还为技术发展创造了条件，一些远程通信技术如电话、电报，都起源于美国，或在美国受到重视。这表明，英语不仅是海上的统治语言，也开始成为电波和天空上的统治语言。

由此可以说，20世纪上半叶，法语、德语和英语虽然仍是欧洲国际交流中的三种相对并驾齐驱的语言，英语甚至仅列第三位，但从世界范围来看，英语优势已明显上升。在20世纪下半叶，英语的优势扩展到了欧洲。

人们常把英语地位的上升归因于第二次世界大战。是的，同盟国的胜利，英国和美国起了决定作用，所以把英语推向了统治地位；法国在二战中的作为是矛盾的，法语不可能唱主角；而德国在自己的战争冒险中战败，由此带来的结果是德语长期受到牵连。但是，我们必须记住，英语国家英国和美国在二战中所起的决定性作用，是其经济实力的直接结果。

▶▷ 当代社会中的英语

一些数据可以让我们更好地理解英语在当今世界中的突出作用。但在列举数据之前，我想先提出一个观察方法。如果我们只看欧盟，英语显然不具主导地位，反而地位有限。如果我们简单计算，把一国总人口等同于使用一种语言的人口，英格兰也非欧盟人口最多的国家。法国总人口与英国不相上下，德国则更多。即使我们把英语是官方语言的爱尔兰人口加起来，使用英语的总人口也只与德国差不多。在最后一次欧盟扩大之前，欧盟中使用英语的国家总人口，也只占欧盟总人口的 16% 多一点；而欧盟扩大后，这一比例则大大降低了。因此，如果只看欧盟的话，当然不能过高估计英语的国际交际语作用。但放眼全球的国际交流，欧盟自然也包括在全球内，英语的确占据优势地位。

1. **使用人数与经济分量**。哪怕只以母语人口为算，想要准确统计出使用某一语言的人口，也是相当困难的。但是，如果我们只是估算，根据 1987 年版《剑桥语言百科全书》的数据，我们是可以看出各种语言使用人口的数量。就使用最广的语言来说，从高到低依次为：汉语，10 亿人；英语，3.5 亿—5 亿人；西班牙语，3 亿—5 亿人。接下来的七种语言，将其作为母语使用的人口均在 1 亿左右，这些语言是：印地语、阿拉伯语、孟加拉语、俄语、葡萄牙语、日语和德语。[①]

---

① Crystal, *The Cambrige Encyclopedia of Language*, 1987.

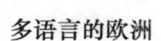

当然，对这些数据，还应加上把这些语言作为第二语言学习的人数，但这些人数是算不出来的。散布在这些语言边界之外的外语学习者，也是我们衡量这些语言使用人数多少的一个指标。虽然我们对英语国家以外的英语学习者也无可信的数据，但有一点是公认的：在世界范围内，学习英语的人数最多，远超排在第二位的西班牙语，接下来的是其他欧洲语言，主要是法语和德语。

另外，有几种使用人数较多的语言，使用者大都集中在一个国家内。印地语、日语、俄语和孟加拉语都是这样，使用人口最多的汉语也是如此。相反，另外一些使用人数较多的语言，则在多个国家被广泛使用。英语是45个主权国家的官方语言或共同官方语言，法语有30个，西班牙语有25个。

最后，我们还要考虑到使用不同语言的国家所占的经济分量如国民生产总值，这或许是最重要的情况。尽管有些国家没有国民生产总量的统计数据，有些国家的统计数据也不可信，但英语国家的国民生产总值之和，在20世纪90年代至少占世界总量的一半，应该没有异议。

2. **信息与传媒**。毫无疑问，技术影响当代社会发展的显著表现，是那些远程信息传输系统，包括电话、广播、电视、互联网等。这些传媒对全球的控制能量巨大，能力非凡。因此，信息以哪种语言传播，哪种语言就备受推崇。

20世纪初，拥有殖民地的欧洲列强，也拥有获取和发布消息的网络，这些信息充满全世界的报纸杂志。可以认为，在当时的媒体中，英语、法语和德语等几种语言，使用概率保持着一定的平衡。但在20世纪90年代，一些国家通讯社虽依然存在，然而其覆盖面已远远不及那些盎格鲁-撒克逊国家的大型通讯社。

与此同时，对于大众来说，纸质媒体早已不是唯一的信息来源。广播特别是电视的发展已覆盖世界各个角落，信息存储和传输网络也同样促进了信息传播；但是，这些通信手段也导致媒体资源掌握在少数人手中，最终变为敛财的工具。虽然所有国家都致力于掌握国内信息的传播，比如建立国家电视台，但通过卫星传输信息却很难控制。视听信息资源的集中，也导致了英语作用的增长，英语成为各种信息播报中的主要语言。毫不夸张地说，通过卫星传输的电视网络，至少有一半使用英语播报信息。在欧洲的电视网络中，使用英语比例要低一些，但英语在卫星频道所占的分量，也远远高于欧洲以英语为母语的人数比例。

信息学实现了各种数据的存储与系统化，不仅方便视听信息传播系统的扩张，而且发展出了诸如互联网等新型传媒网络。正如前文所述，在信息世界里，英语比在视听媒体中使用的机会更多。

如同职场中的电脑用户一样，电子系统的用户只要使用母语，也可以完全掌握电子系统的操作。但当他想要扩展自己的信息源和交流范围时，很快就感到不会英语是巨大的限制。如果一个人想设计新的应用程序，想为信息学发展做贡献，必须掌握英语。

3. 经济与金融。前文说到，20世纪90年代，英语国家的国民生产总值至少占全球总量的一半，这个事实本身足以证明英语在国际贸易和一般经济领域的主导作用。但是，我们也不能忽视刚才提到的信息渠道集中，对世界市场特别是金融市场运行所起的重要作用。由于网络的存在，世界主要证券交易所——纽约的、伦敦的、东京的和法兰克福的，现在可以组成一个24小时不间断运行的统一市场。由此，英语也就成了国际金融活动的通用语。

在经济领域，从语言使用的角度看，跨国公司也是很有意义的案例。如同国际组织使用什么语言有政治原因和政治协议一样，跨国公司的语言选择也是这样，或者说老板要根据实用原则加以确定。

一家公司若打算在其他国家设立分公司或代表处时，一定会考虑到当地语言，需要确立内部规则，明确在什么场合、为了什么目的应使用当地语言，以及在什么情况下使用母公司的语言。如果一家跨国公司在操不同语言的国家开设不同的分部，情况会变得更加复杂。这时候，通

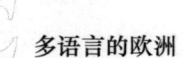

常会选定一种"公司语言",这种语言首先是可以保证公司内部运行以及总公司与分公司之间联系的语言。如果总公司所在地使用强势语言,比如法语或德语,该语言就会是跨国公司的主要语言,尽管与开在英语国家的子公司可以用英语联系;即使与设在第三种语言的国家如远东的分公司进行联系,也会确定使用英语。总起来说,公司跨国越多,使用英语的可能性越大。如果跨国公司设在不同的小语种国家,英语会是首选语言。设在斯堪的纳维亚半岛国家的跨国公司,就是这种情况。譬如,北欧航空公司(SAS)由三个斯堪的纳维亚国家共同经营,用英语作为"公司语言",可以避免使用三种斯堪的纳维亚语言造成的混乱。但也有一些瑞典公司选择使用英语。设在荷兰的飞利浦公司,英语也是公司的主要语言。设在法国或德国的跨国公司,以及设在地中海国家的跨国公司,不常用英语,但跨国公司总部设在这些国家的情况也不多。

4. **旅游与运输**。旅游业是个市场,而客户决定市场供应,包括接待客户使用的语言。如果巴利阿里群岛、威尼斯或者达尔马提亚海岸的游客主要是德国人,旅馆、饭店的服务员还有出租车司机,一定都能听懂德语。在不同的旅游景点,游客来自世界各地,操不同语言,但就全球来看,英语有成为通用接待语的趋势。在世界任何地方的任何酒店,都可以找到懂点英语的接待,尽管某些地区主要使用其他语言。

不仅旅游公司,整个交通系统的运输工具,服务人员也都会点英语。前文说过,从20世纪起,在海洋运输中就广泛使用英语了。英语在航空运输中使用更普遍。任何国家的飞机都可能在世界上任何一个机场落地,但此前必须与机场方面沟通好,沟通必须使用通用语。如果飞行员不讲机场所在地国家的语言,共同的沟通语言一定是英语。

5. **演出与娱乐**。信息传媒的普及,在一些演出活动中也有特别体现,如电影、电视节目、音乐会或者演唱会。鉴于前文说过传媒越来越集中,英语在传媒中占主导地位,在演艺和娱乐界,英语的使用率也日益提高。

第六章　国际交际语言

这种趋势在许多国家引起了一系列激烈反应。演艺和娱乐节目通常隐含着文化理念，标榜着生活方式和行为举止，而这些很有可能与当地文化认同相悖。例如，欧洲电影对美国电影，地方美食对"快餐"，当地民间音乐对美国的爵士音乐与流行音乐。换言之，面对英语节目，人们就制作本国语言节目。但这些反应，恰恰证明了英语的强势影响。

6. 研究与科学报告。我在谈到拉丁语曾长期是欧洲人的交际语时，首先指的是科学交流，因为当时的大学与教堂一道坚持使用拉丁语。我在谈到19世纪人们兴起了学习外语的热潮时，也指出主要的原因之一是人们想了解先进国家发布的科技报告。因此，科技进步越快，研究成果越普及，人们就越要关注最新的学术动态。书本现已不足反映这些学术成果，学术期刊随之出现，而且越来越多。在相当长的时间里，一直到进入20世纪后很久，一名使用德语、英语或法语的大学老师，只使用母语就够了。要证明这一点也很简单，大部分德语、英语或法语的学术期刊，作者列出的参考文献多是其母语。然而，其他国家的大学老师，在学术道路上则不能不学其他重要语言，如德语、英语或法语，他们的文章和著作，通常列有大量的外语参考文献。

从19世纪末到20世纪上半叶，作为科学信息的载体，德语、英语和法语的重要性不相上下，其间频繁举行的各类学术大会就是最好的证明。我这里只举一个重要的例子来说明这一点。1957年，国际心理学学会在比利时召开了一次代表大会。国际心理学学会成立于欧洲，从20世纪初起，在其早期几次会议上，官方用语是法语和德语，不久之后增加了英语。在1957年布鲁塞尔代表大会上，代表们建议将法语、德语和英语作为官方用语，同时声明这三种语言在会议进程中不分主次；于是，主持这次代表大会分会的主持人，两人使用法语、两人使用德语、两人使用英语。那时，同声传译还没像现在这样普及，我们可以认为，大多数与会者都懂这三种语言，包括其母语不是这三种语言的与会者。当时，大规模的学术会议平衡使用德、法、英三种语言，这是一件很正常的事情，

多语言的欧洲

除非会议举办国使用的是其他语言，这时，举办国语言也会被纳入当次会议的官方用语中。

1992年，国际心理学学会代表大会再次来到布鲁塞尔。这一次，与会者由150人增加到3000人，会议用语反而减少了。会议宣传册特别指出官方用语是英语和法语，却未解释法语为什么是官方用语，也未解释举办国语言荷兰语为什么不是会议官方用语。但在代表大会期间，基本上全程使用英语，每次全体会议都用英语发言，绝大部分公告和海报也用英语。至于学会的组织章程，自然还是继续把法语列为英语之后的官方用语；多年来，伊比利亚美洲国家的心理学学会提出将西班牙语也列为会议官方用语，但事实是国际心理学学会在日常管理活动中只使用英语，代表大会举行期间的会议也是如此。

尽管不太精确，英语在科学报告交流中的主导地位还是可以量化的。有人对全世界产出的第一手科学报告做过估计，更确切地说，是对发表在知名学术期刊和收入世界期刊名录上的学术论文的估计，按专业分类，用英语发表的论文占60%—80%，用法语、德语和俄语发表的论文共占25%—30%，用其他各种语言发表的论文占5%—10%。当然，重要的学术数据库都在美国，这决定了英语文献的主导地位；但这些数据库集中在美国，我们也要分析一下原因。ICI数据库最有典型意义。ICI是美国一家私人机构，专门分析发表在全球约7000种期刊上的论文。ICI发布的统计目录有很大影响力，被用来衡量个人、团体及国家的学术生产能力。ICI数据库实际上只分析英语期刊。

英语在科学报告中被广泛使用，使大多数科学家意识到英语阅读是起码的能力，是自己跟上专业前沿的绝对要求。学者们认为最好可以用英语写论文，哪怕是比较初级的英语表达，也能方便地展示其研究成果。这在一定程度上暗示，用非英语发表的学术成果，起不到让国际知晓的结果。这种担心，也让非英语国家出版英语期刊和专著。

这种趋势的最早表现，出现于二战后一些文化水平很高但语言传播有限的国家，比如斯堪的纳维亚三国。这三个国家市场有限，影响到许

第六章 国际交际语言

多学术著作或专业学术期刊的发行，于是采用英语出版，避免依赖国外出版社和报纸杂志。同时，一些远东国家如日本，则积极推进部分科学著作用英语出版，以加速融入国际学术共同体。随着时间的推移，随着英语作为国际交际语的地位得到巩固，用英语发表著作的势头猛增。特别在欧洲，这种势头不仅波及荷兰或丹麦这样语言传播不广的小国家，连科学传统深厚的国家如德国也受到感染。在德国，既出版英文学术期刊，也出版许多英语著作。

另外，一些大学的院系和研究中心，也加入使用英语的潮流中；再加上访问学者和外国学生的到来，英语成了学术活动的习惯用语。

总的来说，英语的渗透情况依专业和知识领域不同而有不同。英语首先进入那些物力人力资源丰富的学科，如物理和生化学科各领域，并发展成主要语言；也有一些很特殊且研究者很少的学科如数学，英语也是主导语言。从这些学科开始，英语逐渐成了所有学科的主导语言；总体来看，与历史学和社会学相比，英语在实验和自然科学领域使用更多。

英语在不同国家的渗透程度也不同。就拿最具代表性的法国来说，它有坚实的学术研究传统，以法语发表的论文在国际上也颇受重视。二战后，法语出版物开始滑落，从20世纪60年代起，滑落趋势愈加明显；很多法国科学家发现他们的论文国际影响力越来越小，因此，有些人开始在英语期刊上发表论文。与此同时，在法国召开的大量国际学术会议上，英语日渐被广泛使用。在法国许多场合，英语地位的上升引起了大众的不安和争议。

为了扭转这一趋势，1981年9月，内政部长切韦诺（Chevenaux）发布了一条政令，规定：法国科学家在本国期刊上发表论文时必须使用法语；在法语被确定为官方用语的国际会议上，法国学者必须使用法语；在法国或其他法语国家举办国际会议时，必须把法语列为会议官方用语。即使如此，英语使用的范围仍不断扩大。具有象征意义和具体意涵的事件是：1989年，巴斯德研究所（Pasteur）把自己的法语年鉴名称 *Annales de l'Institut Pasteur*，改成了英语名称 *Research in Microbiology*。目前，所有从事科学研究的法国人，都能读懂英语，不少人还能听懂英语口语，甚至能用英语撰写专业报告。据统计，法国的高水平学术论文，有三分之一是用英语发表的，发表刊物有国内的，也有国外的。

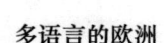

▶▷ 各种人工语言

在探讨英语扩张及其对欧洲建设的意义之前，我想先简要说一说人们为方便国际交流，创造人工语言的努力。人们创造出来的人工语言很多，在此我只说一说柴门霍夫（Zamenhof）于1887年创造的"世界语"。世界语不是第一个人工语言，也不会是最后一个人工语言，但它是传播最广的人工语言。

柴门霍夫出生于比亚韦斯托克，该地区族类混杂，争议久而不决，波罗的海国家立陶宛，其基本居民是波兰人和大量德国殖民者，在波兰遭第三次瓜分时被并入俄罗斯帝国。在这种族类多样和复杂的政治历史背景下，还有少量犹太商人的加入，柴门霍夫家族就是这些犹太商人家族之一。柴门霍夫写道：

> 比亚韦斯托克是我出生和少年时代生活的地方，这个地方决定了我所有未来想法的方向。比亚韦斯托克的人口由四种截然不同的族群组成：俄罗斯人、波兰人、德国人和犹太人。各族群使用自己的语言并仇视其他族群的语言……无论是在大街上还是在屋子里，你感觉不到人道，这种东西好像不存在，只有俄罗斯人、波兰人、德国人和犹太人之分……没有人能理解犹太人渴望一种中立的和非民族语言的迫切心情；长期以来，犹太人只能使用一种死亡的语言向主祷告，他们不得不接受排斥自己的人民的语言教育，他们的不幸同伴遍布世界各地，因分别讲其他不同语言而无法相互沟通。
>
> （Janton，*L'esperanto*）

第六章　国际交际语言

柴门霍夫认为，在我们这个时代，创造一种国际交际语不可避免，而现有的任何语言都不能胜任，因为它们都烙有各自深刻的文化和民族印记，无法获得普遍认可。因此，必须创造一种有别于现有语言的新语言，一种最合理、最简单、最易学的语言。柴门霍夫是一位杰出的语言学家，他不是创造一种彻头彻尾的新语言，而是以拉丁语、也就是各种新拉丁语的基本结构为框架，并把各种日耳曼语和斯拉夫语的因素吸收进来，并按照这些因素所指的客体，将其整合进一套清晰连贯的系统之中。

这种世界语一经推出，就获得了许多支持者，其中不乏模仿者提出吸收其他国际语言来完善该语言的新方案。然而，这些新方案有的虽引起了一定关注，但都没有世界语受欢迎，世界语随之在全世界得到认可。

世界语拥护者越来越多，现仍吸引着各行各业的人们。与世隔绝的人们想利用这种语言与全世界建立联系；一些使用小语言的人们，希望不用主流语言来扩大交往圈子。但世界语的拥护者多是理想主义者和国际主义者，如宗教组织成员首先是天主教信徒，以及一些无政府主义运动的同情者。在拥护者的热情推动下，世界语不仅被用于私人通信，而且还被用来出版一些报刊和书籍；世界语不仅被用于传播信息，还用来创作或翻译文学作品。所有世界文学名作，现都有世界语译本。

然而，反对世界语的人也不少。主要批评者认为，世界语只是一种人工语言，没有自然语言的丰富底蕴，这种底蕴是时间沉淀出来的，归功于持续不断的文学与文化培育。这些看法确有道理，但世界语并不是要成为任何人和任何群体的母语，而是想成为一种方便母语不同的人们相互交流的辅助语言。

世界语已走过一个半世纪，虽然在一些国家中拥护者不少，却没能实现预定目标。特别是没有一个国家或国际组织，不论是政治团体、工会还是学术机构，有兴趣采纳它或鼓励使用它。这一情况未来也不可能改变。世界语试图发挥的作用，现已被英语承担。讽刺的是，大量简化英语也有世界语的一些特点——简明且无文化内涵，相反却不易学会。

多语言的欧洲

▶▷ 有关英语的争论

前文说到，英语在全球人类活动的各个领域都居于主导地位，换句话说，英语已然成为最受欢迎的外语。这让会英语的人自觉高人一等，而不会英语的人容易感到低人一等，并发奋图强要学会它。《剑桥词典》的一位编者在一本很有价值的书中说："英语已成为当今世界的通用语。识文断字的人如果不懂英语，从现实意义上说是有所缺憾的人。贫困、饥饿和疾病一眼可以看出，不会英语未必立马显现，但终究是个缺憾。"（Burchfield，1985）

这句话说得颇有艺术，但其意思是说：一个人学习其他语言有不同原因，取决于个人选择和兴趣爱好，但学英语则不然：不懂英语如同财政经济赤字一样严重。因此，作者觉得有道义责任帮助那些不懂英语的人掌握英语。这种观点即使有客观数据依据，还是引发了母语不是英语的人士强烈反感。

英语的扩张在很多地方的确引发了反对之声。对英语的反感态度主要分为两种：一是在欧洲外部，在殖民地国家和发展中国家或传统深厚的国家，英语的扩张与殖民依附密切相关，与导致传统认同面临危险的现代生活方式介入密切相关。二是在欧洲内部，特别是在西欧国家，英语跟现代性和技术似乎没有关系，现代性和技术在西欧不同语言的国家是同时出现的；但英语在这些国家被视为文化产品，被视为盎格鲁-撒克逊社会的生活方式的载体，更确切地说，是美国社会生活方式的载体，因此，英语的扩张意味着屈从于美国社会文化。我前文说过，大部分国际科技和经济资讯系统的总部都坐落在使用英语的国家，首先是美国。我也说过美国电影以及 CNN 这样的国际电视频道的影响力。因此，英语的扩张就是一种压力，国族主义者反对单一化也就伴随着对英语的反感。英语日渐广泛的传播，意味着美国一国的经济或英语国家的经济对世界其他地方经济的支配。内夫里哈（Nebrija）有一句名言："帝国的伙伴一

第六章 国际交际语言

直是语言";目前,这句话有了新运用:英语是美利坚帝国的语言。

那些捍卫英语国际地位的人说:人们使用的英语可以只是英语,是进行基本信息交流的简化英语,如酒店接待员接待客人时的英语;人们使用的英语,也可以是专业英语,如基因学或金融学领域的英语;在这两种情况下,英语的文化和意识形态内涵极少。另外,英语作为国际语言,使用者大多不是将其作为母语,而是作为学来的语言使用的;因此,使用者说英语的能力有限,他们说的英语没有多少盎格鲁-撒克逊文化内涵。

这些强调英语中立性的人们,认为英语是交流工具,没有入侵进而取代任何语言,其他语言的人们使用它,只是为打破语言壁垒,实现相互交流。

确实如此。很多人、很多场合使用英语时,实际上是把英语当作一种世界语看的,纯是具体需要,不涉及什么文化。但尽管如此,简化英语还是英语,还是第一语言是英语者的语言;因此,在任何交流场合,母语是英语者占有优势,只会"基础"英语者难免处于劣势,自感需要提高英语水平。同样,在英语普及的国家,比如在斯堪的纳维亚三国,英语不只是在国际交流中使用,而是变成了国家的第二语言,并对当地语言形成压力而不是相反。由此,人们反感英语,也就有了最好理由。

在西欧,尤其是欧盟国家,各国语言都有鲜明的民族和文化传统,对英语的反感更强烈。此外,在欧洲团结建设涉及政治结构时,人们对英语的反感就更具体了。英语只是英国的语言,英国只是欧盟的一员,若是接受英语是国际交际语,那就等于把英语作为欧盟唯一或主要语言。大多数欧盟成员国,在政治上都无法接受这一结果。

人们对英语的争议很现实,无处不在,由此我们可以明确得出两点看法:在全球范围内,英语无疑是国际交际的第一语言;但在欧盟内部,英语则不可能成为"超国族语言"(lengua supernacional)。任何涉及欧洲语言政策的方案,都要考虑到这两种不同情况。

(李鹿译,朱伦校)

第七章 欧洲各机构的语言政策

▶▷ **欧盟使用的语言**

"欧洲经济共同体",也就是今天的欧盟,在1957年3月签订《罗马条约》时,未曾提及语言与语言问题。应该说,未提语言不是遗忘或疏忽这么简单。《罗马条约》的目标只是在经济领域改造欧洲,"立约之父们"设想,如果欧洲各国能实现经济改造的目标,相互间就可能建立起一些牢固稳定的联系,就可能形成一个政治上统一的欧洲,无须再开什么统一药方;确立欧洲文化政策包括语言政策,应留待这个未来的一统欧洲去做。因此,我们有理由猜想,当时的签约者们认为,未来的一统欧洲在文化和语言政策上,将会比以往的国族-国家更加灵活和包容。

《罗马条约》涉及语言的唯一条款,是宣布欧洲各机构的内部语言制度,由欧共体部长理事会负责确定。1958年4月,部长理事会发布首部规章,规定欧共体的官方语言为各签字国的官方语言。

无论《罗马条约》的起草者和签字国的初衷为何,但任何旨在促进欧洲统一的努力,即使只是涉及经济领域,如同一切欧洲机构日常运作中遇到的问题一样,显然也涉及语言使用问题,这关系到成员国间的交流工具平等;语言的使用,显然还可能伤害到情感,引发冲突。鉴此,

第七章 欧洲各机构的语言政策

欧盟各机构，包括开始没有提及语言使用的机构，现在都不得不面临制定一种语言政策的问题，尽管这种政策始终不明确，实际上是模糊不定，甚至在某些方面还相互矛盾。

关于欧盟的语言政策，我想从三个主要方面略加论述：

第一，欧盟各机构语言使用规定及其实施方式；第二，致力于语言认知与使用的行动规划；第三，直接或间接影响到欧洲人语言权利与义务的决策。

首先，我们有必要了解一下欧盟各种语言使用者的数量和比例。

我们来大致估算一下。德语是德国和奥地利的官方语言，以德语为母语的人口数约等于两国的总人口数。在欧盟最近一次扩大之前，德语使用人口约占欧盟总人口的24%。以法语为母语的法国和比利时法语区的总人口，以及以英语为母语的英国和爱尔兰总人口，各占16%。操意大利语的人口占16%；操西班牙语的人口占11%；操荷兰语的人口占6%；操希腊语和葡萄牙语的人口各占3%。其他欧盟国家的官方语言如瑞典语、丹麦语和芬兰语，使用人口所占比例很小，而使用爱尔兰语和卢森堡语的人口就更少了。

但是，除了操母语的人口外，我们还应加上后天学习并掌握这些语言的人口。根据欧盟官方网页教育板块发布的一项最新调查提供的数据，结合后天掌握各种语言的人口，我们以下述表格形式，总结出欧盟一些语言使用人口的比例。

表7-1　　　　　　　　欧盟各语言人口比例　　　　　　　单位：%

语言	母语人口	非母语人口	使用总人口
英语	16	31	47
德语	24	8	32
法语	16	12	28
意大利语	16	2	18
西班牙语	11	4	15

多语言的欧洲

续表

语言	母语人口	非母语人口	使用总人口
荷兰语	6	1	7
希腊语	3	0	3
葡萄牙语	3	0	3

欧盟最近一次扩大后，在原来11种官方语言的基础上又增加了10种。但因以英语和德语为第二外语的人数增多，其所占百分比不降反升。与此相反，其他原9种语言的比重都下降了。在新增语言中，只有波兰语的使用人口较多，若被列入表7-1中，大约占9%的比例。

正如前文所述，《罗马条约》规定，成员国采取一致同意原则决定欧共体的官方语言和工作语言，这就是说，所有成员国的官方语言都将是欧共体的官方语言和工作语言。这项协议与其他国际组织的惯例形成鲜明对照。最早的国际组织使用的语言是法语，后来是法语、德语和英语并用。联合国扩大了国际组织的工作语言，有英语、法语、西班牙语、俄语、汉语和阿拉伯语6种。但是，在欧洲建立的其他国际组织，如北大西洋公约组织、经济合作开发组织和欧洲委员会，过去和现在的工作语言只有法语和英语。欧共体不仅过去把4个签约国的官方语言法语、德语、荷兰语和意大利语定为工作语言，而且在欧共体的不断扩大过程中，坚守将签约国的语言都列为官方语言和工作语言的原则。由此，欧盟在最近一次扩大前，官方语言和工作语言有11种，经这次扩大后，现在有20种（2013年后，增加到24种。——译者注）。

一个组织使用多种工作语言，虽可认为会影响到内部运作，但对欧盟来说，鉴于没有确定语言政策的目标，把官方语言和工作语言统一起来，就变成了体现这一政策最突出和最显见的标志，甚至是检验欧盟捍卫欧洲语言多样性承诺的象征。

虽然成员国的官方语言都是欧盟的工作语言，但这并不是说欧盟的所有活动和每项活动都必须使用所有语言，因为这要求欧盟所有官员必须掌握所有语言，而这显然不现实。因此，在欧共体成立之初，就决定

第七章　欧洲各机构的语言政策

其下属机构各自制定语言规定，明确自己的工作语言，但要遵守几个基本原则：所有涉及成员国义务的决议和规定，必须以所有语言编写和发布；在所有的正式辩论场合，如欧洲议会和欧盟理事会召开的会议，可以使用各种语言发言；在某个成员国与欧盟各机构的往来中，可以使用该国语言。欧盟各机构的语言规定，分述如下：

欧洲委员会（Comisión Europea）：虽然欧盟的最高机构是部长理事会和欧洲议会，但欧洲委员会才是最显赫的机构，是与公众联系最密切的机构，由此，其语言制度也最为重要。欧洲委员会是欧盟的执行机构，设有一名主席和数名委员组成的领导集体。委员会的所有协议和决定，都要经过繁重的准备过程才能完成。当开始讨论期望达成决议的某个问题时，委员会须确立一种语言为"程序语言"，用它来撰写初始提案和后续建议案及修正案，直到最后的定案。由此，当提案上交委员会进行最后表决时，提案及其所有的依据文件都必须译成所有官方语言。实际工作中，程序语言通常是法语和英语，有时是德语；委员会会议用语也是如此。据此，有人提议能否将这个惯例固定下来，但结果是没有下文。

当委员会直接与某个成员国发生联系时，使用的语言自然是该国的语言。而在实际工作中，需要将来自相关国家的请求或报告译成一种程序语言（一般是法语或英语），并用这种语言议事，直到做出决议；然后，再把这一决议及其所依据的相关论据，再译成涉事国的语言。

部长理事会（Consejo de Ministros）：这是欧盟真正的最高机构，直接代表所有成员国，同时也是坚持官方语言和工作语言必须统一的机构；如果未把所有文件翻译为所有官方语言，任何部长都可拒绝参与议事。但这一规定只适用于政府首脑或部长出席的理事会大会。非正式会议或紧急磋商会议，通常使用法语、英语和德语三种语言，或者使用法语、英语和轮值主席国的语言。不同国家驻欧盟的大使会议，用语也是如此，这些大使负责筹备政府首脑或部长参加的会议。此外，部长理事会的行政工作语言，通常使用法语和英语；部长理事会的行政工作人员不少，包括译员在内，现有1万多名官员。

多语言的欧洲

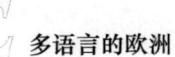

欧洲议会（Parlamento Europeo）：与部长理事会一样，欧洲议会也很在意官方语言和工作语言的统一，其理由是每位议员都须用自己的母语发言。在全体会议上，所有发言都要接续翻译或同声传译；达成的协议也要翻译成所有语言。在经常举行且在不同地点举行的各委员会的会议上，也遵循同样的原则，尽管有时译员不足，需要协议解决。不难想象，议会的工作需要各国各界政治小组召开预备会议，这意味着同样需要共同的工作语言。至于欧洲议会的内部行政工作用语，大部分情况下使用法语和英语。

欧盟法院（Tribunal de Justicia）：这是欧盟最早的机构之一。诉讼状可以使用欧盟任何一种官方语言包括爱尔兰语。审理全过程都使用诉讼者的语言。其他语种的文件，也要译成诉讼者的语言。判决结果被翻译成欧盟各种官方语言并全部公之于众。相反，法院内部的运作，几乎只使用法语。

欧盟审计院（Tribunal de Cuentas）：功能是监控欧盟预算的使用。其工作语言是法语、英语和德语。

欧盟商标局（Oficina Europea de Patentes）：位于阿利坎特。申请商标注册可使用欧盟任何一种语言，但商标局的工作语言只有五种，分别是法语、英语、德语、西班牙语和意大利语。

欧洲中央银行（Banco Central Europeo）：位于法兰克福。欧洲央行的报告，使用所有官方语言发布，但其工作语言只有英语。

1. 信息发布

欧盟向欧洲市民发布广泛信息，涵盖欧盟的决策、日常活动，以及决策与活动所依据的事实。原则上，信息发布必须使用所有官方语言，为此，欧盟办有常见的出版物，从《欧盟公报》（*Diario Oficial de la Unión*）到一系列期刊或增刊。但是，在欧盟各机构经常发布的有关各种问题的报告和研究成果中，有些是用所有官方语言刊出，而大部分则只用几种语言。例如，隶属于欧盟委员会教育与文化总局的资讯网站"Eurydice", 定期发布欧盟所有国家教育制度各方面情况的信息数据, 其大部分内容只有英语、法语和德语三种版本。

当今时代, 互联网已成为获取各领域有效信息最普及和最快捷的方式, 欧盟也拥有门户网站 www.europa.eu.int, 通过该网站, 人们可用任何一种官方语言查询欧盟及其活动的相关信息。网站提供的信息非常丰富, 但跟书面出版物一样, 某些信息也只局限于几种语言。还以 Eurydice 为例, 站点是 www.eurydice.org, 你可用任何一种官方语言查询相关活动的一般信息; 但跟书面版本一样, 大部分公告的具体信息只用英、法、德三种语言公示。此外, 通过 Eurydice 网站, 还可以查到欧盟各国教育的基本资料, 但这些资料都用涉事国语言和英语发布。

因此, 对于许多语言来说, 获取信息受到极大限制。除了这个基本限制外, 还有另一个限制, 即时间差: 即便使用所有语言发布信息, 这些信息也不可能同时发布到互联网上。时间差对一些问题可能是决定性的, 如简讯或招聘广告。

同时用多种语言向公众提供信息的困难, 有一个简单的例子可以说明问题。如果你打电话给欧盟办事处, 不论你身在何处, 回答你"稍等"的甜蜜声音, 都是英语和法语, 没有其他语言。

2. 官员的语言

要想将欧盟所有官方语言都用作工作语言, 欧盟官员就必须掌握多种语言。然而, 现实大相径庭。欧盟官员的聘用条件说, 所有应聘者除母语外, 须掌握至少一门欧盟官方语言, 也有许多官员还可相对流利地使用第三种语言。但总体上说, 第二种语言和第三种语言恰是最常用和最大众化的语言, 首先是英语和法语。这就是说, 欧盟官员之间日常的工作交流, 双方多是使用某一最常用的语言。由此, 在欧盟办事处和办公室, 从早到晚使用的语言不断变化, 但语言种类却十分有限; 每天召开的各种大大小小的会议, 其语言使用情况也是如此; 只有真正的正式会议, 才可申请配备译员, 而其他会议只能根据与会者的情况来确定几种常用语。

哪些语言为常用语虽然很好说,但自《罗马条约》签订以来,通用语则有明显变化。开始几年,法语处于支配地位,理由也相当充分:法语是传统的外交语言和国际交往语言;是西方知识精英最熟悉的语言;是欧洲共同体各机构所在地的日常用语,如布鲁塞尔、斯特拉斯堡和卢森堡等地。当时人们认为,如果不懂点法语,是不可能到这些机构任职的。时移世易,英语在国际上的声望和影响现在是日益增长,会英语并把英语作为第二语言看待的欧洲人也日益增多。现如今,要想在欧盟各机构工作,不懂英语则是不可能的,哪怕只是皮毛,也得会一点。与此同时,德语的地位也在提高。这不仅因为欧盟中以德语为母语的人口居首位,还因为东欧国家多把德语而不是法语作为最重要的第二外语。在欧盟各机构的日常口头交流中,80%以上的场合是使用法语、英语和德语,之后是西班牙语和意大利语,使用机会与前三者不可同日而语。而其他语言,只有在两个同胞用母语交流时候才会用到。

3. 笔译与口译

欧共体和欧盟的直接前身是欧洲煤钢共同体(CECA),其建立条约用法语撰写,然后同时翻译成其他签约国的官方语言:德语、荷兰语和意大利语;因此,如果对条约的理解出现分歧,一切以得到所有签字国"信任"的法语版本为准。但是,在煤钢共同体之后,为建立欧共体而签订的《罗马条约》,则同时以签约国的四种语言发布。这就是说,四种语言的版本完全一致和同样真实可信,而这又意味着四个版本是由通晓四种语言的人员共同撰写的。因此,从版权角度说,任何一种语言版本都不是译本而是"共生本"。欧共体在不断扩大的过程中,始终坚持文件各版本的完全一致性和同等法律效力的原则。由此产生的问题越来越多,更别说欧盟在最近一次扩大后,怎样让20种不同语言的文本做到"一模一样"了。

先不说可能由此产生的法律争议,就说在一个组织内部同时使用不同语言，这必然要借助笔译和口译，而且要设立专门从事翻译工作的官员。事实上，在欧盟大部分机构中，翻译是日常工作的重要组成部分，译员在欧盟官员总数中的比重相当高。经常靠翻译来沟通，自然会产生一些问题。

首先就是翻译需要校对。自从人类诞生翻译起，世人都知译事之难，罕有完美的翻译。即使不说译员水平局限，说译事之难，难就难在语言是不同文化传统的产物，因此，完美的翻译是不可能的，但译者又不得不面对各种重大差别。举个简单例子：英国和英语的法律和行政术语，就与其他欧洲大陆国家明显不同；欧洲大陆国家受罗马法律传统影响较大，而拉丁语国家明显又不同于日耳曼语国家，更别提具有自己的法律传统的斯拉夫语国家了。在欧盟内部，制度性翻译实践要求译员考虑这些差异，提高翻译业务水平，借助更精确的翻译工具，如专业词典、术语资料库、参考译例清单，等等。可以说，欧盟内部的制度性翻译工作，极大地提高了我们欧洲译者的水平和威望。尽管如此，翻译现在依然做不到尽善尽美，在欧盟委员会的走廊上，人们经常谈笑着一些出了名的误译逸事。

除可能的误译外，制度性翻译工作对欧盟活动的影响，也值得一说。

首先看成本。在讨论目前的语言制度及其完善时，人们经常说到成本问题，但对这个问题的理解不一：有人认为成本过高，不可长此以往；有人认为成本不那么高，这是保护欧洲语言多样性必须付出的代价。我在这里不想介入讨论，只想指出，人们对成本估算的意见分歧，取决于怎么看待欧盟的预算。如果预算包括支撑欧盟的所有款项，因此把一些国家对另一些国家的各种实际补助包括在内，那么，用于翻译的费用只占很小一部分，在最后一次扩大之前所占比例不超过3%。但是，如果只把欧盟的运行费用算作预算，那么，翻译费用所占比重会显著提高。如果我们只计算人工花费，那么，支付翻译的费用大约占到欧盟人头费的三分之一。

除了人头费开销不菲外，为达成决议和发布决议的各种语言翻译工

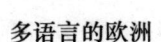

作，也劳师费时。在讲到欧盟委员会的语言制度时，我们已暗示到这一点。这里，我们再说一说部长理事会的例子：鉴于部长理事会会议要求所有涉及议题的文件，都须以欧盟所有官方语言准备，这意味着无法召开紧急会议，也不能增加既定议题之外的新议题。

即使不是如部长理事会会议那样的正式会议，也必须找到解决语言难题的办法；语言难题，我在讲到欧盟各机构的语言制度时说到过，现在说一说翻译部门的情况。

在一些新语言未完全成为欧盟语言之前，欧盟的官方语言和工作语言有11种，这意味着需要110对译员，每个译员擅长一对语言，或者说可以胜任两对至多三对语言的翻译。有些两种语言的互译工作申请人多，因而拥有较多的专业译员；但我们可以想见，某些小语言的翻译就难以保证了。在欧洲议会的全会上，或者在其各委员会会议上，把英语译成希腊语好办，而把芬兰语译成希腊语就难多了。书面翻译也是如此。

解决翻译难题的办法之一，是借助第三语言，借助某一常用语言。如果没有把芬兰语译成希腊语的专家，那可以把芬兰语先译成英语，然后再由英语译为希腊语。有时候，口译也采取这种办法。

在介绍欧盟各个机构语言机制的时候，我就说到了这一点，即一些语言占有优势地位；如果从翻译服务工作的角度说，一些语言的优势地位更加凸显。例如，欧洲委员会的西班牙语翻译部，负责将欧盟各种官方语言翻译成西班牙语，其英语译西班牙语和法语译西班牙语的工作量，占到工作总量的80%。其他语种的翻译部门，情况也大致如此。

导致一些语言占优势地位的原因，如同我们说过的那样，大致如下：欧盟内部大部分行政工作开始都以英语和法语为工具，产生的结果再翻译成其他语言；对外公布的资讯，原始文本大部分也是英语和法语，然后再译成所有语言。总之，翻译服务的运作机制，也向我们印证了我们在谈到欧盟各机构语言制度时的情况；虽然原则宣示说欧盟的官方语言同时也是其工作语言，但事实是，欧盟各机构的工作语言首先是英语和法语；其次是德语；最后才是西班牙语和意大利语。

4. 未来展望

最近有十个国家加入欧盟，但这没有改变欧盟的法律秩序；因此，这些新加入的国家的官方语言，也就成了欧盟的官方语言和工作语言。从语言角度说，在这些国家正式入盟前，欧洲委员会就建立了一个工作小组，负责处理这些国家入盟产生的语言问题，即把欧盟成立以来制定的所有规则，以及那些已通过并生效的决议，全部翻译成新的语言。这是一项庞大的任务，要翻译的东西不计其数；同时，还要开始招募和培养掌握新入盟国家的语言的合格译员。有些语种的翻译很难找到。比如马耳他的共同官方语言马耳他语，找个合格的翻译难上加难，不得不通过协商另寻出路。

除了这些翻译难题外，新语言的加入立即加剧了长久以来无休无止的公开争论：把官方语言和工作语言统一起来可行吗？如同前文所述，在所有国际组织中，只有欧盟是这样做的；但我们从现实中看到，这样做不仅带来很多困难，而且在很多时候难以做到。因此，争论不可避免，而且持续不断，言辞激烈，观点两立。

虽然争论不休，但有些观点大家都认同。具体说，大家普遍甚至几乎一致地认为，在某些场合，所有成员国的官方语言，都应平等使用。这些场合如下：

——欧洲议会的议员必须能用自己国家的官方语言发言，其发言应被翻译成其他官方语言。

——欧盟各机构通过的具有法律义务和责任的决议和规定，必须以所有官方语言撰写和发布。

——欧盟与各成员国往来时，必须使用该国的官方语言；欧洲公民与欧盟间的正式往来，也应如此。

显而易见，这样表述使用所有官方语言的场合，既很宽泛，也很具

多语言的欧洲

体,人们对此自然意见不一。纵然如此,大家还是一致认为,应当清晰界定必须使用所有官方语言的场合,应当界定这些场合之外的欧盟其他大部分活动,以及在这些活动中应使用的一种或几种工作语言。正如我们所知,欧盟各机构在实践中就奉行这一原则。就此,我们可以概括地说,官方语言和工作语言间的理论一致,实际上必然会被打破,欧盟应该明确规定官方语言和工作语言的不同功能。

对欧盟的语言使用,虽然存在很大的细节争论,但大多数意见赞同上述原则;然而,在涉及哪些语言应是工作语言的时候,人们的观点则大相径庭。

第一种可能的选择是,鉴于英语现已变为国际交往中的第一语言,干脆把英语定为唯一工作语言。对这种选择,有的人大声疾呼,有的人低声附和,也有人以各种理由表示反对,如:英语是那个对欧洲情感常怀异心的英国的语言,且又是美国的官方语言,若把英语定为通用工作语言,有屈从霸权大国的意味,如此等等。另一种老生常谈的可能,是仅把法语和英语定为工作语言。如果1957年签署《罗马条约》时采取这个办法并能沿用至今,人们的争议也许就不会那么大了。但我们可以设想一下,既然当时英国不是这个新组织的成员国,英语极有可能被弃用,而只选择使用签字国的语言。事到如今,再提"英语-法语"方案,困难不仅因德国对欧盟的领导影响在增大,而且因以德语为母语的欧洲人最多。在这种情况下,建议把工作语言定为英语、法语和德语,似乎顺理成章;但是,西班牙语和意大利语也是具有悠久历史和广泛影响的欧洲语言,为什么不能成为欧盟的工作语言?再说了,作为欧洲文化摇篮的希腊语,为什么就不能成为欧盟的工作语言?如果较真起来,每种语言都有理由争取自己的地位;关键问题是,任何语言入选,都使未入选语言感到低人一等;此外,鉴于人们把本国官方语言与一个国家的威望联系在一起,若不能列入欧盟工作语言,就会觉得受到了歧视,失去了对欧盟领导权的影响。鉴于现行规则规定,有关欧盟语言的决策必须一致通过,那么,只要有一个国家反对,那就只好维持现状。

的确，人们在考虑起草欧洲宪法时，已意识到当前形势带来的语言困难很大，开始期望在最近一次欧盟扩大前能通过宪法，来解决这个问题。然而，人们没能达成协议，加上在扩大前也没能通过宪法，宪法议案不得不避而不谈语言问题，只是重申欧洲语言的多样性。由此，限定工作语言一事，也就被无限期搁置下来了；而随着欧盟的扩大，限定工作语言则势在必行。

5. 西班牙的几种语言

欧盟最近一次扩张，不仅使减少工作语言的问题变得突出起来，而且还使西班牙的几种语言在欧盟内部处境更加尴尬。

如同我们在讲到欧洲各国语言政策时所言，西班牙除了卡斯蒂利亚语或曰西班牙语外，在那些享有广泛自治的地区还有共同官方语言。加泰罗尼亚语在加泰罗尼亚和巴利阿里群岛使用；该语言的变体瓦伦西亚语在瓦伦西亚地区使用；加利西亚语在加利西亚地区使用；巴斯克语在巴斯克地区和纳瓦拉地区使用。这些语言不仅在行政和司法部门得到广泛使用，在传媒和教育领域包括高校也有重要地位。

为何说西班牙的这些语言在欧盟处境尴尬呢？这是因为，与欧盟某些官方语言和工作语言相比，西班牙的一些共同官方语言使用人口更多，在传媒和教育领域影响更大。最突出的例子莫过于加泰罗尼亚语，加上其变体瓦伦西亚语，其使用人口超过 600 万，比欧盟 20 种官方语言和工作语言中半数语言的人口还多。然而，加泰罗尼亚语并未被纳入欧盟官方语言，也未赋予它什么权利。你不可能为改善加泰罗尼亚语教学而向欧盟请求帮助；你也不可能用加泰罗尼亚语与欧盟往来；也无法质问为什么在巴塞罗那出售的药品，没有加泰罗尼亚语说明书，尽管加泰罗尼亚地区的官方语言有加泰罗尼亚语和西班牙语两种。加利西亚语和巴斯克语也面临着同样的问题。与此相反，由于爱尔兰语的使用人口少，没有列为欧盟工作语言，但爱尔兰却可以使用爱尔兰语跟欧盟往来，并可申请欧盟帮助，以促进爱尔兰语教学。西班牙的共同官方语言，没有这

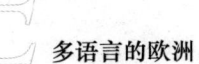

种可能。

　　欧盟的扩大和新《欧洲宪法》的通过，恰逢西班牙政府换届，政府对各自治共同体的观点很敏感，为推动欧盟承认这些共同官方语言做出了努力，但结果则是徒劳一场。即使后来同意把新宪法文本翻译为西班牙的一些共同官方语言，但翻译工作是私人行为。希望只能寄托于未来了。

　　我们可以推论，如果有一天欧盟的工作语言减少到合理数目，不超过三四种，到那时，给予西班牙的加泰罗尼亚语、加利西亚语和巴斯克语等同于今日爱尔兰语的权利，应该不会太难；这些语言即使不能成为工作语言，至少可以成为官方语言。

　　有可能，不等于有把握。目前，爱尔兰公民可以使用爱尔兰语与欧盟往来，要求药品配有爱尔兰语说明书，这是因为使用爱尔兰语的人数虽少，但爱尔兰宪法将爱尔兰语和英语共同定为官方语言。芬兰操瑞典语的人口很少，但瑞典语也是芬兰的官方语言。如果欧盟坚持这一做法，那么，西班牙只能修改宪法，规定这些语言是西班牙官方语言，并接着说明其官方用途由各自治共同体的自治条例来确定。这有点像比利时目前的状况。比利时宪法规定国家的官方语言是法语和荷兰语，但在佛兰德，只有荷兰语是官方语言；在瓦隆，只有法语是官方语言；而在布鲁塞尔，两者同为官方语言。

▶▷　外国语言的接受

　　欧盟高层经常说，为了增加相互了解和团结，欧洲公民应该掌握母语以外的其他欧洲语言。更具体的说法是，所有欧洲人不久应当至少掌握两门外语。这种说法的意思虽然没人挑明，但恰是人们的担忧所在：若是人人只学一门外语，就等于把英语作为欧洲人的交际语。这不是说说而已，欧洲委员会推行的多项计划，就是为了实现这一目标。

　　早在1966年，委员会即建议各成员国采取相应措施，保证国民至少掌握一门外语。20 年后，理事会在 1984 年也建议，在义务教育阶段至少提供两种语言教学。这些建议的明确理由是，建设共同的资本和服务市场要求这样做。为响应这些建议，欧共体在 1990 年启动了名为"语言"（*Lingua*）的项目，以推动和提升成员国的语言教学。

1992 年，《马斯特里赫特条约》（*Tratado de Maastricht*，以下简称《条约》）首次把教育列入欧盟的目标之中。《条约》完全尊重成员国担负的全部教育职能，鼓励各国加强合作，促进全欧洲教育的发展，首先是各种语言的教学。《条约》第 149 条明文写道："委员会以促进全欧洲教学为方向，特别推动成员国语言的学习和传播。"根据这条规定，1994 年出台了"苏格拉底"项目（*Programa Sócrates*），其中包括对"语言"项目进行了更新。

1996 年，欧盟发布的著名教育白皮书《走向知识社会》（*Hacia una sociedad del conocimiento*）指出，语言能力是欧洲公民担负建设未来社会之积极任务必备的能力，并建议欧洲公民除母语外，应掌握两门外语。最后，2001 年举行的"语言年"（Año de lenguas），其目标也是让人们感知欧洲文化和语言的多样性，鼓励"多语主义"。

随着时间推移，对需要学会其他语言的坚持，已由单纯的经济理由——建设共同市场，扩展为更多目标：参与共同任务；语言多样代表文化丰富。

关于这些项目的内容，1990 年启动的"语言"项目，其总目标是改善各种语言的教学。从 1990—1994 年，除了资助一些语言教学创新计划外，还资助大约 2 万名外语教师，到其所教语言或拟教语言的国家进修，另外还资助 8 万多名学生参加与语言相关的学术交流活动。

1995 年，委员会对各种教育项目进行了重新整合，全部纳入"苏格拉底"总项目中。"苏格拉底"项目又分为八个子项目，其中有四个子项目涉及语言目标，它们分别是："科梅纽斯"（*Comenius*）项目，目标是提高中小学教育水平，加强全欧洲教学，促进各种语言教学；"语言"（*Lingua*）项目，致力于语言教学；"伊拉斯谟"（*Erasmus*）项目，目标

多语言的欧洲

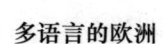

是增强高校学生的国际交流和外语学习;"莱昂纳多"(*Leonardo*)项目,目标是职业教育。

评价这些项目的成绩,应考虑两点:一是它们的目标;二是涉及哪些语言。委员会从一开始就明确宣布,教育是各成员国的专门职责,委员会的各种项目,在任何时候都不是影响各国语言教学的学术组织和教学方法的建议;包括在资助教育经验交流时,也不意味着鼓励采纳这些经验。因此,这些被纳入"苏格拉底"项目中的子项目,主要目标是推动语言教师和学生的流动。

第二点是看一看受到鼓励学习的语言有哪些。开始时,从这些项目中受益的语言均为成员国的官方语言;虽然非官方语言的学习偶尔也能受益,但条件是该语言已得到推广。2002 年,《语言 253 行动》(*acción Lingua 253*)第 2 点规定:"本文件所说的语言教学,指的是作为外语来教学的欧盟的官方语言;这也包括爱尔兰语和卢森堡语,前者是共同体各项建设条约的用语之一,后者则在卢森堡全国使用。"

另外,仅就官方语言来说,虽然各项目的申报都声明向欧盟所有语言开放,且向不太普及的语言倾斜,但实际情况则完全相反:绝大部分申请和资助,都是最流行语言的学习。这方面的现有数据不多,但很有分量。有一份报告讲的是"莱昂纳多"项目 1995—1999 年的执行情况,该报告说:在获得通过的计划中,英语占 147 项、德语 114 项、法语 93 项、西班牙语 79 项、意大利语 57 项。这一统计排序,也是这几种语言在欧盟教育领域的总体状况,同时也与这些语言在欧盟内所占的翻译量吻合。

在"苏格拉底"总项目中,"伊拉斯谟"项目备受关注。该项目旨在促进大学生的国际交流,可能是最受欢迎、受惠人员最多、教学机构参与最多的项目;目前,欧洲所有大学都有来自"伊拉斯谟"项目的学生。该项目的各种目标,与当代社会的现状和欧洲建设的理想关系密切,以至于人们一度认为不出几年,将有一大批欧洲大学生会在国外大学完成自己的部分学业,他们将占大学生总数的四分之一甚至三分之一。然而,

第七章　欧洲各机构的语言政策

结果并没有预想的那么多，比例增长很缓慢。首要原因是，不同国家的大学教学计划差异颇大，就算是同类职业教育也不尽相同；而且，对所学知识的认证方式也不相同。与此同时，学生的外语能力提高也很缓慢。

大学生出国留学增长幅度有限，是人们对"伊拉斯谟"项目的第一个看法；第二个看法涉及访学国家的语言情况。如同欧盟其他语言项目一样，"伊拉斯谟"项目理论上是维护欧洲语言的多样性，因此平等支持各种语言；然而在实际中，相关数据清楚地表明，该计划倾向于支持那些使用大语言国家的大学，而疏远小语言国家的大学。这一点非常清楚，有些小语言国家的大学开设英语课程，目的就是吸引外国学生。

▶▷　**欧盟与其他欧洲语言**

早在产生《罗马条约》时，欧盟就表明了保护欧洲文化和语言多样性的意志，后来的《欧盟基本权利宪章》（2000 年 7 月 12 日）再次重申了这一意志。正如该宪章开头所言，除了国家官方语言外，欧洲还有 40 余种语言不是官方语言。然而，纵观欧盟历史，欧盟所说的欧洲语言多样性，是指所有官方语言；这不只是说官方语言是工作语言，只有官方语言才能成为工作语言的问题，还包括在行动上支持欧洲人掌握这些语言。我在前文说到，"语言"项目曾有一段时间资助学习加泰罗尼亚语或巴斯克语的计划，但后来却把这些计划从申报项目中删除了。当然，欧盟之后也多次表态，包括在官方出版物中，对语言多样性的界定宽了一些；比如《建设各族人民的欧洲》（*Construir la Europa de los pueblos*，卢森堡，2002 年）中明确说道："最后，欧盟致力于保护地区语言和少数人语言，如加泰罗尼亚语、布列塔尼语和威尔士语……据估计，操不同于所在国官方语言的当地语言的人口多达 4000 万。尊重语言多样性是欧盟的基点之一。"在"语言年"期间，也强调对当地语言的保护，要像保护吉普赛语和手语一样。但宣示虽好，却未付诸行动。

与此形成鲜明对照的是欧洲议会，它始终坚持必须把各国官方语言

· 139 ·

多语言的欧洲

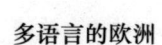

作为工作语言，以保证每位议员都可用自己的母语发言；与此同时，欧洲议会也经常呼吁更多关注所谓"区域"语言或"少数人"语言。考虑到欧洲议会由各国全体人民的代表组成，这些代表中包括少数人代表，或者说是支持少数人的政党的代表，欧洲议会的呼吁自在情理之中。但是，欧洲议会不具立法权，只是咨询机构，它只限于向真正的权力机构部长理事会提出建议，或者向执行机构欧洲委员会提出建议。部长理事会由各国政府组成，而这些政府掌握在一些大党手中，它们对语言少数人的政治诉求往往漠不关心。

在欧洲议会通过的许多决议中，有的涉及语言少数人的具体情况，有的涉及整体情况。主要决议有：1981年通过的《阿尔费决议》(Arfe)，该决议提出了《区域语言文化与少数族裔权利宪章》(*Carta de las lenguas y culturas regionales y de los derechos de las minorías étnicas*)；1983年通过的《库柏斯决议》(*Kuijpers*)，该决议提出了《支持少数人语言与文化的措施》(*Medidas en favor de las lenguas y de las culturas minoritarias*)；最近一项决议是《基里莱决议》(*Kililea*)，名为《关于欧盟的语言和文化少数人》(*Sobre las minorías lingüísticas y culturales en la Unión Europea*)，通过时间是1994年2月9日，投票结果是318票赞成、1票反对、6票弃权。

《基里莱决议》给欧盟成员国的建议是：各国应制定一项条例，确定少数人语言的地位，特别是确定这些语言在教育制度、传媒和与公共管理有关领域的权利。该决议还同时对欧盟委员会（*Comisión de la Unión*）（当时还叫"欧洲共同体"）提出了建议，这些建议与我们所谈的问题有关，现辑录部分内容如下：

  提请委员会注意：
  委员会在制定共同体相关政策时，在采取回应小语言使用者需求的措施时，要像对待大语言使用者一样，在各项教学项目和文化项目上关注小语言及其承载的文化。这些项目包括："欧洲青年"

第七章　欧洲各机构的语言政策

（Juventud por Europa）、"伊拉斯谟"（Erasmus）、"丹普斯"（Tempus）、"欧洲维度"（Dimension Europea）、"欧洲平台"（Plataforma Europea）、"美地亚"（Media），还有当代文学作品的各种翻译项目。

促进小语言在共同体的视听政策比如高清电视制作中的应用。

尽力使用卫星和电缆传输等现代电子通信技术帮助小语言的传播。

尽快在"语言"项目中设立有利于小语言发展的项目。

我们还应指出，《基里莱决议》还明确支持《欧洲区域语言或小语言宪章》（Carta europea de las lenguas regionales o minoritarias de Europa），该宪章于1991年由"欧洲理事会"（Consejo de Europa）通过，我留待下文再作评论。

对欧洲议会的这些建议的回答，委员会只采取涉及小语言的两项行动，第一项行动是成立欧洲小语言局；第二项行动是发布欧盟国家小语言现状报告。

欧洲小语言局（*Buró Europeo para las lenguas menos difundidas*）：这是一个独立机构，以保护和发展欧盟成员国家的小语言为目标。所谓小语言，指的是那些不是所在国家官方语言的语言。自上文提到的《阿尔菲决议》通过后，委员会便建立了这个机构，并资助其活动；但这并不意味着委员会赞同该机构的观点及其意见。

自欧洲小语言局成立起，第一个行动是了解和展现这些小语言的现状、问题和使用者共同体。为此目的，小语言局定期组织访问存在这些情况的地区，然后发布收集到的意见。从成立之初，该局就扮演着在共同体各机构中特别是欧洲议会上的游说者角色，关注小语言群体的利益，推动通过有利于小语言的决议。该局还出版名为"接触"（Contact）的通讯，发布访问小语言地区的调研结果，以及任何涉及小语言的信息。

最近几年，欧洲小语言局扩大了自己的活动，建立了小语言数据库和信息中心。目前，该局执行的"墨卡托"（Mercator）项目，建立有四

多语言的欧洲

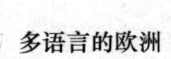

个研究中心：教育中心设在弗里西亚；传媒中心设在威尔士；权利中心设在巴塞罗那；综合问题中心设在巴黎。

小语言现状报告（Informes sobre las lenguas minoritarias）：1981 年，为回应欧洲议会对小语言的关注，委员会委托意大利一个百科全书团队，就当时欧共体 10 个成员国的小语言及其使用人口状况，撰写了一份报告。该报告于 1983 年完成，但不包括希腊，因为当时很难获得有关希腊小语言使用状况的资料。

该报告于 1984 年发布。该报告把小语言问题和盘托出，因是受委员会之托撰写的，颇有分量。但是，这份报告是初次尝试，加上问题复杂、情况多样及研究方法不一，让其饱受批评。不过，欧洲小语言局坚持收集有关各种小语言情况的第一手资料，这至少部分弥补了首份报告的不足。

1987 年，西班牙和葡萄牙加入欧洲共同体后，委员会委托我来补充这份报告，补写西班牙、葡萄牙和希腊的小语言使用情况。新报告于 1988 年发布，我提供了西班牙民主政府如何对待不同语言的报告。这些语言不同于卡斯蒂利亚语（西班牙语），是在一些地区或自治共同体内流行的语言；此外，我对希腊一些小语言的总体情况，也首次提供了报告。

委员会十分清楚，当时对共同体内所有小语言仍缺乏全面深入的描述。1993 年，委员会决定再撰写一份更宏大的报告，以取代以前的那些报告。撰写工作由四个研究中心承担，它们分别是：地址在巴塞罗那的加泰罗尼亚社会语言学研究所（M. Strubell 先生负责）；地址在布鲁塞尔的多语主义研究中心（P. M. Nelde 先生负责）；地址在威尔士地区的威尔士研究中心（C. Williams 先生负责）；巴黎乔丹（Jordan）教授的研究团队。四家单位合作，提供了一份迄今为止堪称该领域最全面和系统的报告。

应该明确指出，这些举措绝不是一种帮助和保护小语言的政策；另外，欧洲语言的多样性也绝不仅指那些非官方的当地语言。在本书前几章，我就说到过，有些少数群体所讲的语言，是邻国的官方语言。我还

第七章 欧洲各机构的语言政策

说到过,在很多欧洲国家,那些来自欧洲以外的移民人口操自己特有的语言,人数也超过欧洲本土大部分的小语言群体,并且在不断增长。欧盟对这些移民带来的语言,没有任何委托研究,也没有任何资助项目。

▶▷ 涉及语言问题的行为

我们多次提到,《罗马条约》虽然只设有各种经济目标,要建立一个共同的经济空间,使得人员、资本和服务可以在这个空间里自由流动,但显而易见的问题是,这种自由流动具有语言影响,这种影响可能会涉及公民和国家的权利和义务。我们可从三个主要方面来谈这个问题,即人员自由流动;商品和服务自由流动;"文化例外"。

人员自由流动承认人员自由流动的权利,意味着人们不仅可以享有在欧盟内毫无阻碍地搬迁自由,而且意味着享有在任何地方定居并从事职业活动的自由。我们很容易想到,定居自由要求有一定的保障,要求适应不同国家现有的法规,要求适应所在职业机构或其他职业团体的规章。这是一个漫长的过程,其中问题之一,就是应不应该掌握该国语言的争论。

起初,共同体的立场可以这样概括:会不会居住国语言不能列为普遍要求,但承认某些工作岗位,尤其是公共管理岗位,掌握居住国语言是必须要求。但对这个问题,共同体从未出台明确的指导意见。

这个问题意义重大,在此可援引共同体最高法院(Alto Tribunal)的一例判决加以说明,这例判决人们经常提到。一名荷兰籍女教师在都柏林一家公立美术学校教书,经多年执教生涯后,她可以申请固定教职岗位,却遭到了拒绝,因为她不能证明自己完全掌握爱尔兰语,考官们认为她不能获得这个岗位。这位女教师上诉到最高法院,申诉说她申请的岗位,并不需要会说、更不必须会说爱尔兰语,因为她执教这么多年,根本用不着爱尔兰语。爱尔兰政府反驳说,保护爱尔兰语是国家政策的一部分,根据这一政策,国家要求从事教育的公务人员对爱尔兰语要有

多语言的欧洲

一定的水平。根据最高法院的一位法国法官的观点,这位女教师的诉求不能进入审理阶段,因为对一个工作岗位的语言要求纯是国内问题,共同体无权干涉。对这种观点,最高法院认为自己有权裁决语言问题,因为这位女教师的案件涉及共同体的最终目标。但是,在申明共同体的权威后,最高法院又驳回了女教师的诉讼请求,转而采纳爱尔兰政府给出的理由。

另外,许多欧洲国家都承认定居在其境内的欧盟其他国家的公民,有权参加某些选举,具体说是地方选举——市长选举,他们不仅享有选举权,也享有被选举权。这些情况自然引发人们提出这样的问题:为了行使选举权和被选举权,人们可对迁居者掌握居住国语言的情况,提出这样那样的水平要求吗?

商品和服务自由流动,也可能由于产品标签、说明书或纯粹广告上使用的语言问题而受到阻碍。各国政府也可能以保护消费者利益为由,要求所有外国产品使用该国语言;但此举难免让人怀疑这些要求旨在限制外国产品进口,以此保护国内生产。在这个问题上,共同体也采取了一种折中的态度:一方面不接受一个国家在商品贸易中一概要求使用其语言;另一方面也赞同出于对消费者权益的保护,某些商品和说明书应该使用进口国官方语言或通用语言,如食品成分、保质期、某些产品的食用或使用方法、药品、毒物、产品保修条件,如此等等。

"文化例外",在语言使用上,由于缺乏明确标准,欧盟各国常有理解分歧,并上诉到欧盟法院(Tribunal de Justicia de la Unión)。在西班牙一些地区,承认这些地区的语言具有共同官方地位,承认这些地区拥有确定其语言政策的权威;欧盟当局确定的语言使用规则,只承认成员国的官方语言,这可能影响到西班牙一些自治共同体的权威,限制其行使自己的职权。

▶▷ 欧洲理事会与语言

欧盟对欧洲语言多样性的承诺有限,最为明显的表现是"欧洲理事

第七章 欧洲各机构的语言政策

会"（Consejo de Europa）的语言行为。

欧洲理事会成立于1949年，因此是在促成建立"欧洲共同体"的《罗马条约》签字前建立的，"欧洲共同体"之后是"欧盟"。欧洲理事会的基本目标是捍卫人权、捍卫议会民主、捍卫成员国和其他愿遵守理事会原则的国家尊重法制。正是为了捍卫这些原则，理事会才关注各语言共同体的权利，以及人们对这些语言的掌握和使用概况。

除了关注语言的法律法规问题及其使用人口外，理事会也关注语言的教与学，希望借此方便欧洲人的交流，增加彼此间的联系。在教与学方面，理事会在建立之初，就曾支持制订和宣传"入门线"（nivel umbral）。这是一种英语实用教学方法，是依据当时已开始兴起的语言教学"交际论"（enfoque comunicativo）而提出的，理事会力推将其运用于其他语言的教学。后来，理事会还推出了一种"通用表格"（cuadro común），作为不同语言颁发相互承认的语言能力证书的基础。理事会也推出过"语言证或语言护照"，它是一个可以随身携带的小本子，用来记录持有者每学年获得的语言能力。不久前，理事会还提出了制定语言政策的指南，并对这些政策进行研究。

但是，理事会最有名、最有影响的贡献还是在法律方面，具体说，就是发布了《欧洲区域语言或小语言宪章》（*Carta Europea de las lenguas regionales o minoritarias*）。在理事会议员大会（Asamblea Parlamentaria）的大力推动下，历经漫长的制订过程，这部宪章终于在1992年发布。该宪章维护的语言权利，是那些使用不是成员国官方或主要语言的人们使用自己语言的权利，这些语言可以是有固定使用地域的小语言，也可以是没有固定使用地域的小语言，如吉普赛语。但是，定居在一国的外国人语言，或者说入境移民的语言，不包括在内。

该宪章开宗明义地宣示，一国境内存在的不同语言，是一种需要保持和保护的文化财产；让自己的语言继续存在，是操各种语言者的权利之一；在公共领域和出版方面，在教学和教育制度中，在司法审判和行政管理领域，在纸质和视听传媒中，这些不同语言都有权利得到使用。

多语言的欧洲

对上述所列各项内容，从最低限度出发，根据可能性和具体语言使用者的愿望，宪章详细列举了不同层级的保护。这部宪章的独特之处是，每个签字国都可提出哪些小语言适应于宪章，以及对这些语言保护的层级。此外，各签字国要定期提供履约报告，而理事会则要把报告送交独立评估，关注各方的临时请求。

自 1992 年颁布到 2004 年，签署和批准该宪章的国家有 17 个，西班牙于 1999 年 12 月签署并批准；与此同时，另有几个国家已经签署，但尚未批准。在此过程中，最早的签字国已陆续提交了自己的履约报告。2004 年中期，专家委员会已收到 15 份报告，并向 9 个国家提出了建议。

（李鹿 译，朱伦 校）

第八章　欧洲的语言与教学

▶▷　教学计划中的语言

自 20 世纪欧洲中学教育改革以来，欧洲所有中学教育除了教授古典语言拉丁语和希腊语外，还教授其他外语。随着全民义务教育时间的延长，以及初等教育和中等教育界限的弱化，外语教学已覆盖到全体居民。

总结欧盟国家的外语教学情况，并不是一件易事。除了各国教育体制存在诸多不同外，语言教学规划中的具体方面也有这样那样的区别，如：开始教外语的时间、外语教学课时、外语是必修课还是选修课、外语的种类，等等。尽管如此，根据"欧盟教育与文化总局"的教育资讯网站 Euridice 提供的信息，我们可作如下概括：

初等教育指的是6—12 岁儿童的教育。基本上，所有欧洲国家都在初等教育结束之前开设外语教育课程。有些国家从 11 岁开始教外语，有些国家从 12 岁开始教。大部分国家都将外语学习列为必修课，少数国家列为选修课。

在比利时，弗拉芒地区的第二语言是法语，在法语地区的第二语言是荷兰语，二者开始教的年龄较早。但在比利时，第二语言并不是外语，而是另一门国语（lengua nacional）。在卢森堡，第二语言教学开始时间更

多语言的欧洲

早。6岁时开始教德语，7岁时开始教法语。在卢森堡，这两种语言与卢森堡语一起，同为国语。在这两个国家，第一外语的教学时间要滞后一些。在西班牙，一些地区语言和西班牙语同为该地区的官方语言，这两门语言从孩子上学伊始就开始教，而第一外语教学则从12岁才开始。

总而言之，在欧盟所有国家，外语教学从11岁或12岁开始，也就是初等教育的后半阶段开始，都是义务教育的内容。但是，有些国家教外语的时间早一些，或在实施提早外语教学的试点项目，甚至提早到学前教育阶段。这或许是外语教学的未来趋势。此外，还应该指出，在所有国家，在12—14岁年龄段，外语教学都是义务教学；大多数还尝试引入第二外语教学的可能性或必要性：有的国家如丹麦，把第二外语列为必修课，而有的国家则列为选修课。每个国家进行外语教学的课时也不尽相同，但一般是常年教学，每周三课时。

初等教育阶段的外语老师，要接受与同一阶段其他科目的老师一样的专业培养，大部分国家不仅培养他们的语言教学能力，还培养他们掌握更加广泛的知识。而在中等教育阶段教外语的老师，则要接受更加专业的培养；但在具有日耳曼传统的国家中，一般做法是培养中学老师教两门课程，可以是两门语言课，也可以是一门语言课加一门其他科目。

在所有国家，与其他科目的老师一样，语言老师在上岗前必须经过一段实习期，在此期间，他们可以参加进修班或其他培训项目。但是，只有小部分老师有机会到相关国家进修他们要教的语言。

那么，学生经过初等和中等教育阶段的外语学习，外语水平如何？

从历史上看，所有经过系统教育的年轻人都可用一种外语交流，还没有哪个国家能做到。在欧盟之外，现在也没有哪个国家做得到。欧盟现在做到了，显然是一种进步，我们应给予积极评价，尽管我们还没有取得期望的成效，已取得的成效也抵不上我们付出的努力。

外语教学不足，首要表现在如下几个方面：尽管在初等和中等教育阶段投入不少时间和资源，但学生的训练还是不够，以至于在大学期间或大学毕业之后，我们还得投入更多时间和资源来解决这个问题。事实上，学生只有上了大学，才知道掌握外语的重要性，才会努力提高自己的外语能力。为提高外语能力，除了外语成人公共培训班和私立培训机构等传统方法外，现在还借助视听特别是电视进行外语教学。

迄今为止，对欧盟各国的外语教学成果，现还没有认真进行过评估，因此，我们难以对不同国家间的差别作出大致描述，精确更不可能；但是，对欧洲居民的问卷调查结果，则可让我们得出一些看法：

欧盟只有卢森堡一个国家，做到了大多数人有能力掌握两种第二语言，但我说过，卢森堡是一个语言上的特例。比利时的语言教学也不错，全民接受两种国语教育。在其他国家中，居民外语水平最高的是丹麦和荷兰；其次是法国和德国；第三梯队有西班牙和意大利两个地中海国家，再加上葡萄牙和希腊。英语国家爱尔兰和大不列颠，也属于第三梯队。

之所以形成这种排名次序，有两个解释。我们首先可以想到，北欧发达国家的教育体系比南欧国家效率高，这也体现在语言教学方面。但这个理由不足以解释上述排名次序的形成，还有另一个理由，即一个国家的语言若是国际影响小，使用这种语言的人们，比使用国际影响大的语言的人们，更加重视外语学习。丹麦人和荷兰人的外语水平高于法国人或德国人，由此便可得到解释；这也可以解释爱尔兰人和英国人的外语水平为什么最低，因为爱尔兰和英国使用英语。

▶▷ 教授的语言

以上是对外语教学一般情况的概述，但我们还应该谈一谈教授的语言有哪些。

前文说到，在英语不是第一语言的欧盟国家，教授最多的外语就是英语。在一些国家，如丹麦，英语不仅是第一外语，而且是所有学生都必须学习的语言。在另一些国家，如德国和西班牙，学生们可以选择英语或法语作为自己的第一外语。在法国，学生们是在英语和德语之间作选择。在其他一些国家，学生的选择面较宽，一些学生可以选择西班牙

多语言的欧洲

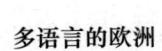

语或意大利语作为第一外语或第二外语。

在欧盟所有国家中,学习英语的人数最多,但排名第二的外语则不尽相同。就欧盟整体而言,排在第二位的外语是法语,之后是德语,尽管目前法语的地位在下降,而德语的地位在上升。把西班牙语和意大利语当作外语学习的人数大大少于前者,尽管西班牙语的地位现在也呈上升趋势。根据最近统计(Les chiffres clés de l'enseignement dans l'UE),就欧盟整体而言,有83%的中学生选择学英语,有32%的中学生选择学法语,有4%的学生选择学意大利语。这些百分比相加超过100%,是因为有些学生选择学习两门外语。这些数据清晰表明,欧洲的外语教学主要是英语、法语、德语、西班牙语和意大利语等5种语言。至于其他语言,有的纯粹是摆设,因为这些语言在一些国家只是供学生选修的语言;还有一些语言,根本就不在外语教学之列。

众所周知,大学列入教学的外语很多,但大学里的外语教学,大部分不是把外语作为工具,而是要培养外语人才。而校外成人语言培训机构,不论是公立的还是私立的,所教的语言种类很少,甚至明着说只教哪几种语言。

教授外语种类过于集中,与人们想更多掌握和使用所有欧洲语言,形成强烈反差,这促使人们提出各种建议,以求更好地实现二者之间的平衡。有人建议应降低英语的主导地位,也有人建议增加外语教学的种类。

在前一类建议中,最激进的主张认为,不应把英语列为学生的第一外语,若有些学生很想学英语,可把英语列为第二外语。在这类建议中,有人提出第一外语应是邻国的语言,例如:葡萄牙学生的第一外语应是西班牙语,西班牙学生的第一外语应是葡萄牙语或法语。而在法国,则应根据不同地区选择不同语言为第一外语:在图卢兹,第一外语可为西班牙语;在马尔塞拉,意大利语可作为第一外语;在斯特拉斯堡,德语可作为第一外语;在布雷斯特,英语可作为第一外语。另外还有人建议,在拉丁语族国家,学生应以另一门拉丁语言为第一外语,而把盎格鲁-日

第八章 欧洲的语言与教学

耳曼语族的语言作为第二外语；以此类推，盎格鲁-日耳曼语族的国家，第一外语应该是日耳曼语族的语言；第二外语为拉丁语族的语言。这些建议限制了学生及其家长的选择范围，往往有违他们的意愿，若采纳的话，必然会引起强烈批评。我们很难想象，任何一个欧洲国家的任何一位教育部长，会采取如此不受欢迎的政策。

另一类建议是增加外语种类，以减少选择常用外语的学生数量。的确，欧洲各国确定的外语教学种类不尽相同。法国可能是向学生提供外语学习选择最多的国家，但实际上，这种选择的广泛性并不大，并不是所有学校都能提供各种选择，只有少数学校可以做到。要想提供更多更有效的外语学习选择，任何国家都需投入比现在更多的资金，配置更多的外语老师；另外，提供各种外语教学，还取决于学生们的选择需求，而这谁都不敢肯定。

鉴此，我们不难得出这样的结论：为了增加学习英语以外的外语学生比例，唯一可行的途径是增加外语种类，而这需要投入大量的资金和人力，并且需要学校增加外语教学时间。但是，若认为这样做可以限制或减少学习常用外语的人数，则是一种虚幻的想象。

关于提供第二语言教学，我们还应考虑那些不是外语的语言；出于种种政治和文化原因，这些语言也是教学语言。这里，我指的是一些语言少数人的语言和移民的语言。

如果我们承认少数群体的语言有权成为教学语言，这意味着少数群体的学生应在学校里学习该语言，该语言也应成为国家的官方语言；这对少数群体的学生来说需要付出额外努力，但这种努力不应影响他们学习外语的机会。

移民的语言问题也类似，但更为复杂。目前，欧盟所有国家的学校中都有相当数量的移民学生，在一些国家中，移民学生的问题已成为教育制度中最棘手的问题之一。对于这些移民学生来说，掌握所在国语言是绝对优先的事情，为此，必须投入可观的教育资源。但是，这些学生也需要学习母语和提高母语水平，这也需要作出额外的教学努力；然而，

多语言的欧洲

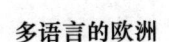

移民学生语言教学的复杂性在于，同一来源的移民学生通常分布在不同学校，而同一学校的移民学生往往又来自不同国家，操不同语言。

理论上说，所有国家都承认应向移民学生提供来源国语言的教学，大多数国家也进行了一些尝试；但是，除少数地方如德国一些州外，时至今日，大多数地方的尝试都乏善可陈。

▶▷ **方法与目标**

长久以来，学生在校期间一直在学习外语，但大多数学生的外语水平不高，这种局面引起人们对教学方法的批评越来越多。

传统上，外语教学法与母语教学法无异。母语教学以语法和扩充词汇为中心，并且以书面语教学为主。外语教学也是沿用母语教学的方式，并且是根据已有的母语知识，翻译外语词汇，比较两种语言的语法规则。

自20世纪70年代起，这种传统的外语教学方式受到各种角度的批评，人们提出各种各样的方案，试图改善或取代传统的外语教学方式。总体来说，外语教学已形成了一种改革趋势，甚至可以说是发生了一场革命。概括地说，目前的趋向是赞同学生的外语学习方式，应与学习母语的方式类似。

一个小孩能明白大人说话的意思，是因为大人所说的事物和传递的意思，小孩可根据与大人共处的环境立即明白。在与大人共处的耳濡目染下，小孩子可以明白大人传达的信息，甚至能将自己的想法转换成他人可以理解的话语。久而久之，小孩子就学会了身边的人们使用的语言。如果一个家庭平时说两种语言，小孩子也就会说两种语言。如果一个家庭原本只说一种语言，但后来搬到另一个国家生活，小孩子通过与其他新朋友一起玩耍，也容易学会新语言，甚至比在正规机构学习外语的父母学得更快。

这就是目前外语教学法的主流理念，我们可以将其概括为交际教学法。目前的趋势不是向学生讲解新语言的语法规则和单词意义，而是把

第八章　欧洲的语言与教学

学生置于所学新语言的口语环境中；这样做，学生更容易理解新语言，并可激发他们学着说。简单说就是通过说话，去学说话。

欧洲理事会前些年一直在努力创造和推广更有效的外语教学方法，其明显倾向就是走这条道路。从那时起，交际教学法（metodología comunicativa）的影响经久不衰；目前，在语言教学中，占主导地位的就是交际教学法，或交际教学法加点传统方法。

交际教学法的优点之一，是它适用于任何年龄段和任何教学阶段，包括正式上学前的学前阶段。在整个欧洲，都有提早进行交际教学法实验的成功案例：三四岁的孩子在幼儿园里常用外语玩耍，等到他们6岁上学时，已可熟练使用外语相互交流了。

但是，在幼儿园提早进行交际教学法相对容易，但在后续的小学阶段运用此法就难了。要想发挥交际教学法的好处，需要让小学生在整个小学阶段天天接触新语言，为此，负责小学阶段教学的老师们必须都能流利地说外语，而这个要求目前在任何国家的教育界都难做到。如果小学生不能天天接触外语，那么，之前取得的优势会很快失去。

老师在孩子11岁或12岁才开始教外语（这是普遍做法），运用行为教学法和交际教学法，也不如在幼儿阶段容易和有效。幼儿阶段学外语，实际是在玩中学。在学龄阶段，外语只是学习科目之一，学习时间固定，有评价学生所获成绩的教学目标。在这种条件下，教室里的交际场景无论怎么模仿实际，实际上都只是对学生的激励因素，都是为了完成教师的教学要求，都是为了学生完成学习目标。换句话说，认为传统教学法提不起学生学外语的兴趣，而交际法能唤醒学生的兴趣，这种认识根本不靠谱。

这样看问题，我们就要去追寻外语教学问题的核心，这个核心就是人们学外语的意义。一名大学生或职场年轻人在继续学外语，或想完善外语水平，他一定会全力以赴，因为他的学习目标非常明确。但是，对小学生或中学生来说，学习外语的动力就很模糊。

激励学生学外语的最好方式，是让学生明白会外语对他个人有何意

多语言的欧洲

义，因为能成为自己生活一部分的东西才有吸引力，如为了音乐、运动、戏剧、收藏等；或因为兴趣所使，想了解使用该语言的国家的时政时事。外语作为最有效的沟通工具，一个人若想与讲外语的人们建立个人关系，也必然会努力学外语。在这一点上，去国外旅行或逗留一段时间，是很有用的办法；但是，最有效的途径是不同国家的学校建立交流关系与合作协议。

关于以交际为导向的教学法，在逐渐普及的过程中，还产生了一种很有意义的发展。之前的交际教学法是在教室里营造交际场景，但这毕竟是课堂练习，并且很快就落入了人为设计的巢穴。因此，要想在教室里真正营造所学语言的交际环境，还应该提出实际任务；这意味着在学校课堂上，这些任务应有一种引导目标，要么为了提高专题报告能力，要么为了改善听报告的理解力。由此，就产生了所谓的"任务教学法"（enseñanza por tareas），这种教学法现在已是交际教学法中最流行的形式。自学生能用新语言交流时起，这种教学法就给学生安排一些用新语言完成的校内任务，如收集专题资料，撰写报告，准备一次口述等。

说了这么多，我的结论是：外语学到一定水平后，不应一味地增加学生对这门外语的语言学知识，而应使用这门外语作为各科的教学语言。实际上，这正是一些双语学校的做法，它是保证学生两种语言能力的最好方式。卢森堡就是这么做的。在卢森堡，从二年级开始，一些课程的教学语言是德语，而另一些课程则是法语。在其他一些欧洲学校，如欧盟各机构官员的子弟学校，也采取两种语言教学。一些私立学校，为了使学生能够熟练掌握两门或三门语言，也采用这种教学方法。但现在的事实是，大部分国家的公共教育制度并不能满足人们对高水平双语教学的需求，只有私立学校才关注这个问题。但是，人们对高水平双语教学的需求，目前在显著增加。我以前说过，目前有形成"全球社会"（Sociedad Cosmopolita）的趋势，多语教学需求就是这个趋势中最明显的现象之一。

一个国家的公共教育体系，不可能预先准备好让所有教师都能用一

第八章 欧洲的语言与教学

门外语讲授各门课程，但外语教师能；外语教师不仅能教外语，还能教使用这门外语的国家的历史和文化，特别是人们的生存和生活方式。说到这里，我们必须直面回答的问题是：语言教学的目标是什么？

在拉丁语和希腊语这两种古典语言在教育系统占据主导地位的时代，人们认为学习这两种语言是一种智识训练，是让自己思维变得严格严谨、表达变得正确高雅的方式，与此同时，还是通往古典文化和那些名为人道主义的途径。与此相反，学习现代语言，现在纯是一种工具和实用目的：学习外语可以与其他国家的人交流，获取其他语言承载的信息。在当今社会的语言教学中，这种实用主义目的是普遍解释。

当然，实用主义不是唯一理由。自从现代语言成为教学语言起，人们也强调学习现代语言具有智识训练的价值，可以培养一个人的思考与表达能力；就像拉丁语和希腊语可为人们打开古典文化之门一样，现代语言也能让人们了解使用该语言的国家的文化创造。例如，会法语不仅能与说法语的人交流，获得法语承载的信息，而且还可熟悉法语文学，直接了解法国历史，通过新闻或视听资料深度掌握法国社会的特性和问题。学习其他现代语言，也是如此。现代语言承载的文化，不是如希腊拉丁文化（cultuea grecolatina）那样是已消失民族（pueblos）的文化，而是与我们共生在一个世界上的民族的文化，学习外语可让我们相互了解，学习外语是实现国际相互理解的桥梁。

20世纪初，著名语言学家奥托·叶斯柏森（Otto Jespersen）在《语言教学》（*La enseñanza de las lenguas*）一书中说："外语教学最重要的任务之一，是传播其他民族最好的知识和感情。通过语言和文学，最好是通过二者的结合，学生可理解和欣赏其他民族的人们。"据此，奥托·叶斯柏森还暗示说，法国人和德国人要想克服相互隔阂的偏见，最好的办法是努力学习对方的语言。

采用交际教学法，的确可强化语言教学的实用目标。交际教学法追求的目标，是让学生可很快使用所学外语进行交流，让学生可以到使用该语言的人们中去旅行，可以和他们对话，以及通过各种媒介接收该语

多语言的欧洲

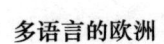

言承载的信息。但是，如果认为交际教学法的目标，仅仅是这些虽然重要却片面的眼前目标，那就大错特错了。我们应该明白，会说其他语言，可让我们接触到各种各样的信息源，因此可接触到其他语言的文化形式与产品；但是，我们常常没有利用好这些可能性，我们应提醒人们关注语言教学中的文化内容。

行文至此，我们可以明确说，外语教学可以纠正学生因囿于自己文化而形成的族裔中心主义（etnocentrismo），可以让他们知道其他民族（pueblo）的生活方式与思维方式。但世界很大，语言众多，掌握外语越多，眼界越开阔。

我们应该记住，但我们在课堂上却经常忘记：法语不仅是法国的语言，比利时、瑞士和加拿大也使用法语。在许多曾是法国殖民地的非洲国家和大洋洲国家，也说法语。因此，在法语课堂中，我们不仅可用法语讲述法国的历史和文学、法国人的生活方式或法国的社会问题，我们也可以用法语讲述其他法语国家的历史和文学、生活方式和社会问题。其他语言特别是英语教学，也是如此。这样看，外语课不单能了解到特定国家的人们和文化，还可了解到世界各地的许多文化和问题。

我们还可以说得更激进一些。我说过，当学生拥有一定程度的外语交流能力时，应逐渐开始用这种语言布置课堂作业；但是，若让学生用外语收集或讨论化学方面的问题，可行性则很小。相反，若让学生去接触那些不是直接的学分课程，而是当今世界普遍关心的话题，如经济与社会欠发展和不平衡问题，移民浪潮带来的问题，包容差异的问题，生态挑战和环境保护问题等，则是完全可行的。鉴于大多数学生经过一段外语学习之后，会对纯粹的语言学习感到索然无味，加入这些话题可大大激发学生们的兴趣，可使他们实际运用所学的外语。还有一个理由是，我们不难想象，学习一门外语，与使用这门外语处理关乎其他民族和人类整体的问题，二者之间也有一定的关联性。

这种关联性很明确，现在已有这方面的倡议。联合国教科文组织资助的"语言与和平"（Linguapax）项目，就是一个例子，该项目就是要将

第八章 欧洲的语言与教学

外语教学与促进人与人、民族与民族之间的相互理解,以及与促进和平联系在了一起。

在这方面,另有一个例子可能更令人瞩目。自欧洲共同体建立起,随着共同体逐渐成型并变为既定的事实,人们逐渐感到,必须向将来是欧洲公民的孩子们提供让他们熟悉共同体的资讯,激发他们配合共同体建设的意愿。为此,许多国家在中小学教育阶段,就设立了一些项目,向学生们提供有关欧洲及各种欧洲组织的基本知识,其中有些项目取得了不菲的成绩。但是,当把这些项目纳入教学规划和具体科目时,普遍存在困难。一个可能的选择是,可把这些项目纳入外语课中,将它们变为外语教学的总任务。最好的办法是,我们在准备具有吸引力的外语练习题目时,可以向学生提供有关所有欧洲公民应有的基本知识。

这个建议,同时也给我们提出了这样一个问题:如果母语、地理、历史、文学和其他所有基础课程的教学继续奉行国族主义标准,那么,利用外语课堂来宣传和培养学生们的欧洲人思维,让学生了解整个人类的问题,能有多大意义呢?这个问题,再次把我们带回到本书反复提出的问题:国族主义和欧洲认同之间的关系。只有处理好国族主义与欧洲认同之间的关系,我们才有可能说建立一个"多语言的欧洲",一个有共同目标但语言多样性的团结欧洲。

(陈岚 译,朱伦 校)

结论　欧洲统一性与语言多样性

如同我开始所言，本书不可能对欧洲的语言问题提出什么简单的解决办法，但本书可以帮助我们更好地了解这些问题，对这些问题的发展进行一些预见，乃至可为我们制定一种方向性的语言政策确定一些主要路线。

经过整个现代时代，欧洲建立了一大堆主权国族国家（Estados nacionales soberanos）。现代时代开始的时候，国族国家并不是欧洲各族人民（pueblos）在政治上组织起来的唯一可能，但是，要求区分你我的国族和国家的意识形态，最终变得合法化了。

虽然国族国家过程打碎了欧洲（现越来越遭到非议），把欧洲大地分成了各自独立的单位，但欧洲统一意识从来没有完全消失。作为基督教世界的政治观，帝国思想也是欧洲人的另一个选项，对帝国的思恋几乎延续到当今时代。离我们最近的例子，是19世纪初的拿破仑和20世纪中叶的希特勒，他们认为可通过确立一个国族的霸权来统一欧洲。

当代欧洲人建设欧洲的努力是从如下信念出发的，即最近几次欧洲大战是兄弟相争，已经建起来的欧洲共同体，现在叫欧洲联盟，是完全不同的考虑，这可概括为如下三点：

第一，在整个19世纪和进入20世纪很久，欧洲在世界舞台上处于中心地位，但从第二次世界大战开始，欧洲人意识到，面对欧洲以外的强

结论　欧洲统一性与语言多样性

大集团时,分裂的欧洲力量变弱了。正是这种弱势意识,成了主张欧洲一体化的第一个理由。

第二,欧洲一体化要旗帜鲜明地反对某一国族的霸权。实际上,欧洲一体化产生于法国和德国愿以团结取代传统对抗的意志。这就是说,欧洲可以在平等框架下、本着自由决定的承诺,建立一个主权国家联盟。

第三,欧洲一体化开始只是经济一体化,并坚信经济统一不仅不可逆转,而且会导致愈来愈团结的政治承诺。接下来,这种团结的实现过程,必然会创造出一种欧洲共同体意识。

按照这样的规划,欧洲各族人民因语言差别所产生的问题,自然就被放到了第二位;因此,《罗马条约》连一句语言问题都没谈,也没有讲致使欧洲人相互区别的其他许多因素。可以设想,《罗马条约》的推动者是这样认为的:统一过程必然会产生语言问题,但这个问题不一定要列为统一目标,也不一定要列为政治议题。

然而,自欧洲共同体的政治和行政组织建立之始,自其各种机构运作之始,就不得不决定使用哪种语言为工作用语。根据所有成员国法律地位平等的原则,采取的办法是所有条约签字国的官方语言都平等使用;这个规则在欧盟历次扩大中都得到了遵守,并且一直沿用至今。这个办法迫使我们要明确规定:哪些场合是非正式场合,发言人可以任意使用哪种语言发言;哪些场合是正式场合,需要把发言人的讲话翻译为所有成员国的语言。进一步说,这也迫使我们要建立一个复杂庞大的翻译机构,才能满足欧盟各机构——部长理事会、欧洲议会、欧盟委员会和最高法院开展工作的需要。

尽管规定了表面平等,尽管平等地使用所有国家语言,但从严格的民主角度说,这还是有争议的地方。为什么采用国家语言,而把其他非国家语言抛在一边?当然,国家语言比那些小语言使用人数多,长期是文学和行政语言,但这并没有包括所有国家语言。为什么爱尔兰语是欧盟工作语言,威尔士语则不是?为什么卢森堡语是,而巴斯克语则不是?至于加泰罗尼亚语,那就更不用说了!加泰罗尼亚语现有600万人使用,

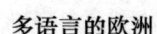

多语言的欧洲

比许多国家语言的使用人数都多,并且长期是文学和行政用语。

但是,更强烈的反对声音来自另一个方向。涉及这么多语言的翻译,成本昂贵,作用有限;随着欧盟吸收许多新国家和采用许多新语言,现在的局面显然难以为继。如同许多国际组织的做法那样,欧盟迟早要对自己的工作语言做出数量限制。

这是一个不易解决的问题。而且,不管怎样解决,它也只是涉及欧盟机构的内部运作。离开欧盟机构,欧洲各种语言照样按照自己的道路发展下去,照样相互接触和相互竞争,影响范围也是此消彼长。事情本来就是如此,未来也是如此。那么,对欧洲语言可以预见的演变,我们能得出什么看法呢?

我们首先看到,在当代欧洲社会中,各种语言的活力具有一些非同寻常的特点。在历史上,一些语言压迫另一些语言主要是侵略和征服造成的。今天,是人们自己大规模地从一些地方移居到另一些地方,视听资讯也毫无阻碍地四处传播。这样,不同语言在同一地方汇聚的可能性与日俱增,可以说,欧洲社会的世界特点和多语言特点越来越浓厚。由此,为了克服语言边界,现在需要有一些交际语言,而能担当这个功能的语言将取得优势地位。这个现象不是欧洲独有的,全世界都是如此。众所周知,英语作为交际语的趋势,现在是与日俱增。这个趋势有不同的解释,尽管最合理的解释通常把它归因于英语国家的经济发达。而且,这种趋势一旦形成,它就会走向自我增强,并且不可逆转。

欧洲现也表现出这种趋势。在欧洲,这种趋势的力量可能比在世界其他地方小一些,因为在世界其他地方,英语是唯一的国际交际语,而欧洲则有长期使用各种受到同样尊重的国际交际语的传统。但无论如何,在欧洲社会生活的大多数领域,如科学资讯或财务资讯的传播,英语的优势地位与在世界其他地方一样明确无疑。

面对这个事实,有人认为欧洲人只能接受它,只能把英语作为我们离开本国时的第二交际语。如此,除第一语言外,我们欧洲人都该会说英语,使用英语与其他欧洲人交流,能用英语接受和传递资讯。欧洲现

结论 欧洲统一性与语言多样性

有的组织和未来可能建立的组织如欧洲军队，也都应当使用英语。尽管有很多人赞成这种建议，但我们不能接受；欧盟当局者不能搞什么正式决定，所有欧洲人也不能采取听天由命的态度。

至于欧盟这个组织，很难想象各个成员国会采取决定，让一种语言成为欧盟的唯一共同用语。在欧盟内部，即使加上爱尔兰，英国也不是人口最多、经济分量最重的国家。在整个欧盟地区，说英语的人数与说法语的人数大体相当，而比说德语的人数要少很多。人们拒绝把英语作为欧盟的唯一共同用语，除了直接的政治原因外，还有其他更深刻的原因。

主张英语为普遍交际语的人坚持说，英语作为国际交流工具是中立语言，没有文化内涵，使用英语作为辅助交流语言对其他语言没有任何威胁。但是，这种观点并不合乎实际。在许多交流场合，使用其他语言的人说英语，的确是把英语的意义简化了，是把英语当作一种世界语来看待的；但是，英语就是英语，说英语者是把英语当成自己语言看的，因此，英语自然就充满了文化和社会含义。在交流中，说英语的人使用英语，显然处于优势地位。把英语当作第二语言的人，即使有可能把英语含义简化，他们也要付出努力来提高自己的英语水平。如果普及英语，如同在北欧个别国家那样，开始把英语作为人们的第二语言，这对第一语言必然形成强大压力。

从这个角度看问题，人们对英语的担心，不仅产生于英语是欧盟的一个成员国的语言，这个成员国对深化欧盟的一体化过程又言不由衷，而且根源于英语还是美国的语言，而美国则又通过英语，推销一些源自大西洋彼岸的价值观和生活方式。在许多欧洲人看来，英语的传播给人一种依附于美国文化、威胁自己的国族传统的印象。

因此，我们欧洲人现在面临一种困难境地。一方面，我们知道英语正在变成国际交际语，不承认这一点是徒劳的；但另一方面，我们又拒绝英语成为我们欧盟内部必须使用的相互交际语。这个两难选择只有一条出路：反对把交际语的功能只赋予一种语言。学习和使用英语，但也

多语言的欧洲

要学习和使用其他语言；在具体情况下，学习和使用其他语言更合适。例如，想到马德里居住一段时间的德国公民，不必要学习英语，而应该努力掌握西班牙语；同样，西班牙人如果想到德国生活，就应该努力学会德语。如果想到阿姆斯特丹生活，就要学习荷兰语。如果谁想到巴塞罗那生活，就要知道巴塞罗那使用加泰罗尼亚语，而不只是西班牙语。如果谁想到布鲁塞尔生活，就要知道那里使用法语和荷兰语。

换句话说，欧洲是一个包括许多国家的整体，每个国家都有一种或多种语言，欧洲统一建设不能牺牲语言多样性，不能推行一种语言，而应保证这种多样性的存在。当然，各种语言的分量是不同的，其历史命运也是不同的，有些语言会发展下去，有些语言会衰落下去。但是，欧洲建设的语言政策，应当以保持语言多样性为目标。

这种政策，应当围绕以下要点制定：

第一，在提高欧洲人的相互交际能力时，首要原则是保持语言的多样性。这就是说，从学校教育阶段开始，除了应当首先学会的语言外，只保证为学生提供接触其他语言的可能。这不是什么新鲜话题，因为欧盟经常表示，在不远的将来，欧洲所有公民除了掌握自认是自己的语言外，也要能使用其他多种语言。

为了实现这个目标，应当在欧盟所有国家中大力加强外语教学。在有可能涉及成员国教育自主的问题上，欧盟的态度至今言不尽如意，现在应该明确提出一些最低要求。欧盟还应当促进在所有成员国的教育系统中扩展语言教学，支持那些旨在提高语言教学质量和效果的项目。

第二，保持语言多样性不仅要求增加语言教学的课时和提高教学质量，而且要求避免语言教学只限于少数几种语言，也就是我们常说的"教学多的语言"。但在提出这个目标时，应当采取十分现实主义的态度。任何强迫学习一些语言不学另一些语言的企图，任何设想通过增加学习"教学少的语言"的学生数量，就可减少学习"教学多的语言"的学生人数的企图，都是注定要失败的。如何增加"教学少的语言"的学生人数，除了增加教学课时和一般设备外，剩下唯一的方式是增加教学这些语言

结论　欧洲统一性与语言多样性

的数量。

为了采取现实主义态度，我们必须指出，增加教学这些语言的数量，也不是要在所有成员国的小学教育中，把欧盟的所有语言都列为教学科目。虽然我们不能这般极端，不能这般乌托邦，但现在的语言教学数量，显然需要大大增加。欧盟完全可以向成员国提出建议，在所有成员国的学校中，小学教育至少应当开设两种外语课程供学生选择，中学教育至少应扩大到四种外语课程。

按照这样扩大教学语种，我们还可以采取另一些措施。"伊拉斯谟"项目确定，欧盟所有国家的大学生，都可以受邀到欧盟其他任何国家的大学里继续完成自己的学业；尽管欧盟的大多数大学对一些官方语言的使用程度不可能、也不会一样，但这似乎没有对该计划的执行造成什么困难。

人们很难理解，支持语言教学的一些具体项目，如"语言"项目及其延续项目"苏格拉底"，为什么只涉及成员国的官方语言，而把欧盟领土上的其他语言排斥在外。如果有人想学威尔士语、弗里斯语或其他同类语言，这类申请人明显又很少，我们有什么理由非得拒绝提供资助呢！

同样不可理解的是，在这些语言项目中，完全没有移民语言的教学计划。在欧洲各族人民的现实生活中，移民的存在现已成为随处可见和重要的社会事实；但他们入学时，他们遇到的严重问题之一，就是欧洲的所有教育系统都没有开设他们的语言课程。研究和推广最合适的方法帮助移民掌握他们所居住的国家的语言，采取适当形式让移民保持自己原来的语言，也是欧盟语言政策的重要方面。

第三，我们说过，喜欢并选择教学最多、使用最广的语言，欧洲语言的使用前景是什么，这是欧洲人自己决定的事情；但我们不能由此得出结论说，可以把语言问题完全等同于靠供求关系决定的市场问题。如果我们认为应当保持语言的多样性，认为这是讲各种语言的人们的权利，是我们的集体财富的一部分，我们就应该实行一种可以保证所有语言生存的政策，防止强势语言对弱势语言的威胁。所谓弱势语言，可以是与

多语言的欧洲

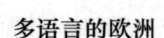

国家语言相对的少数人语言，也可以是使用场合相对较少的大语种，如与英语相比的西班牙语或法语。这里，我不想详述对此应该采取什么政策，但我想强调的是，除了保证各种欧洲语言的教学外（这方面现在做得很欠缺，代表性不够），我们需要尽可能地保证所有语言都能在报纸、音像制品、电影、广播和电视等传媒中得到适当使用。以市场自由为由否定实行这种政策的可能性，任由那些商业市场大的语言尽可能地占领市场，这与我们所希望的民主制度直接矛盾。民主制度主张一人一票，但民主制度也努力捍卫公正和支持面对强者的弱者，保证最低限度的机会平等。欧盟在农业领域实行一种补助和补偿政策以弥补结构差别，保证欧洲各地区之间最低限度的机会平等，这并不是没有用处的政策。

第四，如果像上述几点建议那样，实行一种促进语言多样性的政策，欧盟各机构的官方语言和工作语言应能找到合理的解决办法。这个办法应首先承认：所有成员国的官方语言都是欧盟的官方语言和工作语言的原则，现在已经到了可能性的极限，不能再把这个原则运用于欧盟未来的扩大了。如果我们承认这一点，唯一可行的办法是现在的做法，即把欧盟各机构的协议和决定翻译为所有成员国的语言；但是，这些机构的其他活动包括决定的准备和磋商，只使用几种语言作为工作语言，少则可以只使用英语、法语和德语三种，多则可以加上西班牙语和意大利语，共五种语言。

对官方语言和工作语言进行这样限定，应当伴随着如下安排：欧洲各种机构包括国家和具体部门，都要使用这几种语言进行交流；而各个国家和具体部门，也必须同时使用这几种语言发布信息，甚至还要使用其他欧洲语言。

第五，欧洲人了解其他语言的能力无论提高到何种程度，每种语言都是具体群体的认同符号这个事实，仍将继续下去；因此，了解他者的语言并不能保证相互理解。此外，我们还要说，欧洲人的语言能力再怎么提高，一个人所能掌握的语言数量，比实际存在的和他所接触到的语言数量要少得多。这意味着人们之间的口头交流永远会有障碍。由这些事实，我们可以明确得出一个结论：要想保证语言的多样性，仅靠提倡学习不同语言和鼓励不同语言的传播，这是不够的。首先，我们要教会人们对欧洲的多样性持包容态度。只要语言被人们视为国族性（nacionalidad）的本质因素，只要国族性被视为政治和文化的最后参照物，操另一种语言的欧洲人就将继续是，而且首先是外国人。

上述五点，我认为是欧洲语言政策需要考虑的内容。但这最后的第五点，是我们如何理解欧洲一体化所面临的核心问题。

可能有人认为，欧洲联盟只能是国族国家（Estados nacionales）之间的结盟，所有国族国家完全保持自己服务于国族认同和国族利益的政治主权，只是联合起来以获得一定的经济好处。许多欧洲人反对签署《马斯特里赫特条约》，这表明的确有人这样想，说不定他们将来会变成多数。我个人的观点是，这种态度看起来很讲现实主义，却是乌托邦；原因是，欧盟如果只限于为这些极为矛盾的目标而存在，那么，各国利益很快就会发生冲突，大家只能散伙了事。反对签约是一种不幸，但这种不幸不会导致回到从前的状态。在当今世界上，相互依存越来越强烈；经济上是这样，文化和语言上也是这样。欧洲各个国族，现在变得越来越是一种各族人民和各种文化的混合体。如果我们不能战胜国族主义，各国都以国族主义为自己进行最后辩解，我们迟早会把欧洲变成一个更大规模的南斯拉夫。

我们还有另一条道路可走：从多样性出发，不反对多样性，努力构建一种欧洲认同和文化意识；这种认同和意识有利于建立一个超越国族的单位，有可能产生一种面对世界其他地方的共同政策。这是一条艰难的道路，因为任何人都不清楚这条道路会通向何处。这是一条不愉快的道路，因为它要求做出牺牲，并且要高度相信未来。但这是唯一可行的道路。

从这个观点出发，我们才能看到普及外语教学的全部价值。人们一般认为，学习其他语言可以使我们熟悉他者的文化创造和生活方式；进一步说，这更能使我们了解他者的思想方式和感觉方式。这种接近本身，

多语言的欧洲

就是对相互理解和团结的重要贡献。而且，从近期效果和交流方法论的角度看，目前教学第二语言的趋势还打开了这样的可能：利用外语教学作为感知人类差异性和共存问题的工具。外语教学也有助于认识和体验欧洲文化的多样性。这样认识问题，语言教学就可以成为从差异性出发，努力建设一个统一欧洲的重要工具。

当然，接下来的问题是，欧洲人是否准备沿着这条道路走下去，现在还不清楚。前面说过，有些欧洲人疑惑地否定了《马斯特里赫特条约》。面对这些疑惑，许多人抱怨制订条约的政治家们，不懂得向欧洲公民解释自己的真实目的，好像欧盟建设需要进行大规模的商业市场操作。当然，如同涉及所有欧洲人的一切决定一样，《马斯特里赫特条约》应当进行充分解释，应当以适当方式听取公众意见，而不能只由在各国执政的政党说了算。但是，这样做还很不够，也不是最重要的。欧洲各国居民的观点和态度，是他们在童年和青年时代形成的，是通过一种培育他们的公民意识的教育体系教育出来的。《罗马条约》签订25年后，欧洲各国的教育继续奉行国族和国族主义标准，从小学到中学，学生们继续学习一种集中讲自己的国族国家、为国族主义辩解的历史，接受的是国族主义教育。有些国家的教科书，也向部分学生大致介绍了各种欧洲机构及其目标，特别是欧洲人的理想，但这改变不了大局。

有人说，更新和扩充了《罗马条约》的《马斯特里赫特条约》，大幅度修改了这个情况，因为与前者不同，后者增加了与教育和文化有关的条款，从而为实行一种欧洲教育打开了大门。但这种更新是表面的而非实际的。在《马斯特里赫特条约》中，与教育有关的第125条是这样说的："本共同体推动发展一种旨在促进成员国之间合作的教育；如果需要，共同体在充分尊重成员国对教学内容、教育系统的组织以及文化与语言差异性具有自己的责任的前提下，可对成员国的行动加以完善，向成员国提供帮助。"

第二款说的是可能首先采取的行动："要特别通过学习和传播成员国的语言，发展欧洲教学的范围。"

最后，第四款说："为了有助于实现本条确立的目标，根据第189条第二款预定的程序，并事先征求经济与社会委员会以及地区委员会的意见，部长理事会将采取促进与成员国法律和法规完全一致的措施。"

这就是说，欧洲共同体（现在叫欧洲联盟）当初采取的决定是以各种不同方式限定国家的经济主权，在一定程度上包括法律和行政主权，而《马斯特里赫特条约》则通过了如下被长期实践所奉行的原则：不采取任何可能被视为干预国家对教育系统具有完全权限的决定。第125条两次强调了这一点。在教育领域，欧盟只是完善和支持成员国的行动。

在讲到完善成员国的行动时，条约所称的欧洲教育范围，只限于学习和传播成员国的语言。欧盟现在执行的一些项目，如现已合并在"苏格拉底"项目中的"语言"项目和"伊拉斯谟"项目，正是这样做的。

涉及文化的第128条，更加模糊不清："共同体在尊重国族和地区差异的前提下促进成员国的文化繁荣，同时强调共同的文化财富。"

该条第二款说："共同体的行动是支持成员国之间的合作；如果需要，共同体可完善成员国的行动，在下述领域支持这种行动：改善对欧洲各族人民的文化和历史的学习与传播；保留和保护欧洲的重要文化遗产；非商业性的文化交流；艺术和文学创作，包括视听作品的创作。"如同在教育问题上一样，第128条最后还明确指出，这些项目的执行必须一致决定，必须"与成员国的法律和法规完全一致"。

《马斯特里赫特条约》通过十年之后，提交公民投票的欧洲宪法文本，完全重复了这些立场。在涉及欧盟许诺保障欧洲人基本权利的部分，宪法文本列了50项具体权利，但就是没有提及语言权利。关于行动领域，宪法文本重复了权限划分：欧盟专有的权限，如货币政策和海洋资源保护；欧盟与成员国共享的权限，如农业和运输；关于国家专有的权限，其中首要的是文化和教育，欧盟只采取支持行动。欧盟在这些领域所能采取的辅助行动，宪法文本的规定比《马斯特里赫特条约》更简略，只说在教育领域里支持外语教学，在文化领域里支持对各国历史财富的承认。

多语言的欧洲

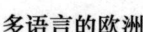

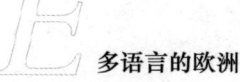

说到这里，我认为应该把事情挑明。旨在建设欧盟的欧洲一体化计划，不管人们愿意不愿意，它都包含着一定程度的"超国族性"（supra-nacionalidad），意味着要沿着这个方向走下去。但是，要沿着这个方向走下去，欧洲人必须表现出自己有一种共同的文化财产和欧洲认同来奠定自己的团结，而不是只有一些共同的经济利益。使欧洲人明白这一点的最好方式，是以这种共同财产和团结来教育欧洲人。

当然，欧洲建设只能从语言和文化差异性和尊重这种差异性出发，本书始终相信这一点；但作者同样坚信，只有从一种共享的共同基础出发，才有可能尊重这些差别。只有到了今日的学生和明日的公民以共同的欧洲历史观念来学习各自的国家历史的那一天，只有到了在学校里就养成把国族认同与欧洲认同紧密联系起来的那一天，才能说我们正在建设一个统一的、同时又是有差异的欧洲，才能说欧洲的语言多样性并不是追求共同目标的障碍。只有沿着这条道路走下去，我们才能让欧洲人把掌握其他语言当作一种个人财富，当作对欧洲团结的贡献。

众所周知，人们也经常提到，为欧洲统一建设作出巨大贡献的莫内（Jean Monnet）后来说：欧洲建设如能重来，不应从经济欧洲而要从文化欧洲开始。而我认为，鉴于我们现在不可能在经济和文化之间进行选择，通向未来欧洲的现实道路应当是教育欧洲。我这样说，并不违背莫内的思想。

（朱伦 译）

参考文献

Alladina, S., y V. Edwards (eds.) (1990): *Multilingualism in the British Isles*, Londres, Longman (2 vols.).
Balibar, R., y D. Laporte (1974): *Le français national. Politique et practique de la langue nationale sous la révolution*, París, Hachette.
Baron, E. (1994): *Europa en el alba del milenio*, Madrid, Acento.
Bastardes, A. (ed.) (1994): *¿Un Estado, una lengua? La organización política de la diversidad lingüística*, Barcelona, Octaedro.
Bauer, Otto (1976): «La cuestión nacional y la socialdemocracia», en Marx, Engels, Kautsky, Bauer, *El marxismo y la cuestión nacional*, Barcelona, Avance.
Beranger, J. (1990): *Histoire de l'Empire des Habsbourg 1273-1918*, París, Fayard. (*El imperio de los Habsburgo 1273-1918*, Barcelona, Crítica, 1992.)
Braga, G., y E. Monticivelli (1982): *Linguistic Problems and European Unity*, Milán, Franco Angeli.
Brunot, F. (1966-1969): *Histoire de la langue française des origines à nos jours* (12 vols.).
Burchfield, R. (1985): *The English Language*, Oxford, Oxford University Press.
Calvet, L.-J. (1987): *La guerre des langages et les politiques linguistiques*, París, Payot.
— (1993): *L'Europe et ses langues*, París, Plon.

CEE (Baumgratz-Canci) (1989): *La mobilité des étudiants en Europe. Conditions linguistiques et socioculturelles.*
— (Instituto della Enciclopedia Italiana) (1986): *Les minorités linguistiques dans les Pays de la Communauté Européenne.*
— (M. Siguan) (1989): *Les minoritées linguistiques dans la Communauté Économique Européenne: Espagne, Portugal, Grece.*
— (1992): *The Teaching of Modern Foreign Languages in Primary and Secondary Education in Europe,* Euridice.
— (1994): *Les chiffres clé de l'éducation dans l'Union Européenne.*
Comrie, Bernard (1989): *The Major Languages of Western Europe,* Londres, Routledge.
Coulmas, Florian (ed.) (1991): *A language policy for the European Community. Prospects and Quandaries,* Berlín, Nueva York. Mouton de Gruyter.
Crystal, David: *The Cambridge Encyclopedia of Language.*
Duroselle J. B. (1989): «Histoire de l'idée européenne», en *Encyclopedia Universalis,* 3ª ed., París.
— (1990): *Historia de los europeos,* Madrid, Aguilar.
Fichte, J. G. (1968): *Discursos a la nación alemana,* Madrid, Taurus.
Freddi, Giov. (1983): *L'Italia plurilingue,* Bérgamo, Minerva Italica.
Fodor, I., y Claude Hagege: *La réforme des langues: histoire et avenir,* Munic. Buske, vols. I-II 1983, vol. III 1984, vol. IV 1989, vol. V 1990.
Giordan, H. (1992): *Les minorités en Europe,* París, KIME.
Grigoriou. P. (ed.) (1994): *Questions des minorités en Europe,* Bruselas, Presses Interuniversitaires Européennes.
Grillo, R. D. (1989): *Dominant Languages. Language and Hierarchy in Britain and France,* Cambridge, Cambridge University Press.
Hagege, Claude (1992): *Le souffle de la langue. Voies et destins des parlers d'Europe,* París, Odile Jacob.
Haarmann, H. (1975): *Soziologie und Politik der Sprachen Europas,* Deutscher Taschenbuch Verlag.
Hattich, M., y P. D. Pfitzner (dirs.): *Nationalsprachen und die Europäische Gemeinshaft,* Olzog Verlag.
Heraud, Guy (1968): *Peuples et langues de l'Europe,* París, Denoel.
Hindley, Reg (1990): *The Death of the Irish Language,* Londres, Routledge.
Humboldt, Wilhelm (1985): «Latin und Hellas», en *Schriften zur Sprache,* Stuttgart, Reclam.
— (1990): *Sobre la diversidad de la estructura del lenguaje humano y su influencia sobre el desarrollo de la humanidad,* Barcelona, Anthropos.
Janton (1973): *L'esperanto,* París, PUF.
Konig, Werner (1978): *Atlas zur deutschen Sprache,* DTV.

参考文献

Krashen, S. (1981): *Second language adquisition and second language teaching*, Oxford, Pergamon.

Labrie, N. (1993): *La construction linguistique de la Communauté européenne*, París, Champion.

Lockwood, W. P.: *Languages of the British Isles. Past and Present*, The Language Library.

Mc Callen, B. (1989): *English: a World Commodity. The International Market for Training in English as a Foreing Language*, Special Report 1166, Londres, The Economist Intelligence Unit.

McLaughlin, B. (1987): *Second Language Adquisition*, Londres, Edward Arnold.

Milian, A. (1991): *Drets linguistics i dret fonamental a l'educació*, Barcelona, Generalitat de Catalunya.

Morin, E. (1987): *Penser l'Europe*, París, Gallimard.

Mosterín, J. (1981): *La ortografía fonémica del español*, Madrid, Alianza Editorial.

Olender, M. (1989): *Les langues du paradis*, París, Gallimard-Le Seuil.

Picht, R. (coord.) (1994): *L'identité européenne*, París, TEPSA, Presses Universitaires Européennes.

Phillipson, R. (1992): *Linguistic Imperialism*, Oxford, Oxford University Press.

Price, Glanville (1984): *The Languages of Britain*, Londres, Edward Arnold.

Raasch, Alb. (ed.) (1991): *Peace trough Language Teaching: LINGUAPAX 3*, Saarbrucken, Universität des Saarlandes.

Ronjat, J. (1913): *Le développement du langage observé chez un enfant bilingüe*, París, Champion.

Siguan, M. (coor.) (1990): *Las lenguas y la educación para la paz*, Barcelona, ICE/Horsori.

— (1992): *España plurilingüe*, Madrid, Alianza Editorial.

Stalin, J. (1977): «À propos du marxisme en linguistique» en Marx, Engels, Lafargue, Stalin, *Marxisme et linguistique*, París, Payot.

Stephens, M. (1978): *Linguistic minorities in Western Europe*, Gomer Press, Llandysul, Wales, UK, Gomer Press.

Taechner, T. (1983): *The Sun is Femenine. A Study of Language Adquisition in a Bilingual Children*, Berlín, Springer.

Truchot, Claude (1990): *L'anglais dans le monde contemporain*, París, Le Robert.

— (ed.) (1944): *Le plurilinguisme européen. Théories et practiques en politique linguistique*, París, H. Champion.

Toulemon, Robert (1994): *La construction européenne*, París, Éd. Falois.

Walter, H. (1994): *L'aventure des langues en Occident*, París, Laffont.

Wolff, P. (1981): *Origen de las lenguas occidentales: 100-1500 d.C.*, Madrid, Guadarrama.

国际互联网资讯

Lenguas del mundo

Existe un gran número de centros e instituciones que ofrecen en Internet amplia información sobre las lenguas del mundo y, entre ellas, de las lenguas europeas. Algunos se limitan a las lenguas amenazadas. Entre ellos están:

Ethnologue. Un centro muy antiguo que recoge la herencia de otro dedicado a procurar la traducción de la Biblia al mayor número de lenguas. Actualmente ofrece un catálogo de más de 6.000 lenguas y gran cantidad de información relacionada con ellas. **http://www.ethnologue.com/**.

CIRAL (Centre Interdisciplinaire de Recherches sur les Activités Langagières). **http://www.ciral.ulaval.ca**. También una institución relativamente antigua con un amplio abanico de actividades es **http://www.ciral.ulaval.ca/ltal/**. Una de sus secciones, «L'amanagement linguistique dans le monde» (J. Leclerc), ofrece amplia información sobre un gran número de lenguas: **http://www.tlfq.ulaval.ca/**.

The Rosetta Project Stanford University. Pretende establecer un catálogo descriptivo de todas las lenguas del mundo, actualmente unas 1.500. Permite acceder además a una amplia información sobre cada una de ellas. **http://www.rosettaproject.org/live**.

The International Clearing House for Endangered Languages.Universidad de Tokio. Pretende mantener al día el Red book on endangered languages de la UNESCO. **http://www.tooyoo.l.u-tokyo.ac.jp/Redbook/index.html**. Project Dober. Gesellshaft fur Bedronte Sprachen (Sociedad para las lenguas amenazadas).

Lenguas de Europa

BBC Languages across Europe (Información sobre las lenguas de Europa:
   http://www.bbc.co.uk/languages/.
Los alfabetos de Europa: **http://www.evertype.com/alphabets/**.
Página de Paul Treanor con noticias de actualidad sobre las lenguas europeas:
   http://web.inter.nl.net/users/Paul.Treanor/index.html.
BELMER: Bureau Européen pour les Langues Moins Repandues. European Bureau for Lesser Used Languages: **http://www.eblul.org**.
Euromosaico. Texto del informe sobre las lenguas minoritarias en Europa:
   http://www.uoc.edu/euromosaic/.

Lenguas de España

Español

Real Academia Española (Gramática, diccionario, historia de la lengua):
   http://buscon.rae.es/diccionario/drae.htm.
Instituto Cervantes. Enseñanza en el extranjero, pedagogía.
   http://www.cvc.cervantes.es/portada.htm.
Cultura en Internet. Página del Ministerio de Cultura:
   http://www.mcu.es/culturaInternet/index.html.
Biblioteca Virtual Miguel de Cervantes. Universidad de Alicante:
   http://www.cervantesvirtual.com/index.shtml.

Catalán. Cataluña

Secretaría Generalitat de Catalunya. Información sobre la lengua en todos sus aspectos: **http://www6.gencat.net/llengcat/**.
Institut d'Estudis Catalans. Gramática y diccionarios normativos:
   http://www.iecat.net/inici.htm.
Institut Ramón Llull. La lengua en el extranjero: **http://www.llull.com/llull/**.

Catalán. Islas Baleares

Dirección General Política Lingüística: **http://weib.caib.es/**.

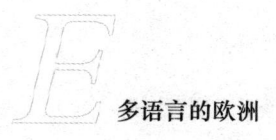

Catalán/Valenciano

Secretaría de Cultura: **http://www.cult.gva.es/Cultura.htm**.
Área de política lingüística: **http://www.cult.gva.es/polin/**.
Serveis d'investigació i Estudis Sociolingüistic: **http://www.cult.gva.es/sies/**.

Gallego

Dirección Xeral de Política Lingüística: **http://www.xunta.es/**.
Información sobre la lengua: **http://www.edu.xunta.es/**.
Instituto de la Lengua Gallega de la Universidad de Santiago:
 http://www.usc.es/~ilgas/.
Centro de Documentación Sociolingüística de Galicia:
 http://www.consellodacultura.org/.

Euskera

Viceconsejería de Política Lingüística. Información sobre la lengua en todos sus aspectos: **http://www.euskadi.net/euskara/**.

Otras lenguas de Europa

Francés

Académie Française: **http://www.academie-francaise.fr/**;
 http://www.academie-francaise.fr/dictionnaire/.
Alliance Française: **http://www.alliancefr.org/**.
Les langues de France: **http://www.languesdefrance.com/**.

Alemán

Goethe Institut: **http://www.goethe.de/**;
 http://www.goethe-institut.de/enindex.htm.

Inglés

British Council: **http://www.britishcouncil.org/**.

Portugués

Instituto Camoens. Lengua y literatura: **http://www.instituto-camoes.pt/index.htm**.

Nuevas tecnologías

Comisión Europea. Dirección General de la Sociedad de la Información. Tecnologías para el lenguaje humano: **http://www.hltcentral.org**.

Las instituciones europeas y las lenguas

Unión Europea: **http://www.europa.eu.int**.
La Unión Europea y las lenguas:
   http://europa.eu.int/comm/education/policies/lang/languages/index_es.html.
Eurydice. Red europea sobre educación: **http://www.eurydice.org/**.
Consejo de Europa: **http://www.coe.int/defaultEN.asp**.

Política lingüística

Declaración universal de los derechos lingüísticos:
   http://www.linguistic-declaration.org.
Carta europea de las lenguas regionales o minoritarias. Texto de la Carta:
   http://conventions.coe.int/;
   http://conventions.coe.int/Treaty/EN/v3MenuTraites.asp;
   http://conventions.coe.int/Treaty/Commun/.
Información sobre su aplicación: **http://www.coe.int/T/E/Legal_affairs/**.
Ciemen/Mercator Legislación. Situación legal de las distintas lenguas de Europa:
   http://www.ciemen.org.

多语言的欧洲
LA EUROPA DE LAS LENGUAS

ÍNDICE

CAPÍTULO 1 LAS RAÍCES HISTÓRICAS 1
Un panorama variado 1
Un origen común. Las lenguas indoeuropeas 6
El latín, lengua del Imperio Romano 10
El latín, lengua de la Iglesia y de la cultura 12
La ascensión de las lenguas populares 14
Los factores de la consolidación 19

CAPÍTULO 2 LENGUAS NACIONALES Y NACIONALISMO LINGÜÍSTICO 24
Unificación política y unificación lingüística 24
El Imperio y las lenguas 29
El nacionalismo lingüístico 32
Reivindicaciones lingüísticas y reivindicaciones nacionales 36
Los resultados 42

CAPÍTULO 3 UNIDAD Y DIVERSIDAD. POLÍTICAS LINGÜÍSTICAS DE LOS ESTADOS EUROPEOS 46
Tipología 46
El monolingüismo como objetivo 47
Protección de las minorías 55
Autonomía lingüística 57
Federalismo lingüístico 60
Plurilingüismo institucional 66
Promoción y defensa de las lenguas estatales 69

CAPÍTULO 1

LAS RAÍCES HISTÓRICAS

Un panorama variado

Del Atlántico a los Urales, para usar la expresión consagrada, el panorama lingüístico que ofrece Europa es ciertamente variado.

Empezando por el extremo suroccidental del continente, encontramos en primer lugar una área de lenguas románicas o derivadas del latín, de las que cuatro son lenguas oficiales de otros tantos Estados. El portugués, de Portugal (10,3 millones de habitantes), el español o castellano, en España (40,4 millones), el italiano, de Italia (58,1 millones) y el francés, de Francia (59,3 millones). En Europa el francés es, además, lengua cooficial en Bélgica (10,3 millones), porque es la lengua propia de la región de Valonia y coexiste con el flamenco en la ciudad de Bruselas, y también en Suiza (7,2 millones), como lengua propia de varios cantones de la Confederación. En Italia el francés es cooficial con el italiano en el Valle de Aosta.

Con estas lenguas estatales conviven otras lenguas románicas de desigual difusión. El catalán no sólo tiene un número importante de hablantes, sino una tradición literaria y un soporte institucional. En España actualmente es lengua cooficial con el castellano en los territorios en los que se habla: Cataluña (6 millones), Islas Baleares (680.000) y Valencia (3,7 millones), donde la variedad local se conoce como valenciano. El catalán es también lengua oficial de Andorra (50.000), un valle pirenaico recientemente admitido en la ONU como Estado independiente. Y en Cataluña, en el Val d'Aran (5.000), un valle pirenaico fronterizo con Francia, se habla aranés, un dialecto gascón que actualmente está codificado y protegido. En España también el gallego, lengua emparentada con el portugués, tiene en Galicia (2,8 millones) carácter de cooficial con el español. También el romanche,

1

a pesar de su escasa extensión, está oficialmente reconocido en Suiza y tiene consideración de lengua. En Francia el occitano, o lengua d'oc, en sus distintas variedades, a pesar de que mantiene un número considerable de hablantes, tiene una situación mucho más precaria, lo mismo que el corso en la isla de Córcega. Lo mismo ocurre con varias lenguas neorrománicas en la península italiana: el ladino y el friulano en las estribaciones de los Alpes y el sardo en la isla de Cerdeña.

En Gran Bretaña (60 millones) la lengua oficial es el inglés, mientras que en Irlanda (3,8 millones) el inglés es cooficial con el irlandés, una lengua celta que antiguamente era la lengua propia del país. También en Gran Bretaña se mantienen algunas lenguas celtas, y en primer lugar el galés, que goza de una cierta protección oficial. Más precaria es la situación del gaélico de Escocia y de la lengua de la Isla de Man, que tienen por otra parte pocos hablantes. También en Francia y frente a las costas inglesas, en la Bretaña, se mantiene una lengua celta, el bretón.

El alemán es la lengua oficial de Alemania (82,1 millones) y de Austria (8,1 millones). El alemán, al lado de la forma culta común, mantiene una gran variedad dialectal y en algunas regiones de otros países fronterizos con Alemania se hablan también dialectos alemanes. Este es el caso de varios cantones suizos donde se habla suizo alemán, motivo por el cual el alemán es lengua cooficial de Suiza (7,2 millones). Es también el caso de Alsacia en Francia, con el alsaciano, aunque aquí carece de reconocimiento oficial. Y es también el caso de Luxemburgo (450.000), donde recientemente el dialecto alemán hablado se ha codificado y con el nombre de luxemburgués se ha convertido en lengua nacional. El alemán se habla también en una pequeña región de Bélgica que ha recibido por ello un estatuto lingüístico propio.

El neerlandés es la lengua oficial de Holanda (16,1 millones), y con la denominación de flamenco es también lengua cooficial de Bélgica por ser la lengua propia de la región de Flandes y compartir este carácter con el francés en la ciudad de Bruselas. Si durante un tiempo el flamenco se consideró una lengua distinta, una convención reciente consagró la unidad de la lengua neerlandesa y las características de sus variantes holandesa y flamenca. Y en las regiones fronterizas entre Holanda y Alemania se mantiene el frisio o frisón. En los países escandinavos se hablan varias lenguas estrechamente relacionadas entre sí: el danés en Dinamarca (5,3 millones), el sueco en Suecia (8,9 millones), el noruego en Noruega (4,5 millones) y el islandés en Islandia (260.000). El sueco fue un tiempo la

CAPÍTULO 1
LAS RAÍCES HISTÓRICAS

lengua dominante en Finlandia y todavía hoy se mantiene en este país una minoría de lengua sueca importante.

El finlandés, en Finlandia (5 millones), y el húngaro, en Hungría (10,5 millones), son dos lenguas muy diversas entre sí pero que los lingüistas reúnen en el mismo grupo urálico en el que se incluye también al estoniano, hablado en Estonia (1,6 millones).

El griego, lengua heredera del griego clásico, es la lengua nacional de Grecia (10,5 millones). El albanés es la lengua de Albania (3,4 millones) y también de la región de Kosovo, en Macedonia, hoy de destino incierto. Y también de algunos islotes lingüísticos en Grecia e incluso en Italia.

En la península de los Balcanes encontramos también una lengua neorrománica heredada de la presencia romana en estas tierras: el rumano, lengua estatal de Rumanía (23,4 millones). En Moldavia (4,4 millones), incorporada a la Unión Soviética después de la última guerra y hoy también de destino incierto, se habla un dialecto rumano que en algún momento se ha intentado independizar como lengua. Más sustantividad puede atribuirse al arumano, lengua neolatina de los antiguos valacos, hoy distribuidos por Grecia y por varios países balcánicos.

El lituano, hablado en Lituania (3,7 millones), y el letón, en Letonia (2,4 millones), son lenguas relacionadas entre sí que los lingüistas reúnen en un grupo báltico.

Pero en la Europa Oriental las lenguas más difundidas son las lenguas eslavas, en las que, a su vez, es posible distinguir varios grupos: en el grupo occidental de estas lenguas se incluyen el polaco, hablado en Polonia (38,5 millones), y el checo, del que hace un tiempo se separó el eslovaco[1]. Posteriormente la separación política ha consumado la separación lingüística: Chequia (10,4 millones) y Eslovaquia (5,3 millones). El grupo meridional de las lenguas eslavas comprende el búlgaro, hablado en Bulgaria (8,9 millones), el esloveno, en Eslovenia (2 millones), y el serbo-croata, codificado en el siglo XIX aunque las dos comunidades, serbios y croatas, hoy Estados independientes, Serbia (10,6 millones) y Croacia (4,6 millones), utilizan alfabetos distintos para escribirlo, cirílico los primeros y latino los segundos, y hoy se tiende a considerarlas lenguas distintas. Y hay que añadir todavía el macedonio si se le considera una lengua independiente y no un dialecto del búlgaro.

El grupo oriental tiene como representante principal al ruso, hablado en

---

1　此处原文是"esloveno"，为笔误。译文已改正，故对原文也改正过来。——李思渊

3

la Federación Rusa (149,2 millones, de los que una parte habitan más allá de los Urales), y en el mismo grupo figuran el ucraniano y el bielorruso, que desde la disolución de la Unión Soviética se han convertido en lenguas de Estados independientes: Ucrania (52,2 millones) y Bielorrusia (10,3 millones).

Por razones que comentar en los capítulos dedicados a la historia lingüística de Europa en los países balcánicos y de la Europa Oriental, las fronteras políticas no coinciden en muchos casos con las lingüísticas y en todos ellos abundan los enclaves y las minorías que hablan lenguas de los Estados vecinos. La relación completa de estos casos complicaría innecesariamente esta descripción sin añadir ninguna lengua nueva al catálogo, por lo que prescindo de intentarla.

Para ser fieles a la expresión "hasta los Urales", debemos incluir entre las lenguas europeas las tres habladas en las regiones del Cáucaso que antes eran repúblicas federadas en la Unión Soviética y que ahora se han convertido en Estados independientes: el georgiano, hablado en Georgia (5,5 millones), el armenio, en Armenia (3,6 millones), y el azerbaiyaní, en Azerbaiyán (7,3 millones). Pero en las estribaciones de la cordillera del Cáucaso se mantienen además un gran número de lenguas menores, la mayoría de las cuales gozaron de un cierto grado de autonomía y de protección durante el período soviético. Entre estas lenguas, por citar sólo las que cuentan con más de 200.000 hablantes, están el chechenio, el avario y el cavario, pertenecientes al grupo de las lenguas caucásicas; el kumik, perteneciente al grupo altaico; y el osético, de la familia indoeuropea y superviviente de la lengua que hablaban los alanos.

Para terminar con esta enumeración recordemos que el vasco, hablado en una región del sur de Francia y del norte de España, ha sido emparentado por algunos lingüistas con las lenguas caucásicas, y más concretamente con el georgiano. En la actualidad, en España el vasco goza también de protección y tiene el carácter de lengua cooficial con el castellano en el País Vasco (2,1 millones). Y que en Malta (360.000) se habla el maltés, una lengua semítica que en la isla tiene carácter de lengua oficial junto con el inglés, aunque su uso escrito es muy reducido.

De la relación así establecida se desprende que en los 15 Estados que constituían la Unión antes de la última ampliación se hablaban 14 lenguas que son lenguas estatales y que son por ello lenguas de la Unión, aunque dos de ellas —el irlandés y el luxemburgués— sólo se usan en determinadas circunstancias, mientras que las otras doce son a la vez lenguas oficiales y lenguas de trabajo de la Unión. A partir de la última ampliación se les han añadido otras diez lenguas de otros tantos Estados que serán también lenguas oficiales y lenguas de trabajo de la Unión, aunque el estatus definitivo del maltés puede aún variar. A ellas se añaden otras tres que tienen carácter de cooficiales en una parte del territorio español y al menos una docena de lenguas sin la consideración de lengua oficial aunque con una entidad apreciable. Y más allá de los límites actuales de la Unión hemos enumerado otras 15 lenguas estatales, a las que podríamos añadir algunas más que son propias de territorios autónomos en el Cáucaso o en otras parces de la República Rusa.

En conjunto tenemos por tanto 39 lenguas estatales distintas, a las que podemos añadir al menos otras 15 lenguas sin este carácter pero con una entidad apreciable. Un panorama lingüístico muy variado, al que hay que añadir que bastantes de estas lenguas se hablan en el interior de más de un Estado y que a menudo en lugares distintos tienen un tipo de reconocimiento distinto. Y así, una lengua puede ser lengua mayoritaria y oficial en un país, lengua minoritaria pero protegida en otro y lengua marginal y sin ningún tipo de protección en un tercero, lo que complica todavía más este panorama.

Más de cincuenta lenguas son evidentemente muchas lenguas, aunque en comparación con los otros continentes el número es más bien exiguo. De las entre 4.000 y 5.000 lenguas distintas que se considera que existen en nuestro mundo, la mayoría se localizan en Asia, en África y en América. Pero hay que recordar que la mayor parte de estas lenguas tan numerosas son lenguas con escaso número de hablantes y no han llegado a estar codificadas ni tienen un uso escrito. En cambio, la mayoría de las lenguas europeas citadas, incluso cuando tienen pocos hablantes, han tenido y tienen algún uso escrito y alguna presencia en la enseñanza, lo que implica alguna forma de codificación, y, lo que todavía es más importante, en la mayoría de los casos sus hablantes las consideran signos de identidad y de alguna manera se identifican con ellas.

En realidad, y en contraste con las cifras sobre el número de lenguas habladas, Europa produce una mayor impresión de variedad lingüística que muchas partes del mundo. En Estados Unidos o en Rusia o en Brasil o en China es posible recorrer miles de kilómetros sin salir de un mismo ámbito lingüístico. En muchas partes de Europa basta un viaje de dos horas en coche para cruzar dos o tres fronteras lingüísticas. Y para notar el cambio no es necesario entrar en contacto oral con sus habitantes, pues las indicaciones en las carreteras o la diversa denominación de unas mismas poblaciones bastan para advertirlo.

Un origen común. Las lenguas indoeuropeas

Algunas de las lenguas habladas en Europa son tan parecidas entre sí, como el checo y el eslovaco, o el serbo-croata y el esloveno, o incluso el danés y el noruego, que la intercomunicación entre sus hablantes no ofrece grandes dificultades. Pero para la mayoría de lenguas no ocurre así, sino precisamente lo contrario. Y sin embargo, y en contra de la primera impresión, la mayoría de estas lenguas tienen mucho en común.

Ya en el siglo XVIII sir William Jones, después de una larga residencia en la India, puso de relieve la semejanza entre el sánscrito y el griego y el latín. La prueba definitiva la estableció Franz Bopp en su *Gramática comparada del sánscrito, senda, armenio, griego, latín, lituano, altoeslavo, gótico y alemán* (1832-1852). Por los mismos años se popularizaba el enfoque historicista en la lingüística y con él la afición por la gramática histórica y la etimología.

En la actualidad existe un acuerdo general en denominar a estas lenguas "indoeuropeas" y dividirlas en nueve —o diez, según los autores— grupos principales. Atendiendo a su localización y avanzando de Oriente a Occidente, encontramos primero varios grupos de lenguas que sólo se hablan o se han hablado en Asia y que por ello quedan fuera de nuestro tema. Limitándonos al ámbito europeo, se distinguen los siguientes grupos:

1) Balto-eslavo, con dos subgrupos: el subgrupo balto —el lituano y el letón— y el subgrupo eslavo, que a partir del antiguo eslavo se subdivide hoy a su vez en tres subgrupos: el meridional —búlgaro, serbo-croata y esloveno—, el oriental —ruso o gran ruso, bielorruso o pequeño ruso y ucraniano o ruso blanco— y el occidental —checo, eslovaco, polaco.

2) Ilírico, representado en la actualidad por el albanés.

3) Germánico, a partir de un protogermánico hablado en algún tiempo en Escandinavia y el norte de Alemania y del que han derivado varios subgrupos actuales: el subgrupo gótico, con el gótico, la lengua hablada por los godos, actualmente extinguida pero de la que nos quedan fragmentos en la Biblia de Ulfilas (siglo IV), el vándalo,

el borgoñón... El subgrupo nórdico, con las lenguas escandinavas: danés, sueco, noruego, islandés... El subgrupo anglosajón, el *old english* que hablaban los anglos y los sajones, que se establecieron en las Islas Británicas a partir del siglo V desplazando a los celtas y del que desciende el inglés actual. El subgrupo alto alemán, hablado en el sur de Alemania y del que procede el alemán actual. Y el subgrupo bajo alemán, hablado en el norte de Alemania y del que proceden el neerlandés y el frisón.

4) Helénico, en el que históricamente pueden distinguirse: griego micénico, griego helénico y sus dialectos, griego bizantino y griego actual.

5) Céltico: el céltico continental, representado por el galo, hoy extinguido, y el céltico insular o británico, del que han derivado el galés y probablemente el bretón, y por otra parte el gaélico en sus distintas formas: irlandés, escocés, córnico, manxés.

6) Itálico, las lenguas oscoumbrías y entre ellas el latín, o lengua del Lacio, del que han derivado las lenguas neolatinas: italiano, español, catalán, gallego, portugués, provenzal, francés...

El cuadro que figura a continuación ilustra ejemplos de similitudes léxicas presentes en las lenguas de la familia indoeuropea que no se encuentran en otras lenguas.

Grupo y lengua	*madre*	*tres*	*noche*	*nariz*
Itálico: latín	mater	tres	nox	nasus
español	madre	tres	noche	nariz
francés	màre	trois	nuit	nez
Gaélico: galés	mam	tri	nos	trwyn
irlands	mathair	tri	oiche	sron
Helénico: griego	meter	treis	nax	rhlis
Bajo alemán: neerlandés	moeder	drie	nacht	neus
Alto alemán: alemán				
Anglosajón: inglés	mother	three	night	nose

LA EUROPA DE LAS LENGUAS

Grupo y lengua	madre	tres	noche	nariz
Ilirio: albanés	nene	tre	natë	hunde
Eslavo occid.: checo	matka	tri	noc	nos
Eslavo orient.: ruso	mat	tri	Noch'	nos
Balto: lituano	motina	trvs	naktis	nosis

Lenguas no indoeuropeas.

Lenguas	madre	tres	noche	nariz
finlandés	haití	kolme	yö	nena
húngaro	anya	harom	ejszaca	orp
vasco/euskera	ama	hitu	gau	sudur

Así, la mayor parte de las lenguas de Europa forman parte de la gran familia indoeuropea. La excepción la constituyen algunas lenguas pertenecientes a otras familias lingüísticas: el grupo finohúngaro, de la familia de lenguas turcas, representado por el finlandés, el húngaro y el estoniano; el conjunto de lenguas habladas en el Cáucaso, que constituyen la familia caucásica y de las que la más conocida es el georgiano; el vasco o euskera, de origen desconocido y del que no se conocen conexiones claras aunque se acostumbre a relacionarlo con la familia caucásica, y el maltés, hablado en la isla de Malta y perteneciente a la familia de lenguas semitas.

Si desde el punto de vista lingüístico no parece difícil la identificación de la familia indoeuropea, resulta en cambio muy arriesgado tratar de identificar a los pueblos que en sus comienzos hablaban estas lenguas y que de acuerdo con la unidad de su origen han debido de tener una ascendencia común.

Los esfuerzos por aclarar el enigma indoeuropeo han procedido sobre todo de los propios lingüistas. La glotocronología intenta, a partir de la comparación entre las lenguas de una misma familia, en este caso de la familia indoeuropea, determinar la época en que se separaron unas de otras. Y la paleolingüística, partiendo de las palabras que tienen raíces comunes en las distintas lenguas de la misma familia, intenta llegar a deducir el vocabulario básico del indogermánico primitivo. Y de este vocabulario común se intenta, a su vez, deducir algunas de las características principales de los pueblos que hablaban el indoeuropeo primitivo. Y así se nos dice que constituían una sociedad con una estructura familiar muy sólida y una organización social muy jerarquizada, pueblos de pastores nómadas y belicosos que montaban a caballo y que se extendieron por Europa a lo largo del segundo milenio a.c. en sucesivas oleadas desplazando a las poblaciones locales de agricultores neolíticos. Y en cuanto a la localización de su solar originario, los primeros que se ocuparon del tema lo situaban en la India, y de ahí la identificación de los indoeuropeos con los arios y la posterior mitificación como eje vertebrador de Europa; pero posteriormente se ha optado por localizaciones más al oeste, y según la hipótesis más admitida, en una zona comprendida entre la estepa central asiática y el sur de Rusia, en las cercanías de la familia lingüística uralo-altaica, quizás en lo que hoy es la estepa de los kirguises, en el Kazajstán occidental, desde donde se extendieron tanto hacia el este, hasta la India, como hacia el oeste, primero hacia el sur y hacia el norte de Europa y posteriormente hacia el oeste[1] hasta alcanzar las costas atlánticas.

Lo difícil es casar estas conclusiones extraídas de la lingüística histórica con los restos arqueológicos e históricos. Un dato sin embargo parece ofrecer una comprobación histórica de esta teoría: la llegada de los dorios, un pueblo que hablaba una lengua indoeuropea, a la península griega se puede vinvular con la entronización de un panteón de divinidades solares y guerreras, encabezadas por Júpiter, que sustituyeron, sin llegar a eliminarlas, a divinidades anteriores más relacionadas con la naturaleza y con la fecundidad. Y no parece difícil relacionar estas nuevas creencias, las que se cantan en los poemas homéricos y la sociedad que las sustentaba con los esplendores de los restos de la Edad del Bronce en muchos puntos de la Europa Central y danubiana y con muchos restos de la cultura de los celtas. Según esta interpretación, cerca de mil años antes, en los comienzos del tercer milenio, los diferentes grupos lingüísticos de la familia indoeuropea ya se habrían separado. En todo caso, cuando estos pueblos, que hablaban lenguas indogermánicas, se extendieron por Europa, entraron en contacto con poblaciones más antiguas, las poblaciones que a partir de la última glaciación, unos 7.000 a.C., habían protagonizado la llamada revolución neolítica que introdujo la agricultura y la ganadería.

1　此处原文是"este"，为笔误。译文已改正，故对原文也改正过来。——李思渊

Incluso aceptando en sus líneas generales esta teoría, resulta muy difícil concretar sus afirmaciones, y recientemente el distinguido arqueólogo Colin Renfrew (1987) ha despertado considerable atención con una teoría radicalmente distinta de la que acabo de exponer y hasta ahora generalmente aceptada. Las lenguas indogermánicas tendrían ciertamente un origen común, que él sitúa en Anatolia y por tanto en el Asia Menor, pero su difusión por el territorio europeo sería mucho más antigua; habría comenzado más o menos con los inicios del neolítico y por tanto seis o siete milenios a.C. y no habría sido el resultado de invasiones guerreras, sino que habría acompañado a la difusión de la agricultura y por consiguiente a la transformación de las sociedades de cazadores-recolectores en sociedades de agricultores y ganaderos. Un cambio lento ocurrido a lo largo de decenas de siglos en el que las lenguas indoeuropeas no sólo habrían sustituido a otras anteriores, sino que habrían evolucionado y acabado por separarse. El propio autor admite que es una hipótesis tan difícil como sus contrarias, ya que se trata de discutir sobre una época de la que no quedan testimonios lingüísticos directos.

A nuestros efectos basta con decir que no podemos asegurar cuáles eran los rasgos propios de las sociedades que hablaban la lengua que con el tiempo se ha convertido en la familia de lenguas indoeuropeas y que, incluso suponiendo que la comunidad de origen lingüístico implicase una base cultural común, los siglos, o mejor las decenas de siglos transcurridos en su proceso de diferenciación, han disuelto esta hipotética unidad primitiva. Lo que sí es cierto en cambio es el proceso contrario: las distintas lenguas indoeuropeas, porque han compartido una historia común, se han influido mutuamente y han adquirido rasgos similares a medida que se forjaba una cultura común.

Y entre los factores de esta convergencia uno de los principales ha sido el uso generalizado del latín en la mayor parte del continente europeo.

El latín, lengua del Imperio Romano

La expansión de Roma por el entorno mediterráneo y por buena parte del continente fue notablemente rápida, pero no es menos notable la rapidez con que se difundió por los territorios conquistados el uso de la lengua latina. Por supuesto, era la lengua de los conquistadores, pero éstos eran relativamente pocos en número y tampoco tenían un interés especial en divulgar su lengua. Hay que pensar más bien en el prestigio de la lengua como vehículo de la cultura y de la organización romana, extraordinariamente eficaz. Digamos que lo que fue muy rápido fue el proceso de romanización y, como uno de sus aspectos, la aceptación de la lengua y, después de un período más o menos largo de bilingüismo, su utilización como lengua exclusiva. Con algunas excepciones a las que más adelante se hará referencia, en el Occidente europeo romanizado las lenguas anteriores a la ocupación romana prácticamente desaparecieron.

La historia fue distinta en Oriente. En la península helénica los griegos siguieron hablando en griego, y en algunos países del Próximo Oriente, como en Egipto y en Siria, con una tradición cultural fuerte, las lenguas locales presentaron resistencia; además, eran regiones donde el griego estaba ampliamente difundido desde las conquistas de Alejandro.

No sólo el griego se mantuvo frente al latín, sino que los romanos cultos asumieron la cultura expresada en lengua griega, de la mitología a la literatura y a la filosofía, considerándola modélica, con lo que el conocimiento de la lengua griega se convirtió en una prueba de superioridad intelectual. Así que en este caso puede hablarse de una auténtica cultura bilingüe con el consiguiente enriquecimiento del latín. Por supuesto, esta cultura bilingüe era privativa de unas clases cultas en Roma y en algunas capitales importantes, mientras que la mayoría de la población se limitaba al *sermo rusticus*, el latín vulgar. Pero el hecho es que en buena parte de lo que ahora llamamos Europa se hablaba una misma lengua y que esta lengua vehiculaba un patrimonio cultural importante, sin comparación con el que poseían otros pueblos, y que incluía una tradición literaria científica, filosófica, jurídica... en parte propia y en parte heredada de Grecia.

No es posible olvidar la parte que ha correspondido a Roma en la formulación de la idea de Europa. El derecho romano ha sido el eje vertebrador de la conciencia pública europea muchos siglos después de que el Imperio desapareciese. Los sucesivos renacimientos que se han sucedido a lo largo de nuestra historia han empezado con un redescubrimiento de la cultura clásica. Y, desde Carlomagno, el recuerdo del Imperio Romano ha estado presente en todos los intentos de construir una estructura política común.

Y la influencia directa de la lengua latina no ha sido menor. Con la sola excepción de las Islas Británicas, en todas las tierras del Occidente europeo donde se establecieron los romanos se siguen hablando hoy lenguas románicas o neolatinas. A finales del Imperio las grandes invasiones

11

germánicas sólo desplazaron ligeramente hacia el oeste la frontera entre lenguas germánicas y lenguas latinas que el *limes* militar había situado en el Rin. En cambio, y como ya se ha comentado, en la parte oriental del Imperio la implantación del latín fue menor, y sólo en la antigua Dacia, y actual Rumanía, se ha mantenido una lengua latina.

Pero el papel del latín en la historia lingüística de Europa no se ha limitado al de ser origen de las lenguas neolatinas. Adoptado por la Iglesia como lengua propia, el latín siguió siendo una lengua viva a pesar de que las invasiones bárbaras deshicieron la estructura política en la que se apoyaba.

El latín, lengua de la Iglesia y de la cultura

El cristianismo surgió en un medio judío pero pronto tuvo una vocación universalista, lo que hizo que no tardara en predicarse en otras lenguas. Primero en griego —san Pablo—, pero pronto llegó a Roma y con ello la propagación se hizo también en latín. Y dado que Roma era la capital del Imperio, su comunidad cristiana también ocupó un lugar preeminente y la predicación en todo Occidente se hizo en latín. A pesar de ello, las comunidades cristianas de Oriente mantuvieron su importancia. La mayor tradición cultural de estas tierras hizo que las primeras traducciones de la Biblia, igual que las primeras grandes discusiones doctrinales, las primeras formulaciones programáticas y los primeros intentos de filosofía cristiana, surgiesen aquí y por tanto en griego. Pero a medida que con las invasiones y la descomposición del Imperio la Iglesia de Occidente y la de Oriente se separan, y más todavía cuando la separación se hace definitiva, este papel del griego en la Iglesia romana disminuye hasta desaparecer y el latín se convierte en el único lenguaje eclesiástico.

En los siglos oscuros que siguen a las invasiones bárbaras y hasta que en el siglo XI los pueblos europeos adquieren una cierta estabilidad y empiezan a dejar testimonios escritos, la Iglesia ha sido la única institución estable cuyas fronteras se extendían a todo el mundo conocido. Y la Iglesia utilizaba el latín como instrumento de su actividad, como medio de comunicación e incluso para predicar a pueblos que nunca habían estado en la órbita de esta lengua. En los monasterios se copiaban y recopilaban manuscritos en latín, y obispos y monjes viajaban sin parar de un país a otro sin necesidad de intérpretes.

CAPÍTULO 1
LAS RAÍCES HISTÓRICAS

Con el siglo XII la sociedad medieval llega a su plenitud. Es el siglo de las cruzadas y de las grandes catedrales, el siglo de la orden del Císter y de la fundación de las primeras universidades, que en poco tiempo se extienden por toda Europa: París, Oxford, Cambridge, Bolonia, Montpellier, Colonia, Upsala, Cracovia, Salamanca, por citar algunas de las más conocidas y que son auténticas fábricas de saber durante siglos. Es fácil hablar hoy desdeñosamente de la escolástica, pero la escolástica en sus tres versiones, cristiana, árabe y judía, pretendía no sólo racionalizar la fe, sino hacerlo utilizando la filosofía griega, y es un hecho que toda la filosofía posterior y el nacimiento del pensamiento científico enlazan directamente con ella. Y en las universidades medievales y en latín se forman los primeros legistas, que tanta importancia tendrán en el paso de los regímenes feudales a las monarquías nacionales. Y en latín estudian los médicos que introducirán la medicina árabe en la Europa Occidental.

Maestros y estudiantes se desplazan de una universidad a otra sin problemas porque en todas partes se usa la misma lengua. Y cuando con el Renacimiento el saber deja de ser sinónimo de saber eclesiástico, el latín continuó siendo el lenguaje de la ciencia. Copérnico (1473-1543), Kepler (1572-1630), Huyghens (1629-1695), Newton (1642-1727)... todos los iniciadores de la ciencia moderna escriben en latín. Y si es cierto que las lenguas vulgares cada vez alcanzan más prestigio y que Descartes (1596-1650[1]) escribe el *Discurso del método* en francés, también lo es que las *Meditaciones metafísicas* las escribe en latín. Y en latín escribió toda su obra Spinoza (1632-1677), y buena parte de la suya Leibniz (1646-1711). No obstante, y a pesar de esta persistencia, es cierto que el latín pierde progresivamente posiciones en favor de las lenguas vulgares convertidas en lenguas. Todavía en el siglo XVIII y comienzos del XIX en la mayoría de universidades europeas las tesis doctorales se redactaban en latín, pero era ya una muestra de tradicionalismo cada vez más difícil de justificar. De manera que cuando, en la segunda mitad del siglo XIX, en la mayoría de países de Europa se reglamenta la enseñanza secundaria —el bachillerato— como camino para entrar en la universidad, se concede un lugar importante a la enseñanza del latín y del griego, pero más bien como una introducción a la cultura humanista que con la esperanza de que los alumnos lleguen a utilizarlas como medio de expresión y de comunicación. Se aprenden ya como lenguas muertas, en contraste con la enseñanza de las llamadas

---

1 此处原文是 "1659"，为笔误。译文已改正，故对原文也改正过来。——李思渊

13

lenguas vivas.

Sólo la Iglesia católica continúa utilizando el latín en su funcionamiento interno, en la liturgia y en la formación de los eclesiásticos. Pero con el siglo también este uso empieza a decaer. El Concilio Vaticano II decide la sustitución del latín por las lenguas vulgares en la liturgia. Y el Concilio Vaticano II es también el primero en la historia de la Iglesia en el que una buena parte de los obispos participantes son incapaces de intervenir en latín en las discusiones.

El uso sistemático del latín como vehículo del saber y de la cultura ha tenido, entre otras consecuencias, el que todo nuestro vocabulario científico en el sentido más amplio de la palabra, de la metafísica a la matemática, de la botánica a la medicina, del derecho a la administración, esté derivado directamente de él o del griego muchas veces a través del latín. Y es un vocabulario rigurosamente homogéneo no sólo en todas las lenguas neolatinas, sino en todas las lenguas de Europa. Y todavía hoy se acude a raíces grecolatinas para inventar nuevas denominaciones.

Cuando en el siglo pasado se propusieron lenguas artificiales como el esperanto para facilitar las comunicaciones internacionales sin tener que depender de una lengua nacional determinada, hubo quien pensó que el latín podía ocupar este lugar. E incluso se presentó un latín simplificado que por un momento despertó cierto interés. Pero hoy la posibilidad de que el latín vuelva a ser la lengua común de los europeos parece definitivamente perdida.

La ascensión de las lenguas populares

Aunque el latín fuese la lengua común y prácticamente exclusiva en la mayor parte de las tierras del Imperio Romano, hay que distinguir entre el latín culto, el latín de la oratoria, de la prosa literaria o administrativa, normalmente en forma escrita y que puede considerarse rigurosamente común en todo el ámbito del Imperio, y el latín de la vida cotidiana, básicamente hablado y que presentaba particularidades locales, a veces acusadas, en la fonética en primer lugar pero también en la sintaxis e incluso en el vocabulario. Algo perfectamente lógico y que en alguna medida se da en todas las lenguas que alcanzan un alto grado de desarrollo, en las que el uso culto difiere del uso vulgar y que se hablan en territorios extensos. Las diferencias regionales que así se producen son

CAPÍTULO 1
LAS RAÍCES HISTÓRICAS

la consecuencia de que en cada lugar los contactos orales, limitados a los habitantes del mismo lugar, producen evoluciones independientes pero están influidas además por la presión que sigue ejerciendo la lengua hablada anteriormente —lo que los lingüistas denominan el sustrato. Así, para poner un ejemplo, es fácil imaginar que cuando los iberos del litoral mediterráneo empezaron a hablar en latín, lo hicieron conservando sus hábitos fonéticos o sus preferencias sintácticas, al mismo tiempo que introducían en el latín palabras de su antigua lengua.

Mientras el Imperio conservó la solidez de su estructura y la fluidez de sus comunicaciones, estas diferencias se mantuvieron dentro de límites reducidos y sin romper la unidad de la lengua, pero a medida que el Imperio se fue debilitando, y no digamos cuando con las invasiones de los bárbaros a partir del siglo V la unidad se rompió y las estructuras comunes desaparecieron, el proceso de diferenciación se acentuó hasta que a la larga aparecieron las distintas lenguas románicas.

Sobre la manera en que se produjo en concreto este proceso y sobre las fases que atraves, es bien poco lo que podemos decir. Del siglo V al siglo XI todos los testimonios escritos que poseemos están en latín. Y es sólo desde el siglo XI cuando disponemos de textos latinos en los que alguien ha anotado al margen la equivalencia en lengua vulgar de algunas palabras. Los historiadores de las lenguas en estas épocas han de trabajar a base de suposiciones.

Pero incluso si dispusiésemos de una documentación suficiente, sería imposible decir en qué momento la lengua hablada ha dejado de ser latín para convertirse en otra distinta. Porque se trata de un proceso gradual y continuo y no existe ningún momento en el que la aparición de un rasgo determinado signifique la existencia de una lengua nueva. Un proceso no sólo gradual y continuo sino geográficamente diferenciado y con diferencias que son igualmente graduales y en cierta medida continuas.

La evolución del latín en un valle alpino o pirenaico no coincide exactamente con la que se produce en el valle vecino. ¿Lo que así surge son variantes de una misma lengua o son dos lenguas distintas? Y lo que digo para los dos valles puede repetirse para cada lugar de la Romanía, el conjunto de los territorios donde se mantuvo el latín.

Toda evolución lingüística incluye tendencias disgregadoras pero al mismo tiempo pone en juego presiones unificadoras que mantienen la comunidad de lengua entre los hablantes. Los que hablan a menudo entre sí, los que viven en la misma aldea, en el mismo valle, los que concurren al mismo mercado o están sometidos a la misma autoridad tienden a conformar su manera de hablar a un modelo común.

Si, como he dicho, del siglo V al X no disponemos de documentos en lengua vulgar, sí sabemos que la distancia entre el latín que usaban los clérigos y las personas cultas capaces de escribir y la lengua popularmente hablada en cada lugar se hacía cada vez mayor y que los propios hablantes eran conscientes de esta diferenciación. Carlomagno fundó escuelas para que los hijos de sus nobles aprendiesen el latín correctamente, pero durante su mismo reinado el Concilio de Tours (813) ordenó a los clérigos que cada uno tradujese a la lengua vulgar, románica o teutónica, los sermones a fin de que todo el mundo pudiese más fácilmente entenderlos. Del texto se desprende que entre el latín y el románico que habla el pueblo la diferencia es tan considerable que dificulta la comprensión. Y se desprende también que el habla de los antiguos bárbaros que no adoptaron el latín es ya considerada una lengua al mismo nivel que la románica.

Pero ¿cuál es el románico que hablan los feligreses a los que se refiere el Concilio? Unos años después Nithard, nieto de Carlomagno, narrando en latín las luchas entre los hijos de Luis el Piadoso, trascribe el texto del Juramento de Estrasburgo (842) pronunciado por Luis el Germánico en francés y por Carlos el Calvo en alemán para que pudiesen comprenderlo sus respectivos soldados. El texto transcrito en francés es demasiado breve para que nos podamos formar idea precisa de la lengua a la que corresponde, y los estudiosos discuten si es un antecesor del picardo, del angevino o incluso del franco provenzal. Esto significa que en aquel momento en Francia, como en toda la Romania, el latín ha evolucionado en formas diferenciadas en cada lugar, de modo que se pueden encontrar los gérmenes de lenguas distintas pero que constituyen un continuo sin límites claros entre sí.

Si hasta aquí me he referido a la evolución que lleva del latín a las lenguas neolatinas, algo parecido podría decirse de las otras lenguas de Europa en aquellos siglos, aunque los datos de que disponemos son igualmente escasos. Cuando ocurrieron las grandes invasiones, las distintas ramas del protogermánico, a las que se ha hecho referencia al hablar de los indoeuropeos, ya se han diferenciado: alto alemán, frisón e inglés antiguo. El inglés antiguo, todavía muy cercano del alto alemán y que conservaba las declinaciones, era la lengua que hablaban los anglos y los sajones que se instalaron en las Islas Británicas en el siglo V desplazando a los celtas. En cuanto al alto alemán, sabemos que en tiempos de Carlomagno presentaba múltiples variedades locales, y tenemos muestras de estas variedades en glosas marginales en textos latinos del siglo X, glosas más abundantes incluso que en los países de lenguas latinas probablemente, porque aquí la distancia entre la lengua latina y la lengua vulgar era más grande y era más necesario, por tanto, explicar el significado del texto latino. Menos información poseemos todavía sobre el estado de las lenguas eslavas en estos siglos, y lo que sí podemos decir con certeza es que hacia el año 863 los hermanos Cirilo y Metodio, nacidos en Tesalónica, a partir del alfabeto griego propusieron un nuevo alfabeto para transcribir los textos sagrados a las lenguas eslavas.

Si hacia el año mil el mapa lingüístico de Europa es extremadamente vago y nos faltan además testimonios escritos para documentarlo doscientos años después, en el llamado renacimiento del siglo XII, y su culminación en el XIII, el panorama ha cambiado completamente. Empiezan a existir estructuras políticas definidas, monarquías estables y ciudades en expansión. Y estas estructuras políticas generalizan el uso de documentos administrativos escritos en lengua vulgar. Y al mismo tiempo se producen obras literarias también en lengua vulgar que se ponen por escrito. Por uno y otro camino ciertas variedades lingüísticas tienden a consagrarse y a estabilizarse, y es posible construir mapas lingüísticos que den idea de su distribución geográfica.

Italia había sido la patria originaria del latín, pero conviene recordar que el latín era en un principio la lengua del Lacio, la región en la que se asentaba Roma, y que fue sólo a través de sucesivas conquistas como se extendió por toda la península italiana. Y por otra parte que la península fue invadida por los longobardos, que, si bien aceptaron el latín, también lo modificaron. Y que el hundimiento del Imperio representó la fragmentación política de la península. Pero más que en otras partes sobrevivieron las ciudades, y es sobre todo en relación con las ciudades como se configuran los núcleos lingüísticos. Dante, que en *De vulgare elocuentia* reivindica la dignidad de la lengua vulgar y se esfuerza por escribir en un *volgare illustre*, distingue hasta catorce dialectos italianos.

El territorio francés es también un buen ejemplo de esta variedad. Desde el comienzo de la evolución se advierte una separación clara entre las lenguas de "oil" al norte y las lenguas "d'oc" al sur. En el norte las distintas regiones geográficas dan nombre a otras tantas variedades lingüísticas: Valonia, Picardía, Champagne, Normandía, Borgoña... y es sólo después de una oscilación que dura varios siglos cuando la variedad de lengua hablada en la región de París, llamada a veces francino, se consagra como la lengua de la administración y de la literatura. En el sur las lenguas de oc no presentan una menor variedad: lemosín, auvernés, gascón, occitano, provenzal... Y entre las lenguas de oc y las de oil, en una situación intermedia, el franco provenzal. En los siglos XII y XIII las lenguas de oc tuvieron una manifestación muy brillante en la poesía de los trovadores, que utilizaban una lengua común, ampliamente imitada incluso lejos de sus fronteras. Pero la lengua de los trovadores era un fenómeno exclusivamente literario, y las tierras d'oc siguieron políticamente desunidas y no fueron capaces de resistir la presión ejercida desde el norte.

En la península ibérica, donde la descomposición del latín vulgar había producido variedades diferenciadas en toda la extensión de su territorio, el proceso fue interrumpido por la invasión árabe y fueron las nuevas lenguas, formadas en las montañas del norte en las que se refugiaron los que huyeron de la invasión, las que se extendieron hacia el sur al compás de la Reconquista y las que finalmente determinarían el mapa lingüístico de la península. Cinco nuevas lenguas en los comienzos —gallego, asturiano, castellano, aragonés y catalán— que finalmente, porque el castellano bloqueó la expansión del asturiano y del aragonés, quedaron reducidas a tres: gallego en el extremo occidental, que al extenderse hacia el sur daría lugar al portugués, castellano en el centro y catalán en el extremo oriental. En el siglo XIII las tres lenguas presentan una producción literaria importante.

En lo que hoy llamamos Alemania, y en general en los territorios de lengua germana, a la variedad de formas dialectales que ya he señalado se añade una evolución rápida que hace que se llame alemán medio a la lengua hablada en los siglos XII y XIII, claramente diferenciada del alto alemán de los siglos anteriores. Es la lengua en que están escritos *Los Nibelungos* y la *Crónica Imperial*. La poesía lírica de los *Minnensinger*, en cambio, está escrita en una lengua que evita las formas demasiado específicamente dialectales y que está fuertemente influida por el francés y por el occitano.

A pesar de todo, y en ausencia de una presión unificadora, las diferencias dialectales siguen siendo muy fuertes, sin que durante mucho tiempo ninguna variedad se impusiese a las demás. No obstante, sí hubo una variedad dialectal que se independizó. Los Países Bajos eran y son una región étnicamente muy mezclada, en la que confluían distintas influencias lingüísticas, pero sus ciudades llevaban una vida próspera y relativamente independiente. En el siglo XII se escriben obras en lo que puede denominarse un neerlandés medio, y en el siglo XIV las ciudades escriben sus documentos en neerlandés, también conocido como holandés. Más compleja es la historia del inglés. Ya he recordado que en el siglo IX el inglés antiguo era ya claramente identificable, aunque, como en todas partes, con una gran variedad de formas dialectales. Pero en 1066, y tras la batalla de Hastings, se produce la invasión normanda, y los normandos, aunque de origen escandinavo, hacía tiempo que se habían establecido en la Normandía y que hablaban francés. De manera que el francés se convierte en la lengua de la corte y de la nobleza, mientras que el pueblo llano sigue hablando inglés, un inglés que evoluciona sin tener el apoyo de una autoridad culta. Sólo a partir de la Guerra de los Cien Años la monarquía y la nobleza recuperan el uso del inglés, pero los dos siglos de convivencia con el francés han dejado en él una huella francesa muy marcada, especialmente en el vocabulario.

La evolución lingüística en los países del este y del sur de Europa es más difícil de resumir por falta de testimonios escritos, pero no parece demasiado distinta de la que acabo de esbozar. Si en los comienzos de la Edad Media en cada familia lingüística encontramos un continuo de variedades de habla, al llegar a los siglos XII y XIII ya se pueden reconocer núcleos claramente diferenciados que podemos calificar de lenguas, y entre ellas están todas las que hoy hablamos los europeos.

En el proceso que ha llevado a la formación de las lenguas como conjunto de significados y de normas comúnmente aceptados, hemos visto que intervienen diferentes factores. Por un lado, las creaciones literarias, sobre todo las que se ponen por escrito y no sólo se difunden en el espacio, sino que se mantienen en el tiempo. Y, al mismo tiempo, las estructuras políticas que utilizan la lengua, y muy especialmente la lengua escrita, en el ejercicio de su autoridad. La evolución de estas estructuras hacia los Estados nacionales desempeñará un papel decisivo en la consolidación y el prestigio de determinadas lenguas.

Los factores de la consolidación

En los períodos iniciales de la mayoría de las lenguas europeas actuales encontramos algunas creaciones literarias que constituyen una primera manifestación de su madurez. En unos casos son poesías líricas, como las obras de los trovadores o de los *minnensingers*. En otros, son poemas épicos, como la *Chanson de Roland*, el *Mío Cid* o *Los Nibelungos*. Y en otros son obras cultas, como la *Divina Comedia*. En cualquiera de estos casos, la creación literaria se hace popular y famosa, y fija y acredita una determinada variedad de lengua y la extiende más allá de los lugares donde originariamente se ha creado. Esto es cierto en el caso de la transmisión oral, pero mucho más cuando la obra literaria se pone por escrito. La obra escrita no sólo puede difundirse mucho más que la oral en el espacio y en el tiempo, sino que implica un mayor nivel de fijación, porque requiere unas determinadas reglas ortográficas para la transcripción del texto oral. Y no hace falta decir que la imprenta aumentará considerablemente esta capacidad de difusión de la obra escrita.

No es posible exagerar el papel de las creaciones literarias en la configuración de las actuales lenguas europeas, pero probablemente el caso más claro y más ilustrativo en este sentido lo constituya Italia.

Ya he recordado que Dante enumeraba hasta catorce[1] dialectos italianos correspondientes a otras tantas regiones geográficas. Si, como ocurrió en Francia o en España, se hubiese fraguado la unidad política de la península a partir de una determinada ciudad o región, su lengua habría acabado convirtiéndose en la lengua común italiana. Pero en Italia no ha existido este proyecto, lo que a primera vista puede resultar sorprendente, dado que es en Roma donde más vivo se ha conservado el recuerdo de la grandeza imperial. Pero Roma es la sede del Papado, cabeza de una institución establecida en todo el mundo conocido y que tiene por ello un peso considerable en la misma ciudad de Roma y en el conjunto de la península italiana. Y la Roma papal ve con recelo cualquier poder civil que pueda hacerle sombra en su propio territorio. Por esto Italia se mantiene como un conjunto de ciudades y de comarcas en teoría independientes y en la práctica sometidas a la confrontación entre el Papado y el Imperio Germánico primero y después al juego de las ambiciones de los países vecinos, en primer lugar Francia y la Corona de Aragón, sustituida ésta después por la monarquía española.

No hay por tanto un poder político capaz de imponer una lengua común. La Iglesia con capitalidad en Roma e influencia sobre toda la península podía haber presionado en favor del dialecto romano, pero para la Iglesia, como institución, la lengua culta es el latín. Así, la consagración de una lengua culta italiana queda entregada a las producciones literarias. Y, como

---

1 此处原文是"veinticuatro",为笔误。译文已改正,故对原文也改正过来。——李思渊

es sabido, la gran eclosión de la literatura en lengua vulgar en Italia tiene lugar en el siglo XIV, con la obra de Dante, de Boccaccio y de Petrarca. Los tres escriben en la lengua hablada en Florencia, en la Toscana, y el éxito de la obra de los tres prestigiar el dialecto toscano hasta convertirlo en la lengua literaria por excelencia. Dos siglos después el humanista Bembo la propone a los que quieren dedicarse a la literatura y su opinión es ampliamente compartida. En los mismos círculos de la Roma papal se prefiere el toscano al dialecto romano. Y cuando la Academia de la Crusca decide confeccionar un diccionario de la lengua italiana, elige la lengua de Boccaccio como marco de referencia principal. Y aunque hay intentos de prestigiar otras variedades dialectales, ninguno llega a consolidarse. De manera que cuando, ya bien entrado el siglo XIX, se constituye el Estado italiano y se propone como objetivo la unidad lingüística, no se necesitan grandes esfuerzos para alcanzar una decisión que hacía tiempo que estaba ya implícita. La lengua de la Italia unificada será la lengua de Manzoni, literato y patriota y defensor de la tradición toscana.

Por grande que haya sido el papel de las creaciones literarias en la configuración de las principales lenguas europeas, y el ejemplo de Italia es bastante revelador, conviene recordar que durante muchos siglos los discursos orales y los textos escritos que sobre todo llegaban al público no eran las obras literarias como tales, sino obras que tenían una intención específicamente religiosa. Ya he recordado que el Concilio de Tours recomendaba que se predicase en la lengua del pueblo, y siglos después el Concilio de Trento repetía esta recomendación pensando en los pueblos de América, acabados de descubrir, pero pensando también en muchas regiones de Europa donde distintas lenguas coexiscían. En Francia la predicación en lengua local se mantuvo hasta la revolución. Puede decirse por tanto que, para ciertas lenguas, la literatura religiosa ha tenido una influencia directa en su fijación; y en algunos casos, incluso en su conservación. Para limitarme a un ejemplo, se calcula que, de la totalidad de los textos en vasco editados antes del siglo XX cerca del 80 por ciento son obras de temática religiosa.

La mayoría de estos textos vascos han sido escritos por eclesiásticos católicos, pero algunos también por defensores de la doctrina protestante. Y es que el protestantismo, sobre todo en el centro y en el norte de Europa, ha desempeñado un papel singular en la consolidación de muchas lenguas. Pues si la Iglesia católica ha defendido la predicación y la edición de libros de piedad en lenguas vulgares, también ha mantenido el latín como lengua de la liturgia y como lengua de los textos sagrados. Los reformistas, en cambio, empezando por Lutero, no sólo utilizan la lengua vulgar en la liturgia sino que recomiendan a los fieles la lectura de la Biblia, y para ello promueven su traducción. Y lo hacen con tanta insistencia que se puede decir que la difusión de la Reforma en un país se acompaña de la traducción de la Biblia y de la generalización de su lectura.

El ejemplo más claro en este sentido nos lo ofrece la lengua alemana. Como en Italia, también en Alemania la variedad dialectal típica de los comienzos de la Edad Moderna coincide con la ausencia de una autoridad política dispuesta a unificar el país. Pero en Alemania tampoco hay una tradición literaria que pueda desempeñar un papel comparable al que hemos visto que en Italia representan los escritores florentinos, y su lugar lo ocupa la traducción de la Biblia por Lutero. Lutero tuvo la habilidad de utilizar un alemán relativamente neutro, sin implicaciones dialectales excesivas, y, gracias a la extraordinaria difusión que alcanza su versión de la Biblia, su lengua se convierte en el paradigma del alemán escrito, al menos hasta el siglo XIX.

Sin la aparatosidad del caso alemán, se pueden citar otros ejemplos de la influencia que las traducciones de la Biblia tuvieron sobre el desarrollo de una lengua. Todos los historiadores de la lengua inglesa están de acuerdo en reconocer la importancia de la influencia de la llamada traducción del rey Jaime sobre el desarrollo de esta lengua. Pero no fue menos importante para el galés la traducción hecha en el siglo XVI. En el mismo siglo, la traducción al finlandés, surgida en los círculos de la Iglesia luterana, consagra las normas del finlandés escrito.

El proceso de fijación y de estabilización de una lengua, impulsado por diversos factores, entre los que he destacado las obras literarias y los textos religiosos, llega a un punto en que se hace consciente y reflexivo, lo que se traduce en un esfuerzo por explicitar las reglas internas de la lengua y expresarlas en normas. Es el momento en el que se escriben las primeras gramáticas, se compilan los primeros diccionarios y se formulan reglas ortográficas. Desde nuestra perspectiva actual, disponer de una gramática, de un diccionario y de un código de reglas ortográficas es lo que caracteriza a una lengua plenamente constituida y lo que permite distinguir una lengua de otra.

Las primeras preocupaciones en este sentido dirigidas no ya al latín sino a una lengua vulgar surgen en plena Edad Media entre los trovadores provenzales, pero su interés se refiere más bien al lenguaje poético y a las reglas de la versificación. También en Dante encontramos un esfuerzo de reflexión sobre el lenguaje. Pero la primera gramática pensada como tal y que tiene por objeto una de las nuevas lenguas la escribe Antonio de Nebrija.

Nebrija, que publica su *Gramática castellana* el mismo año del descubrimiento de América, es un humanista que conoce la gramática latina y la griega y que está convencido de que si el latín y el griego se han mantenido durante tantos siglos como lenguas vivas y si, incluso cuando han dejado de hablarse, siguen siendo entendidas y estudiadas, es gracias a la existencia de gramáticas que han asegurado su estabilidad. Y él pretende hacer lo mismo con la lengua castellana, para que lo que ahora y de aquí en adelante se escriba pueda quedar en un tenor y entenderse por toda la duración de los tiempos.

La iniciativa de Nebrija pronto encuentra imitadores en Francia y en Italia en primer lugar y, con el tiempo, en otras muchas partes. Y, para ser más exactos, en todas las lenguas que se convierten en lenguas reconocidas de un Estado nacional. Otras lenguas que quedan al margen de las grandes estructuras políticas, reducidas muchas veces a un uso puramente oral, no sienten la necesidad de esta codificación. Y esta necesidad surge precisamente cuando, impulsadas por movimientos reivindicativos, pretenden un mayor reconocimiento público. Y no digamos si la reivindicación acaba en sustantividad política. Es lo que ocurrió cuando Noruega se convirtió en un Estado independiente y los noruegos decidieron que su lengua, considerada hasta entonces un dialecto del danés, requería una norma propia.

Llegamos así al último de los factores que han influido en la constitución y la consolidación de las lenguas europeas: la relación entre estas lenguas y los procesos de constitución de los Estados nacionales. El último y también el más importante, ya que esta relación es la que, en primer lugar, ha determinado el mapa lingüístico de la Europa actual.

CAPÍTULO 2

LENGUAS NACIONALES Y NACIONALISMO LINGÜÍSTICO

"La lengua no siempre ha sido el criterio por el que se han identificado las naciones. Hasta el siglo XIX la conciencia de muchos pueblos europeos se basaba en diferentes factores, entre los que se contaban las creencias religiosas, las tradiciones feudales, la clase social, la ascendencia étnica y la herencia cultural en la que se incluía el lenguaje. Pero a partir de 1840 se produce lo que parece ser un desplazamiento brusco en el énfasis de las ideologías nacionalistas: para bien o para mal el lenguaje se convierte en el factor decisivo y en el símbolo de la nacionalidad.

Meic Stephens. *Linguistic Minorities in Western Europe.*

Unificación política y unificación lingüística

Los diferentes dialectos que se hablaban en Italia a comienzos de la Edad Moderna se corresponden con regiones distintas, pero en cada región eran ciudades las que ostentaban el poder político y las que podían prestigiar la lengua. En el caso de Francia las variedades dialectales regionales hay que ponerlas más bien en relación con poderes feudales y con monarquías incipientes. Y lo mismo puede decirse de las distintas lenguas neolatinas que se configuran en la península ibérica: los cinco núcleos originarios se corresponden con otros tantos núcleos independientes de resistencia frente a los árabes. Y la suerte posterior de estos núcleos, luego reducidos prácticamente a tres, y su expansión hacia el sur están ligadas a la historia de las estructuras políticas que los han adoptado y a sus conquistas militares. No se trata de una relación lineal, ya que el juego de las alianzas y de las uniones y desuniones de las primeras monarquías feudales es complejo y cambiante. Así, vemos que el reino de Aragón, con capitalidad en Barcelona, en parte es de lengua catalana y en parte de lengua castellana; que en el reino de Castilla y León el castellano sustituye al asturiano-leonés, y que cuando se constituye el reino de Portugal no incluye Galicia, que es la región donde la lengua había tenido su primer florecimiento. Pero con todas las matizaciones necesarias, es evidente que desde el principio se producen implicaciones mutuas entre la lengua y el poder político. La lengua o la modalidad de lengua empleada en el ejercicio del poder se hace por ello mismo prestigiosa, y este prestigio es especialmente importante cuando el poder político se extiende por tierras en las que se habla una lengua o una variedad de lengua distinta.

Esta conexión entre lengua y poder político que advertimos a finales de la Edad Media se hará cada vez más fuerte a lo largo de la Edad Moderna en el camino que lleva a la constitución de los Estados nacionales. Un proceso que se ha dado en toda Europa de maneras distintas, aunque el caso francés es el más representativo porque es el lugar donde el proceso de expansión y de codificación de una lengua está más claramente ligado a un proceso de unificación política y porque es el modelo que, directa o indirectamente, ha inspirado procesos parecidos en otros países. En Francia la progresiva expansión de la monarquía establecida en París a finales del siglo X acaba consagrando como lengua de Francia a la lengua d'oil y más concretamente a la variedad de lengua d'oil hablada en l'Île de France, la comarca que rodea París. Un resultado que habría sido difícilmente previsible en el momento en que se inició el proceso.

Cuando la monarquía de los Capetos comenzó su expansión, las tierras que ahora constituyen Francia, como cualquier otro lugar de Europa, eran un puzle de lenguas o de variedades lingüísticas. En este puzle el rasgo más destacado era la existencia de una frontera de este a oeste que separaba al norte las lenguas de oil y al sur las lenguas de oc, una frontera muy neta y que probablemente tenía su fundamento en un sustrato lingüístico anterior a los romanos. Pero, además, al este las lenguas de oil limitaban con lenguas germánicas, variedades del antiguo alemán, y la frontera entre las dos familias de lenguas que en principio coincidían con la frontera romana entre la Galia y la Germania se había desplazado hacia el oeste, de modo que las hablas germánicas penetraban profundamente en la antigua Galia. En el borde atlántico las lenguas de oil convivían con una lengua celta, el bretón, que no era un resto de la lengua hablada por los galos, sino que más bien parece recibida de la vecina Gran Bretaña.

En este panorama tan variado de lenguas de alcance local o regional no todas tenían la misma difusión ni el mismo prestigio. En el siglo XII, cuando empiezan las primeras manifestaciones literarias de las que tenemos constancia escrita, el mayor prestigio corresponde a la lengua de oc, especialmente la de Provenza, la lengua de los trovadores y de la rica cultura provenzal. Tan alto es su prestigio que escriben en provenzal poetas de regiones cercanas o lejanas.

A finales del siglo XII y comienzos del XIII ocurre un episodio que tendrá consecuencias decisivas en la historia lingüística de Francia, un episodio estrictamente político aunque se revista de motivaciones religiosas. El rey de Francia aprovecha la cruzada contra los albigenses para destruir el poder de los señores del sur y establecer allí su autoridad. Desde entonces la lengua d'oc entra en decadencia.

El triunfo del norte no significó necesariamente el triunfo de la lengua de París. París puede ser el centro del poder político y tiene el prestigio que le concede su universidad, pero ésta se expresa en latín. La literatura de expresión francesa se cultiva más bien en las cortes de Aquitania y de Normandía. Y durante un tiempo en París el normando disputa al francino el papel de lengua culta. Incluso el picavino puede aspirar a esta consideración, y todavía en pleno siglo XII Froissart lo utiliza en algunos de sus escritos. Pero ya es una excepción. Progresivamente la lengua de París se convierte en la lengua de la administración real y de su burocracia, que se extiende por todos los dominios reales. Y al lado de la influencia de la cancillería real la de la abadía de Saint Denis, que tiene posesiones por todo el país y que se convierte así en embajadora del francés real, de modo que progresivamente los literatos se suman a esta corriente. En el siglo XIV el francés real es ya la lengua de todas las actividades administrativas, tal como establece el edicto de Villiers Cotterets, y en el siglo XV prácticamente toda la producción literaria, en París o en las provincias, se hace en esta lengua.

Naturalmente la difusión de la imprenta refuerza notablemente esta tendencia. La imprenta consagra una lengua única en el vocabulario y en la sintaxis y fuerza además la unificación ortográfica. Y los libros impresos llegan a un público cada vez más amplio.

Así se constituye una lengua literaria, con nombres ilustres en el siglo XVI —Ronsard, Rabelais—, para llegar al apogeo de la literatura clásica

CAPÍTULO 2
LENGUAS NACIONALES Y NACIONALISMO LINGÜÍSTICO

francesa en el siglo XVII, el siglo de Luis XIV: Corneille, Racine, Moliàre... La conciencia lingüística se exacerba y se constituye la Academia de la Lengua para velar por la pureza de la lengua con el respaldo del Estado. Un respaldo que no ocurre por casualidad. Todo el proceso de entronización del francés como lengua administrativa y luego como lengua común de los habitantes de Francia ha sido solidario del esfuerzo por construir un Estado sólido, unitario y centralizado. En éste la unidad del idioma es así expresión de la unidad de la monarquía, y la corrección de la lengua, una muestra de la sanidad de la institución, y no es extraño por tanto que el esfuerzo por mantener su corrección se considere responsabilidad de la autoridad del Estado.

En el siglo XVIII la lengua literaria sigue su camino ascendente y al mismo tiempo la lengua francesa adquiere un aprecio internacional que la convierte en la lengua de la cultura ilustrada en toda Europa. La conciencia de la lengua se acompaña de la conciencia de su valor y de su superioridad. En 1784 Rivarol publica *Universalité de la langue française*.

Así, en vísperas de la Revolución Francesa, la lengua que comenzó en l'Île de France, a través de una evolución continuada y gracias a un cultivo intensivo en todos los campos de las artes y de las ciencias, se ha convertido en una lengua fuertemente codificada, apta para todos los usos, utilizada en exclusiva en todos los medios cultos de Francia y al mismo tiempo con un elevado prestigio internacional. A pesar de ello las antiguas lenguas locales y regionales distan de haber desaparecido. En plena revolución el abate Gregoire calculará que sólo la tercera parte de la población de Francia tiene el francés como lengua materna o es capaz de utilizarlo sin dificultad. Ello significa que en muchas partes de Francia el francés es patrimonio de una capa culta de la población pero que por debajo de ella la mayoría de los habitantes siguen utilizando sus antiguas lenguas.

La Revolución Francesa destruye el antiguo orden y sustituye la autoridad real por la del pueblo, pero mantiene el ideal de un Estado fuerte y el objetivo de hacer del francés la lengua nacional francesa. Y si hasta ahora las finalidades políticas de la unificación lingüística estaban implícitas, a partir de este momento se harán explícitas. El abate Gregoire, en un alegato muchas veces citado, explica las razones por las que es necesario promover el uso del francés. Porque es la lengua de la razón y del progreso y, por tanto, la lengua de los demócratas y de todos los que defienden los ideales de la revolución. Y porque es, al mismo tiempo, expresión de la igualdad y de la solidaridad entre todos los habitantes de

Francia. Frente al francés, las lenguas regionales representan la tradición y el oscurantismo y, por tanto, la reacción frente al progreso e incluso — caso del alsaciano— la relación con los países extranjeros y en definitiva la traición a los ideales revolucionarios. La conclusión es clara: los constructores de la Francia renovada deben tener como tarea principal difundir el conocimiento y el uso del francés por todo el territorio de la república.

Hay mucho de retórica en las afirmaciones de Gregoire. La discutible identificación de lengua francesa y pensamiento racional, popularizada en el Siglo de las Luces, por ejemplo en la obra de Rivarol, aquí se enlaza con la mitología revolucionaria exaltadora de la razón. Y la identificación de las lenguas distintas del francés con la reacción conservadora es puro oportunismo político. Pero por debajo de esta retórica hay una convicción muy firme. La revolución pretende construir un Estado nacional sustituyendo la autoridad del rey por la autoridad del pueblo soberano. Pero para ello es necesario que el pueblo, el conjunto de los ciudadanos, sea capaz de ejercer democráticamente esta autoridad, y para ello necesita disponer de una lengua común. Así, el francés, lengua de todos los franceses, no sólo es la manifestación de su unidad, sino el medio de expresar su voluntad en un sistema democrático.

Esta tarea de difundir el conocimiento y el uso del francés la revolución la encarga fundamentalmente a dos instituciones: la escuela y el cuartel. Las dos acogen duramente una temporada a todos los franceses en condiciones de igualdad y en las dos se les forma como ciudadanos. Y tanto en la escuela como en el cuartel se utiliza exclusivamente el francés, de modo que los que lo ignoran lo aprendan y los que lo conocen lo perfeccionen.

El período revolucionario es corto pero el imperio napoleónico recoge su herencia en cuanto a la promoción de la lengua francesa y en cuanto a la manera de procurarla, y lo mismo hará el régimen republicano que le sucede. Y los medios utilizados resultan tan eficaces que en el momento en que estalla la Primera Guerra Mundial (1914) la proporción que denunciaba Gregoire se ha invertido y los que llegan a la escuela sin hablar francés son menos de la tercera parte de la población. La oleada patriótica que acompaña a la guerra acaba por precipitar la omnipresencia del francés.

CAPÍTULO 2
LENGUAS NACIONALES Y NACIONALISMO LINGÜÍSTICO

El Imperio y las lenguas

Cuando en el año 800 Carlomagno se proclama emperador y heredero del Imperio Romano, afirma su autoridad sobre pueblos que hablan distintas lenguas, aunque el latín pueda representar un nexo común entre ellas. Siglos después el Sacro Imperio Germánico incluirá también tierras no sólo de lenguas germánicas, sino también de lenguas latinas. De hecho, el solo intento de constituir una autoridad civil, paralela y contrapuesta a la autoridad papal, implica ya partir de una pluralidad lingüística. Pero además, el Imperio como institución se basa en una concepción de la autoridad de raíz germánica que hace de él una confederación de señores feudales y de la dignidad de emperador un cargo vitalicio pero electivo, elegido por un grupo de señores —los grandes electores— que mantienen un amplio margen de independencia. Una independencia que significa que en los territorios en los que gobiernan mantienen su propia organización legal y, por supuesto, su lengua.

Cuando en 1519 Carlos es elegido emperador, una afortunada combinación de herencias dinásticas ha hecho ya de él un monarca poderoso. De su padre, Felipe el Hermoso, ha heredado el reino de Borgoña, que comprende no sólo el ducado de Borgoña, de lengua francesa, sino buena parte de los Países Bajos, los que hoy constituyen Holanda, Flandes y Luxemburgo, de lengua germánica; y de su abuelo Maximiliano, los territorios hereditarios austríacos, la Austria actual, prolongada con tierras de lengua alemana que hoy son parte de Suiza y de Lorena. Y hacia el sur, territorios que hoy forman parte de Italia, unos de lengua italiana y otros de lengua alemana. Y por su madre, Juana, hija de los Reyes Católicos, ha heredado la corona de España y con ella los territorios italianos que habían formado parte de la corona de Aragón y todas las tierras de América, acabada de descubrir. Y con la dignidad imperial su autoridad se extiende, además, sobre las tierras del Sacro Imperio, que aparte de Austria incluyen territorios y ciudades de lengua alemana pero también Hungría y Bohemia y Moravia, o sea, poblaciones de lengua húngara y de distintas lenguas eslavas.

Carlos V tiene una alta noción de su misión como emperador, que para él se centra en mantener la unidad católica de Europa, amenazada por la escisión protestante. La comparación con su enemigo principal, el rey de Francia, muestra bien el contraste entre dos proyectos políticos.

29

Carlos es fiel a una idea medieval: Europa entendida como el conjunto de los pueblos cristianos que han de mantenerse unidos y enfrentarse con la amenaza turca, mientras que el monarca francés, católico y amigo del papa, prefigurando lo que será el Estado moderno, no tiene inconveniente en nombre de los intereses de Francia en aliarse con los turcos y con los príncipes protestantes alemanes que se oponen al emperador.

Pero si Carlos se propone mantener la unidad religiosa, de ningún modo tiene la unidad lingüística como objetivo. Tampoco los príncipes que se le oponen. Es bien significativo que la Paz de Westfalia, que pone fin a la Guerra de los Treinta Años, consagra el principio *cuius princeps, eius religio*, o sea, que los súbditos han de conformarse a la religión del príncipe y al que no lo piense así no le queda sino emigrar. Pero a nadie se le ha ocurrido proponer *cuius princeps, eius lingua*.

Cuando Carlos abdica, es consciente de su fracaso. De hecho, después de su renuncia el viejo Sacro Imperio deja de tener sentido y lo que se mantiene es la monarquía austríaca, de la que su soberano recibe formalmente el título de emperador, cabeza de un imperio que de hecho es una confederación de Estados unidos por la persona del soberano pero que mantienen un alto grado de autonomía a pesar de los esfuerzos periódicos de los emperadores por aumentar su autoridad. Un sistema aparentemente frágil pero que consigue mantenerse a lo largo de tres siglos.

Así, a mediados del siglo XVIII, cuando Francia se está convirtiendo en un Estado moderno, unificado y fuertemente centralizado, el emperador de Austria reina sobre una confederación de cuasiestados, cada uno con su propia estructura política, sus fueros y su lengua. Entre ellos están en primer lugar las cuatro nacionalidades históricas: Austria, Hungría, Bohemia con Moravia y Croacia. En este conglomerado de pueblos, la lengua alemana, lengua del país central de la monarquía, ocupa el lugar principal y es la lengua de la administración imperial y en buena medida de la comunicación entre las distintas partes del Imperio. Pero no es, ni mucho menos, la lengua única.

En Hungría, con una larga tradición de gobierno autónomo y donde la aristocracia siempre ha mirado con recelo a la dinastía austríaca, la lengua oficial es teóricamente el latín, aunque en la práctica la lengua principal a todos los efectos es el húngaro, que además ha tenido un cultivo literario importante. No sólo la habla el pueblo, sino la aristocracia; es la lengua de las instituciones de gobierno, y sus representantes esperan que el emperador la use al dirigirse a ellos. Pero Hungría a su vez dista de ser lingüísticamente uniforme. Cuando los turcos se han retirado de sus llanuras, muchas de las tierras que han quedado deshabitadas han sido colonizadas por campesinos alemanes. Más lejos, en Transilvania, la base de la población campesina es rumana, aunque los propietarios sean húngaros o alemanes, y el hecho de que los rumanos sean de religión ortodoxa contribuye todavía más a su marginación. Y en las regiones del norte de Hungría hay poblaciones de lengua eslava: eslovenos en el oeste y ucranianos al este.

En Bohemia y Moravia la lengua principal es el checo, pero el alemán tiene también carácter oficial, y no porque sea la lengua del emperador, sino porque la presencia alemana es muy importante, quizás un 30 por ciento de la población. Y en cuanto a Silesia, que durante mucho tiempo ha estado adscrita a Bohemia y Moravia, la población en el norte es de lengua eslava, mientras que en el sur la presencia alemana es predominante. En Croacia la lengua es el croata, una lengua eslava del grupo meridional. Y se puede añadir que en diferentes comarcas del territorio imperial se encuentran serbios fugitivos del dominio otomano, unos serbios que son hermanos/enemigos de los croatas ya que hablan prácticamente la misma lengua, aunque la escriben con alfabetos distintos, y pertenecen a iglesias distintas, católicos los croatas y ortodoxos los serbios.

En Austria la lengua mayoritaria es, por supuesto, el alemán. Pero en el sur, en la Carniola, se habla esloveno. Y al sur del Tirol hay tierras tradicionalmente austríacas, como Trento, donde se habla italiano y más al norte friulano. Añadamos todavía que Viena es una ciudad cosmopolita, y que si bien la corte y la aristocracia son extremadamente conservadoras en su ideología, están en cambio abiertas a toda clase de influencias, así que durante el primer tercio del siglo XVIII adoptan con gusto el italiano, sustituido unos años después por el francés. De hecho, es toda la aristocracia centroeuropea la que es tradicionalmente plurilingüe, pues todos aprenden desde pequeños a hablar en alemán, si ésta no es su lengua materna, y en francés. Los emperadores no son excepción a esta regla; bien al contrario, todos los Habsburgo han sido políglotas y el aprendizaje de lenguas forma una parte importante de su educación. Como corresponde a una sociedad tan tradicional, todos los emperadores de la dinastía conocen a fondo el latín y hablan correctamente en francés y en italiano y todos saben bastante húngaro y bastante checo como para hacer un discurso protocolario en estas dos lenguas cuando las circunstancias se lo exigen.

En el siglo XVIII la monarquía danubiana es un mosaico de etnias, de tradiciones culturales y de lenguas y está sacudida por conflictos internos, que son en buena parte conflictos de intereses por parte de la aristocracia de las distintas regiones que pretenden modificar en provecho propio el equilibrio de fuerzas existente en cada momento. Pero sería exagerado hablar en este siglo de conflictos nacionales y más todavía de reivindicaciones nacionales por motivos lingüísticos. Un siglo después el panorama será totalmente distinto.

El nacionalismo lingüístico

La Revolución Francesa produce una profunda impresión en toda Europa. Frente al orden tradicional que atribuye a los príncipes y las dinastías la fuente de la legalidad, los revolucionarios afirman que el sujeto del poder político es el pueblo soberano, que ejerce su autoridad a través de sus representantes democráticamente elegidos. Una inversión de las ideas generalmente aceptadas que provoca la natural sorpresa y hostilidad en una nobleza que se ve así cuestionada pero que es vista con simpatía por una burguesía emergente y por una mayoría de intelectuales críticos con la situación existente. Las campañas napoleónicas, herederas de la revolución, tienen enfrente a los defensores del orden tradicional, el Imperio Austríaco y el Imperio Ruso, pero provocan también reacciones patrióticas, de base popular, que en definitiva se justifican por los mismos principios de la revolución.

En esta perspectiva de resistencia popular y patriótica frente a la invasión napoleónica publica Fichte en el año 1807 sus *Discursos a la nación alemana*. Pero el destinatario de su discurso tiene un carácter singular: Fichte no se dirige a un Estado determinado que vea amenazadas sus fronteras, ya que hay una serie de monarquías grandes y pequeñas, pero todas independientes, que se pueden considerar alemanas, sino que lo que él llama nación alemana son todos los ciudadanos que tienen el alemán como lengua y que constituyen una comunidad no sólo lingüística sino cultural.

Al hablar del proceso de unificación lingüística en Francia hemos visto cómo allí se ha procurado imponer la uniformidad lingüística en nombre de la unidad del Estado y siguiendo un criterio de racionalidad o sencillamente de eficacia. Fichte en cambio razona al revés, y es de la comunidad de lengua de la que pretende derivar la unidad de la nación. Y todavía más. La apología de la lengua francesa se ha hecho considerando que es la lengua racional por excelencia y atribuyéndole las virtudes que los humanistas habían predicado del latín y del griego. Pero no parece que esta argumentación pueda trasladarse a otras lenguas. Resulta por tanto evidente que la idea de nacionalidad que tiene Fichte y su estrecha relación con la lengua no puede derivarse de la tradición francesa, y hay que pensar en otra influencia, una influencia que no resulta difícil de identificar.

Unos años antes de que viese la luz el *Discurso*, en 1772, Herder había publicado sus *Consideraciones sobre la Historia Universal*, una obra que tendrá una influencia capital en la mentalidad historicista del pensamiento romántico. La historia universal es vista como el despliegue majestuoso de los pueblos a lo largo del tiempo, cada uno con su cultura propia manifestada en sus creaciones de todo orden y todas ellas manifestaciones de su espíritu colectivo: el *Volksgeist*. Y entre estas distintas manifestaciones del espíritu nacional la lengua ocupa un lugar preferente.

Este conjunto de ideas es inmediatamente aceptado. Se puede suponer que esta aceptación, al margen de la brillante exposición de Herder, resulte de su concordancia con las preocupaciones de la época, cuando el interés por la historia es un rasgo característico de los ámbitos más diversos y cuando se despierta con fuerza la sensibilidad por las culturas exóticas. Y es posible que la palabra *Volksgeist* sea simplemente la traducción del *esprit des nations*, que utilizaron los ilustrados franceses. Pero lo que en ellos era poco más que una metáfora en el ámbito de la interpretación romántica de la historia se convertirá en un concepto fundamental.

El concepto de cultura nacional como núcleo definidor de la nación así introducido se concreta y perfila por distintos caminos y no tendría sentido abordar aquí su historia. Basta con decir que pronto se produce un acuerdo generalizado para considerar que una nación es una comunidad humana con una base étnica y biológica común y cuyos miembros presentan rasgos psicológicos también comunes que permiten hablar de un carácter nacional. Una comunidad establecida en un territorio determinado y que tiene una historia desplegada en el tiempo en la que se manifiesta el espíritu nacional a través de creaciones culturales de todo tipo, unas populares —folclore— y otras cultas, desde la literatura y el arte hasta la filosofía. Y no sólo creaciones culturales, pues el espíritu nacional se manifiesta también en las formas colectivas de organización, en el derecho y en las estructuras políticas y sociales. Y de esta fundamentación teórica se desprende una consecuencia práctica. La nación como entidad social tiene un carácter autosuficiente y le corresponde por tanto una plena autonomía, incluso la soberanía; o sea, le corresponde convertirse en Estado.

33

Claro que para aspirar a este objetivo los miembros de la colectividad han de ser conscientes de que constituyen una nación, una conciencia que por un lado mira al pasado, a la historia que fundamenta la conciencia nacional, y por otro al futuro como un proyecto compartido, y mientras que unos autores ponen el acento en el pasado y en los determinismos históricos, otros prefieren destacar el aspecto de solidaridad en un proyecto de futuro libremente elegido.

Y he dejado para el final el papel del lenguaje. La lengua es una de las creaciones culturales de la comunidad nacional, o mejor dicho, es la primera de sus creaciones que de alguna manera condiciona a todas o a la mayoría de ellas. Y es, al mismo tiempo, el símbolo de la comunidad nacional y el signo por el que se identifican sus miembros, que, al hablar una misma lengua, se reconocen como parte del mismo grupo, del mismo pueblo, de la misma nación.

Si Herder fue el primero en enunciar la vinculación entre lengua y nacionalidad, su formulación más brillante y contundente se encuentra en los escritos de Wilhelm von Humboldt. El rasgo más característico de la filosofía del lenguaje de Humboldt es su afirmación de que el hombre piensa verbalmente y con ello su convencimiento de la coincidencia entre pensamiento y lenguaje. Pero mientras que los lingüistas clásicos, cuando afirmaban esta relación, insistían en los caracteres formales e invariables del lenguaje y en su relación con las estructuras del conocimiento y del razonamiento, Humboldt atiende más al aspecto creador del lenguaje, una creación del hombre individual y eminentemente del artista pero una creación que maneja no el lenguaje en general, sino una lengua determinada, la lengua de una comunidad. Se da así una dinámica continua entre el individuo y la colectividad, y por esto las lenguas evolucionan continuamente y por esto una lengua es la primera expresión del espíritu de la colectividad que la habla.

En 1806, en un texto titulado *Latium und Hellas*, escribe: La mayoría de las circunstancias que acompañan a la vida de una nación, el espacio geográfico, el clima, la religión, los usos y las costumbres, la constitución de un Estado... se pueden, en cierta manera, separar de ella y hasta cierto punto se puede distinguir lo que le entregan y lo que reciben en el proceso de su formación, aunque estén en una reciprocidad constante. En cambio, hay una que es de una naturaleza completamente distinta, es el alma misma de la nación, aparece en todo momento unida a ella y conduce la investigación a un círculo permanente, tanto si se la considera causante

CAPÍTULO 2
LENGUAS NACIONALES Y NACIONALISMO LINGÜÍSTICO

como causada, y es la lengua. Sin acudir a la lengua como instrumento, cualquier intento de identificar las características nacionales sería inútil, ya que sólo en la lengua se manifiesta y se acuña la totalidad del carácter nacional a la vez que en ella como medio de entendimiento general del pueblo se enraízan las diferencias individuales.

La relación entre lengua, cultura y nacionalidad, tan claramente enunciada por Herder y por Humboldt, se convierte en un lugar común que impregna todo el pensamiento del siglo XIX. Los hablantes de las grandes lenguas se complacen en descubrir en su historia lingüística y literaria los rasgos distintivos de su personalidad colectiva y de su cultura propia e incluso la justificación de su imperialismo lingüístico. Y los hablantes de las lenguas que no han llegado a alcanzar una autonomía política, las naciones que la historia ha dejado al lado, recogen con pasión los testimonios de su historia pasada y se esfuerzan por provocar el despertar de una conciencia colectiva que empieza por prestigiar el uso de la lengua y que puede desembocar en una conciencia nacional. La lengua es prenda de nacionalidad, dice lapidariamente Prat de la Riba, uno de los teóricos del nacionalismo catalán. Y de la recuperación lingüística y de la conciencia de constituir una nacionalidad se pasa fácilmente a las reivindicaciones políticas.

No es por casualidad que la ideología del nacionalismo y de sus fundamentos lingüísticos sea recibida con especial interés en las tierras del Imperio Austro-Húngaro, sacudido por las tensiones entre sociedad tradicional e ilusiones revolucionarias que combinan el malestar social y las abundantes diferencias étnicas y lingüísticas. La Revolución de 1848 lo pone claramente de manifiesto y es al mismo tiempo el anuncio de reivindicaciones similares en toda Europa a las que inmediatamente me referiré. Pero todavía en el orden ideológico, y para dar idea de hasta qué punto se popularizó la idea de nación, se puede recordar que incluso el marxismo, originariamente concebido como una doctrina internacionalista, se ve obligado a desarrollar una teoría de la nacionalidad, y ello lo hace precisamente en el momento en que se extiende por los países danubianos. Es la teoría propuesta en el conocido libro de Otto Bauer *El marxismo y la cuestión nacional*, una teoría que años después permitirá a Lenin disolver el Imperio Ruso y al mismo tiempo mantener dentro de la Unión Soviética a las naciones que lo constituían.

Reivindicaciones lingüísticas y reivindicaciones nacionales

Con gran decepción de los jóvenes alemanes, a quienes iba dirigido el discurso de Fichte, una vez derrotado Napoleón, el Congreso de Viena ratificó el viejo orden y las tierras de lengua alemana siguieron divididas en una serie de monarquías independientes. En realidad, todo el mundo estaba de acuerdo en que la unidad de la lengua justificaba una unión política, pero las dificultades surgían a la hora de llevarla a la práctica, pues tanto Austria como Prusia consideraban que les competía asumir la dirección del proceso unificador. De manera que no será hasta finales del siglo, en 1871, cuando Alemania se unificará, y todavía será una unificación parcial, pues Austria quedará al margen de un proceso que en principio debía incluirla.

Más claro es el caso de Italia. La difusión de las ideas liberales y revolucionarias, con su crítica a los poderes establecidos, coincide con las aspiraciones a una Italia unificada que restaure un pasado glorioso. El movimiento que así se produce se llama *Rissorgimento*, en clara alusión a esta voluntad de fidelidad a un pasado glorioso, una voluntad en buena parte arbitraria, pues Italia nunca había constituido una unidad política, pero sí que era cierto que la comunidad de lengua surgida en la Edad Media y potenciada por el Renacimiento era bastante para alimentar una conciencia nacional. La lucha por la unidad italiana se dirige directamente contra el dominio austríaco de las regiones del norte, pero su intención se dirige también contra el lugar singular que la Iglesia ha ocupado tradicionalmente en Roma y en el conjunto de Italia.

Estos dos ejemplos, Alemania e Italia, de constitución de un Estado nacional a partir de una comunidad de lengua no deben hacernos olvidar que la mayoría de reivindicaciones nacionales con fundamentación lingüística se han dirigido en sentido contrario, intentando conseguir autonomía y, en el límite, independencia respecto a un Estado existente. Renunciando a examinar todos los casos, me limitaré a unos ejemplos que permitan una impresión general.

Ya he dicho que Austria-Hungría era el lugar donde las tensiones eran más fuertes. Desde mediados del siglo XIX en Hungría, en Bohemia y Moravia y en Croacia las diferencias étnicas y lingüísticas alimentan movimientos específicamente nacionalistas que sacuden la estructura imperial, aunque será sólo tras la derrota de la Guerra de 1914 cuando acabará el Imperio Austro-Húngaro y aparecerán nuevos Estados nacionales. El Tratado de Versalles, de 1918, sanciona la independencia de Hungría y la de Bohemia y Moravia con el nombre de Checoslovaquia, mientras que Croacia queda englobada en el conglomerado de los eslavos del sur, bautizado con el nombre de Yugoslavia. Ninguno de estos nuevos Estados es, sin embargo, lingüísticamente uniforme. En Hungría abundan las minorías lingüísticas, en Checoslovaquia no sólo conviven checos y eslovacos, sino que existe una importante población alemana, los sudetes, y en Yugoslavia los serbios y los croatas no sólo están separados por diferencias culturales importantes y por una tradición de hostilidad, sino que dentro de las fronteras del Estado yugoslavo existen otros grupos étnicos y lingüísticos: eslovenos al norte, bosnios, macedonios e incluso albaneses al sur, unos de religión católica, otros ortodoxos y otros musulmanes.

También en el interior del Imperio Ruso la oleada nacionalista se manifiesta en forma de renacimientos literarios y de reivindicaciones políticas en distintos lugares. Los países bálticos, Ucrania, Armenia y Azerbaiyán son los ejemplos más representativos.

Los países escandinavos ofrecen también dos ejemplos muy significativos. Finlandia ha estado durante siglos incorporada a Suecia, de modo que el pueblo hablaba en finlandés, pero la lengua de la administración y de la cultura era el sueco, y siguió siéndolo cuando en 1908 Finlandia se convirtió en un gran ducado ruso. Pero a mediados del siglo XIX se produce un movimiento de reivindicación de la lengua finlandesa que pronto se convirtió en un movimiento de reivindicación nacional en una doble dirección: de independencia política respecto a Rusia y de sustitución del sueco por el finlandés en el terreno lingüístico. El otro ejemplo es Noruega, que había sido tradicionalmente una provincia danesa y que inicia una reivindicación que la lleva finalmente a la independencia. La separación geográfica y la diferencia de poblaciones y de intereses parecen suficientes para explicar la aparición de una conciencia nacional, y no tanto la diferencia lingüística, que es más bien dialectal. De todos modos, la primera consecuencia de la independencia es la decisión de definir una norma propia para la lengua hablada en Noruega con el fin de diferenciarla de la danesa.

Pero las reivindicaciones con fundamentación lingüística se producen también en el Occidente europeo y en los países que, de forma más sostenida, habían practicado una política de unificación lingüística.

En Francia, como ya he recordado, el episodio principal del proceso

37

unificador había sido la subordinación de los territorios de lengua d'oc a los territorios de lengua d'oil, con el consiguiente abandono de la lengua d'oc. Y fue precisamente esta lengua la que, a mediados del siglo XIX, conoce un brillante renacimiento. Mistral, el autor de *Mireio* (1851), funda en 1854 el movimiento conocido como *felibrige* para fomentar el cultivo de la poesía en occitano, y el premio Nobel que recibe en 1904 constituye un reconocimiento de este esfuerzo. Pero el movimiento literario no se continúa en una reivindicación política, de modo que paulatinamente se extingue y sólo muy recientemente vuelve a mostrarse activo. También en Bretaña y en Alsacia se producen manifestaciones de interés por la lengua propia y esporádicas reclamaciones de autonomía que no consiguen resultados.

Lo contrario ocurre en España. Cataluña ha tenido un pasado histórico y literario brillante y los catalanes no han dejado nunca de hablar su lengua, tanto en la misma Cataluña como en las Islas Baleares y también en Valencia. En el siglo XIX Cataluña se convierte en un centro de industrialización y de modernización muy activo, y esto hace que el renacimiento literario de la lengua, que se produce a partir de la mitad del siglo, no sólo encuentre un amplio respaldo popular, sino que coincide con la conciencia de una fuerte diferenciación entre la Cataluña industrial y moderna y el conjunto de la España tradicional y decadente, una diferencia que desde la naciente burguesía catalana se percibe como una diferencia de objetivos y de interés. En este clima, la reivindicación política asume una formulación nacionalista y encuentra una primera satisfacción con la constitución de la Mancomunidad de Cataluña en 1914.

También el País Vasco se convierte en un foco de industrialización importante y de reivindicación política, aunque, a diferencia de Cataluña, el nacionalismo se presenta en el primer momento como una defensa de la sociedad tradicional amenazada por la modernidad y sólo posteriormente se convierte en un factor de innovación. También el tema de la lengua se plantea de manera distinta que en Cataluña. Mientras que en Cataluña el uso de la lengua se ha mantenido de forma mayoritaria, en el País Vasco el área de su uso se había reducido progresivamente y parecía condenada a la extinción. A ello hay que añadir que, mientras que en el caso de Cataluña se trata de dos lenguas neolatinas y por tanto la adquisición de la una desde la otra es relativamente fácil, en el País Vasco nos encontramos con dos lenguas sin ninguna relación entre sí, lo que dificulta la adquisición mutua. Pero, dado el carácter emblemático que la lengua tiene para los vascos, su defensa y su promoción se han convertido en una cuestión prioritaria.

El gallego, la lengua de Galicia, cercana del portugués, es también como el catalán una lengua neolatina y el renacimiento del gallego y las actitudes políticas que le acompañaron son parecidos a los de Cataluña. Pero mientras que en Cataluña el desarrollo económico resultado de la industrialización ofrece un amplio soporte a la reivindicación política, en Galicia, un país pobre y minado por la emigración, la reivindicación se limita a círculos reducidos. De todos modos, cuando la República concede un estatuto de autonomía a Cataluña y al País Vasco, a continuación lo hará extensivo también a Galicia.

En el Reino Unido de Gran Bretaña e Irlanda las reivindicaciones nacionalistas tuvieron una consecuencia importante: la separación de Irlanda. Pero, en este caso, la independencia no ha significado la recuperación de la lengua. A comienzos del siglo XIX, la resistencia ya había empezado con fuerza pero, en gran parte, se expresaba en inglés. Y hemos de esperar hasta 1893, cuando la lengua irlandesa está ya en pleno retroceso, para asistir a la creación de la Liga Gaélica para luchar por la recuperación del uso y del prestigio de la lengua, un objetivo que, durante un tiempo, parece asequible. Cuando en 1921 Irlanda accede a la independencia, el nuevo gobierno dirige sus esfuerzos en esta dirección, pero los resultados conseguidos son pequeños y el número de hablantes ha disminuido desde entonces. Y es significativo, en este sentido, lo que ha ocurrido con la educación. A raíz de la independencia se declaró obligatoria la enseñanza del irlandés y, al término de la escolaridad, los alumnos debían demostrar su competencia en esta lengua. Pero esta demostración cada vez se hizo más difícil de cumplir y en 1973 se abandonó el examen obligatorio, que fue sustituido por pruebas voluntarias.

Distinta ha sido la suerte del galés. También en el País de Gales, a finales del siglo XIX, la suerte de la lengua parecía decidida en el sentido de su próxima desaparición, pero un movimiento literario y político en su defensa ha conseguido asegurar su supervivencia, a pesar de que en el orden político los resultados hayan sido modestos.

A diferencia de Francia, de España o de Inglaterra, que acabo de citar, Bélgica es un Estado de creación reciente—1830— cuando Valonia, una región de lengua francesa, y Flandes, una región de lengua neerlandesa — pero ambas católicas—, se separaron de Holanda, sólidamente protestante desde los días de la Reforma. El nuevo Estado adoptó el francés como lengua oficial porque era la lengua de Valonia, la región económicamente más fuerte, y porque, incluso en Flandes, el francés se consideraba la lengua culta. Pero con el paso del tiempo, y a medida que avanzaban en Europa las reivindicaciones lingüísticas, los flamencos empezaron a reclamar mayor consideración para su lengua y a basar en su singularidad lingüística una reclamación de autogobierno. Esta lucha, sostenida durante largo tiempo, ha conducido a un pleno reconocimiento de la personalidad flamenca en un plano de equidad con la valona y, al mismo tiempo, los flamencos han unificado su lengua y han sellado un acuerdo lingüístico con Holanda que asegura la promoción de una lengua única, sin que del reconocimiento de esta unidad se deriven consecuencias en el plano político. Bélgica se ha convertido en un país federal sin que pueda decirse que el conflicto lingüístico esté definitivamente resuelto.

Y me queda referirme a los Balcanes, la región de Europa donde las reivindicaciones lingüísticas y nacionales han tenido aspectos más dramáticos y consecuencias que, todavía hoy, ensombrecen el panorama europeo.

A comienzos del siglo XIX, toda la región que llamamos los Balcanes forma parte del Imperio Otomano, turco de raza y musulmán de religión, con capital en Constantinopla. En la parte europea del Imperio conviven poblaciones muy diversas por la etnia, la religión o la lengua: turcos, que sólo son mayoritarios en algunos lugares, griegos, eslavos —unos, ortodoxos, y otros, católicos—, rumanos, albaneses, judíos y un largo etcétera. El régimen otomano es un régimen despótico que no conoce otra ley que la voluntad del sultán pero que, en cambio, tolera que cada grupo étnico y religioso mantenga su religión, su lengua, sus costumbres e incluso sus propias formas de organización social, de manera que en un mismo ámbito geográfico, en una misma población, conviven colectivos muy diversos. La rebelión generalizada contra los turcos, en nombre de los distintos nacionalismos, cambiará totalmente esta situación.

Tomemos Grecia como ejemplo más característico. En la época clásica, Grecia no constituía una nación en el sentido moderno de la palabra. Siempre fue un conjunto de ciudades independientes que no lograron ponerse de acuerdo ni cuando tuvieron que enfrentarse con un enemigo común. Y la Grecia clásica tampoco tenía unos límites definidos como los tienen los Estados modernos. Muchas ciudades griegas estaban enclavadas en la península helénica, pero las había también, y de las más importantes, en Jonia, en Asia Menor, y en la Magna Grecia, en el sur de Italia, así como en las costas de África. En el norte de la península helénica los límites eran igualmente vagos, de modo que cuando Filipo de Macedonia quiso unificar la península, los atenienses lo consideraron extranjero.

Al dividirse el Imperio Romano, Constantinopla se convierte en la capital del Imperio de Oriente, pero, sobre todo, en la capital de la Iglesia que se considera ortodoxa frente a la Iglesia de Roma. Y la Iglesia ortodoxa es, en primer lugar, la Iglesia griega. Luego, la expansión de los eslavos lleva poblaciones eslavas al norte de la península helénica y la invasión turca aumentará todavía más esta mezcolanza. Durante los largos siglos de la dominación turca, los griegos se identifican entre sí por su lengua y por la religión ortodoxa, dos signos de identidad que se refuerzan mutuamente porque la Iglesia ortodoxa utiliza la lengua griega como lengua litúrgica pero que no tienen connotaciones geográficas precisas.

La lucha de los griegos cuenta con la simpatía que Europa Occidental siente por el pasado clásico, y la presencia de lord Byron en Atenas es un buen símbolo en este sentido. Pero la lucha contra los turcos se hace en nombre de los principios del nacionalismo y tiene por objetivo establecer una nación griega. La expulsión de los ocupantes implica la expulsión de los campesinos turcos establecidos desde hace siglos. Y cuando la guerra llega al norte de la península, a Macedonia, y los pueblos de más al norte se han rebelado también contra los turcos, los griegos entran en conflicto con sus vecinos. El resultado final es que muchos eslavos han de abandonar la Macedonia griega, al mismo tiempo que muchos griegos han de abandonar Bulgaria y otros lugares de predominio eslavo. Y falta todavía el episodio más sangriento. Desde los comienzos de la historia de Grecia, una parte importante de su población ha vivido en las costas de Jonia, en Asia Menor. Confiados en la ayuda que hasta entonces han recibido de los occidentales, los griegos se lanzan a la liberación de Jonia del Imperio Turco, pero las potencias occidentales, en vísperas de la guerra europea, tienen otras preocupaciones y dejan solos a los griegos, que acaban derrotados por los turcos. Un millón de griegos mueren o huyen de Jonia y, en represalia, expulsan a los turcos que permanecían en la península, con la única excepción de una pequeña minoría en Tracia, a cambio de que permitan seguir residiendo en Constantinopla al patriarca de la Iglesia ortodoxa.

Así, el intento de hacer de Grecia un Estado independiente conlleva limpiezas étnicas y lingüísticas. Y lo que he dicho de Grecia podría repetirse para todo el conjunto de la región balcánica. La guerra de los Balcanes, comenzada como una guerra de liberación frente a los turcos, condujo a la constitución de nuevos Estados nacionales: Bulgaria,

Rumanía, Albania. Pero lo que es muy significativo es que tuvieron que ser las potencias extranjeras las que pusieran fin a la guerra y las que fijaran los límites de los nuevos países. Y la creación de Yugoslavia, el país de los eslavos del sur, se justificó diciendo que resultaba tan difícil separar las distintas etnias que se prefirió unirlas en un mismo Estado bajo dirección serbia y con garantías para las diferentes minorías, una solución que, a la larga, ha resultado explosiva.

Los resultados

Cerca de un siglo de reivindicaciones nacionalistas, basadas principalmente en la lengua, han cambiado notablemente el mapa del continente, como se advierte claramente comparando el mapa de la Europa surgida del Congreso de Viena (1814) con el de la Europa definida por el Tratado de Versalles (1918). Un viento de libertad ha recorrido el continente, la lengua ha ocupado el lugar principal en la definición de las identidades colectivas y un buen número de lenguas han alcanzado su mayoría de edad y tienen una presencia significativa, no sólo en la literatura sino en la política.

Como todos los fenómenos históricos, esta ascensión de las lenguas al primer plano es un hecho más complejo de lo que aparenta a primera vista, que resuelve problemas antiguos mientras plantea otros nuevos.

Desde una perspectiva estrictamente ideológica notemos que, a lo largo del siglo, la afirmación de un lazo íntimo y necesario entre la lengua y la conciencia de nacionalidad no se ha confirmado en todos los casos. Y no me refiero con ello al hecho de que hay lenguas que no han conseguido cristalizar una conciencia nacional, sino al hecho, mucho más significativo, de que una gran lengua como es el alemán, cuyo peso político es evidente y cuya unidad es indiscutible, no haya desembocado en una conciencia nacional unitaria en la que apoyar un Estado alemán único. Un ejemplo en el mismo sentido, aunque menos aparatoso, lo constituye el neerlandés. Mientras que, durante un tiempo, los flamencos destacaron sus diferencias dialectales respecto al vecino holandés, actualmente defienden la unidad de la lengua neerlandesa, lo que confiere a la lengua hablada en Flandes categoría de lengua internacional y de lengua oficial de la Unión Europea, pero dejando claro que la unidad de lengua no tiene implicaciones políticas y, por tanto, no justifica la apelación a una nacionalidad común.

Si hay casos, como los citados, en los que la unidad de la lengua no implica una conciencia nacional unitaria, también observamos casos inversos, en los que la pluralidad de lenguas no es obstáculo para la unidad de la conciencia nacional. Así ocurre en Suiza.

A menudo se presenta la Confederación Helvética, con su federalismo y su reconocimiento de cuatro lenguas nacionales, como un buen ejemplo para los Estados con diferencias lingüísticas en su interior, o incluso para el futuro de la Unión Europea. Pero debe recordarse que en Suiza la fidelidad lingüística, que es fuerte, no va unida a sentimientos nacionalistas, sino que la conciencia nacional suiza, que es a su vez muy fuerte, es independiente de la lengua en la que se expresa.

Es cierto que las situaciones aducidas son casos aislados frente a una mayoría de situaciones que apuntan en sentido contrario, pero bastan para mostrar que la relación entre lengua y nacionalidad, por estrecha que sea en muchos casos, no tiene el carácter absoluto que a menudo se le atribuye.

En cuanto a las consecuencias de la oleada de nacionalismo lingüístico que estoy comentando, hay que empezar recordando un aspecto hasta ahora no destacado. La ideología nacionalista no sólo ha estimulado el cultivo y la reivindicación de lenguas hasta entonces dejadas de lado, sino que ha afectado también y sobre todo a las grandes lenguas, que ya eran oficiales en Estados unificados y que han encontrado en esta ideología la mejor justificación de su situación de preeminencia.

Al hablar del proceso de unificación lingüística en Francia, ya ha quedado claro que fue precisamente a lo largo del siglo XIX cuando se produjo el esfuerzo decisivo en este sentido. Y si es verdad que en este esfuerzo la escuela y la prensa desempeñaron un papel fundamental, también lo es que el impulso lo dio la identificación explícita entre lengua francesa y espíritu nacional francés, una identificación compartida tanto por los intelectuales como por los políticos.

Igualmente significativo es el caso alemán. Es cierto que en Alemania no existía una pluralidad lingüística que invitase a luchar por la unificación, pero la exaltación de la lengua como expresión genuina del pueblo alemán se hace de diferentes formas, como por ejemplo fomentando los sentimientos pangermánicos entre las minorías de lengua alemana en países vecinos, como los Sudetes en Checoslovaquia, o incluso advirtiendo, como hacen ciertos educadores exaltados a los alemanes que residen en el extranjero del peligro de que sus hijos aprendan demasiado pronto una lengua extranjera, pues la mezcla de lenguas puede ser tan peligrosa para el espíritu alemán como la mezcla de sangres.

Un ejemplo no menos significativo lo ofrece Italia, donde, desde el momento en que se constituye el Estado italiano, se exalta la lengua italiana como vehículo del espíritu italiano y expresión de la unidad nacional y, a través de la escuela, se ejerce una fuerte presión sobre las diferencias dialectales y se impone el uso exclusivo del italiano en las regiones bilingües, excesos que sólo recientemente se han rectificado.

Reproches de este tipo no sólo se pueden hacer a las grandes lenguas y a los países más poderosos. También países que han alcanzado su independencia después de siglos de sumisión han demostrado escasa tolerancia con sus propias minorías lingüísticas, como ha ocurrido en la mayoría de países de la zona danubiana. La constatación de estos hechos puede llevar a reflexiones desencantadas sobre la naturaleza humana y sobre la dificultad de colocarse en la perspectiva de los otros. Pero aquí no pretendo hacer reflexiones morales, sino simplemente advertir que así nos situamos en el corazón de los problemas de la ideología nacionalista, que es la cuestión de sus límites territoriales.

Decir que la lengua es la expresión más clara de una identidad nacional de una colectividad humana implica decir que los límites geográficos de la nación coinciden o deberían coincidir con los de uso de la lengua y, por tanto, que las fronteras políticas deberían ajustarse a las fronteras lingüísticas. Pero esto tiene una dificultad de principio. Mientras que las fronteras políticas entre Estados limítrofes son líneas continuas, perfectamente dibujadas, que separan con nitidez a los habitantes de uno y otro lado de la frontera, los mapas lingüísticos presentan gradaciones más o menos continuas y situaciones intermedias, en las que las lenguas están en contacto e incluso presentan oclusiones de colectividades que hablan otras lenguas.

Y esto es lo que vemos que sigue ocurriendo en Europa. La mayor parte de las fronteras que separan los Estados del continente europeo no constituían fronteras lingüísticas, sino cortes más o menos arbitrarios en situaciones complejas.

En la frontera entre España y Francia no se dan interpenetraciones mutuas entre el español y el francés, pero, en cambio, en su extremo occidental el vasco se extiende por ambos lados de la frontera, y lo mismo ocurre en el extremo oriental con el catalán. En el este del hexágono francés, la frontera, que ha variado a menudo su trazado a lo largo de los siglos, atraviesa una zona de dialectos germánicos, y en Bélgica y Holanda los límites entre francés y neerlandés, y entre neerlandés y alemán, son igualmente difíciles de precisar. Y Bruselas es oficialmente bilingüe.

CAPÍTULO 2
LENGUAS NACIONALES Y NACIONALISMO LINGÜÍSTICO

Más discutibles aún, desde el punto de vista lingüístico, son las fronteras terrestres de Italia. La frontera, al oeste, cruza el territorio del antiguo franco provenzal, en unas tierras donde el francés era, desde hacía siglos, la lengua de la cultura y donde la adscripción al Estado italiano o al francés fue decidida en referéndum, de modo que mientras que Niza elegía ser francesa, Turín optaba por Italia. El Valle de Aosta sigue siendo oficialmente bilingüe. Más al este, en la frontera con Suiza, el ladino o retorrománico se encuentra a ambos lados de la frontera. En el Alto Adigio convive una población de lengua alemana y una población de lengua italiana. Y en Trieste y sus alrededores, una población de lengua eslovena compensa la presencia de italianos al otro lado de la frontera y por toda la Dalmacia.

Si la situación es así de fluida en el Occidente europeo, no hace falta insistir en lo que ocurre en las regiones más orientales. Para poner sólo un ejemplo, pensemos en lo que puede significar discutir sobre las fronteras étnicas y lingüísticas de Polonia cuando Silesia, hoy polaca, ha sido sucesivamente prusiana, checa y austríaca o cuando, más al este, Galitzia ha formado parte, sucesivamente, del Imperio Ruso, de Polonia, del Imperio Austríaco, otra vez de Polonia, de la Unión Soviética y, en la actualidad, de Ucrania. Y en el norte de Polonia, la Prusia Oriental, colonizada por los caballeros teutónicos ya en la Edad Media, actualmente está incorporada a Polonia, aunque una pequeña parte, Koenigsberg, donde enseñaba Kant y que hoy se llama Kaliningrado, forma parte de Rusia.

Un siglo de reivindicaciones nacionales y lingüísticas ha producido rectificaciones en el mapa de Europa y ha permitido satisfacer viejas aspiraciones, pero el panorama resultante dista de ser perfecto y produce además la impresión o, mejor dicho, la seguridad de que cualquier otro sería también imperfecto.

Hay que llegar por tanto a la conclusión de que, incluso aceptando que la lengua es un elemento característico de una comunidad nacional, no es posible deducir directamente, de la distribución geográfica de las lenguas, las fronteras políticas del Estado nacional, que siempre deberá admitirse la existencia de una cierta coexistencia de lenguas en un territorio nacional y que ser necesario, por tanto, arbitrar fórmulas políticas que posibiliten esta coexistencia.

De hecho, la mayoría de los Estados europeos actuales albergan en su interior diferencias lingüísticas importantes. En el capítulo próximo comentaré las diferentes maneras en que estos Estados gestionan su pluralismo lingüístico.

CAPÍTULO 3

UNIDAD Y DIVERSIDAD. POLÍTICAS LINGÜÍSTICAS DE LOS ESTADOS EUROPEOS

Tipología

Los Estados europeos no sólo presentan una gran variedad de situaciones lingüísticas en cuanto a la importancia de las minorías lingüísticas o de las variedades dialectales en su territorio, sino que presentan también una gran variedad en las políticas lingüísticas que aplican para responder a esta variedad. Para exponerlas y comentarlas me limitaré, con sólo alguna excepción, a los países que constituyen la Comunidad Europea, que desde el Tratado de Maastricht denominamos Unión Europea.

Básicamente podemos distinguir los siguientes cinco tipos principales:

a) Monolingüismo. Hay países cuya política lingüística toma en cuenta sólo la lengua estatal identificada como lengua nacional. La política de promoción y defensa del monolingüismo puede coincidir con el reconocimiento de la existencia de diferencias lingüísticas e incluso con medidas limitadas en su favor. En este apartado podemos incluir tanto países como Portugal, prácticamente monolingües, como países como Francia, donde existen diferencias lingüísticas importantes y el monolingüismo como política ha sido una opción histórica.

b) Protección o tolerancia de las minorías lingüísticas. Estados que reconocen una sola lengua como lengua nacional y que no reconocen derechos políticos a sus minorías lingüísticas pero que no sólo reconocen su existencia sino que adoptan medidas para su protección

y su defensa. Incluimos en este apartado a países como Gran Bretaña en relación con el galés y Holanda con el frisón.
c) Autonomía lingüística. Estados que con una lengua nacional reconocida conceden autonomía política a territorios en los que se hablan otras lenguas, lo que implica para estos territorios la cooficialidad de las lenguas y la posibilidad de establecer una política lingüística propia. El ejemplo más característico en este sentido lo constituye la España actual y, para algún territorio, Italia.
d) Federalismo lingüístico. Estados con estructura federal en los que las entidades geográficas que los constituyen tienen lenguas distintas y su propia política lingüística aunque todas ellas tienen la consideración de lenguas nacionales. Dentro de la Unión Europea éste es el caso de Bélgica, y fuera de ella, de Suiza.
e) Bilingüismo institucional. Estados que reconocen dos o más lenguas como nacionales y cuya política lingüística procura el uso de todas ellas en todo el territorio del Estado. El ejemplo más claro de bilingüismo institucional lo ofrece Luxemburgo. En alguna medida la definición puede aplicarse también a Irlanda y a Finlandia.

El monolingüismo como objetivo

Existen países en Europa cuya política lingüística va dirigida exclusivamente a la defensa y la promoción de una sola lengua, bien porque en su territorio efectivamente se habla una sola lengua y las diferencias lingüísticas son, en todo caso, pequeñas, bien porque a pesar de existir diferencias lingüísticas importantes el país se propone el monolingüismo como objetivo.

Los países efectivamente monolingües son la excepción más que la regla. En el interior de la Unión Portugal puede ser un ejemplo de este tipo, y también Austria, recientemente incorporada. En el extremo opuesto, y como ejemplo de países que a pesar de una diversidad de hecho se proponen el monolingüismo como objetivo, podemos considerar a Francia.

En Portugal como en cualquier espacio lingüístico relativamente extenso, la lengua culta común coincide con diferencias dialectales que se derivan de la historia de la lengua, difundiéndose de norte a sur a partir de la Reconquista a los árabes, y en último término del sustrato lingüístico anterior a la ocupación romana y la difusión del latín, pero son diferencias

47

escasamente significativas. La única excepción que puede citarse es el mirandés o habla de Miranda, una pequeña población en la frontera con España, en la que se habla una variante de un dialecto hispanoleonés, resto del núcleo lingüístico asturianoleonés. Que el mirandés sea la única excepción indica claramente la uniformidad del espacio lingüístico portugués. Pero ello no significa que la lengua portuguesa no presente problemas con implicaciones políticas, pero se refieren a la unidad de la lengua en el plano internacional y a los esfuerzos en curso para conseguir un acuerdo sobre una norma ortográfica común.

Se puede incluir a Alemania entre los países monolingües, aunque las variedades internas sean mayores que en el caso portugués. Que la unificación política no se produjese hasta bien entrado el siglo XIX ha hecho que las diferencias dialectales hayan seguido siendo muy fuertes, mucho más que en Portugal. También en el este de Alemania se mantiene algún islote lingüístico, sorabo, que recuerda que antes de la expansión germánica hacia el este en estas tierras se hablaban lenguas eslavas; pero en conjunto estas diferencias son escasamente significativas y no van ligadas a planteamientos políticos. Y la separación mantenida rígidamente a lo largo de cerca de medio siglo entre la Alemania Oriental y la Occidental, a pesar de algunas predicciones en el sentido de que se produciría una diferenciación lingüística irreversible, no parece haber tenido efectos apreciables o duraderos.

Francia, en cambio, nos aparece como un ejemplo típico de país con una política monolingüe dirigida a eliminar las variedades lingüísticas existentes. En el capítulo dedicado a las raíces históricas se ha hecho referencia al proceso histórico de su política de unificación lingüística, que no sólo ha sido extremadamente coherente y eficaz, sino que ha servido de modelo a las políticas lingüísticas de otros países en camino de convertirse en Estados nacionales. Este proceso puede considerarse que ha cumplido sus objetivos unificadores, a pesar de lo cual Francia mantiene diferencias y singularidades lingüísticas importantes.

Las diferencias dialectales en el interior de la propia lengua de oil, en otro tiempo tan vivas y tan ricas, se mantienen, aunque sea notablemente atenuadas y en formas orales y rurales. En cuanto a la lengua de oc, o el conjunto de lenguas de oc, pues la falta de una tradición de lengua impresa y de uso administrativo impidió llegar a una forma unificada, se mantiene en forma de una pluralidad de dialectos, gascones los del oeste y provenzales o francoprovenzales al este. Fue precisamente el provenzal el

CAPÍTULO 3
UNIDAD Y DIVERSIDAD. POLÍTICAS LINGÜÍSTICAS DE LOS ESTADOS EUROPEOS

que los felibres intentaron reavivar en el siglo XIX con Mistral como figura señera, pero, por las razones que sean, el felibrismo no llegó a asumir una actitud política y prácticamente desapareció sin dejar rastro. Y sólo muy modernamente se asiste a esfuerzos por reactivar la lengua, unos esfuerzos que han de empezar por conseguir un código común.

Lindando con el territorio de la lengua d'oc y en la frontera pirenaica en el Rosellón se mantiene el catalán, la lengua propia del territorio cuando en 1659 fue incorporado a Francia. El renacimiento literario y el reconocimiento de que goza el catalán al sur de los Pirineos impulsan la supervivencia de esta lengua en el Rosellón.

En el oeste[1] del territorio francés, en Bretaña, se mantiene el bretón, una lengua celta y por tanto una lengua emparentada con la que hablaban los galos que habitaban Francia en tiempos de la conquista romana y con las que hoy se conservan en Gran Bretaña y en Irlanda. Y en la actualidad existe un movimiento de reivindicación de la lengua bretona más o menos ligado a reclamaciones de autonomía política.

Más al sur, y ya en la frontera con España, se mantiene igualmente el vasco o euskera, una lengua anterior a la mayoría de las lenguas habladas en Europa. También en este caso el reconocimiento político que la lengua encuentra en el País Vasco español actúa de incitante para unas reclamaciones paralelas en el País Vasco francés, más pequeño y menos poblado.

En la frontera oriental de Francia los límites entre el latín y sus sucesores y las lenguas germánicas han retrocedido desde la época de la ocupación romana en favor de los dialectos germánicos. En Alsacia se sigue hablando un dialecto alemán, y algo parecido ocurre en una parte de la Lorena. El recuerdo de tres guerras a lo largo de los dos últimos siglos y la sospecha de que cualquier reivindicación lingüística o autonomista puede interpretarse a favor de las intenciones anexionistas alemanas han coaccionado cualquier toma de conciencia de esta singularidad lingüística.

En la frontera norte hay también un enclave germánico, en este caso el departamento de Dunkerque, lindante con Flandes, donde se habla una variedad del neerlandés. La recuperación del neerlandés en Bélgica ha impulsado un movimiento paralelo de recuperación aunque sin identificarse formalmente con esta lengua, sino proponiendo una ortografía ligeramente distinta.

---

1 此处原文是"este",为笔误。译文已改正,故对原文也改正过来。——李思渊

49

Finalmente en la isla de Córcega, incorporada a Francia en 1768, el año antes del nacimiento de Napoleón, se ha mantenido el uso de una lengua propia que en sus orígenes era un dialecto italiano. Antes de que Córcega se incorporase al Estado francés, la lengua culta y escrita de la isla era, como en toda Italia, el toscano, aunque dada la pobreza de la isla su uso era muy limitado. En la actualidad el movimiento autonomista o nacionalista propone una codificación única de las distintas variedades corsas.

A pesar de que, a partir del renacimiento del occitano en el siglo pasado, la mayoría de las lenguas que he citado han contado con pequeños grupos de entusiastas dedicados a su cultivo, hasta hace muy poco tiempo el Estado francés se había negado sistemáticamente a adoptar cualquier iniciativa en favor de ellas. Toda la tradición francesa de exaltación de la lengua francesa como símbolo y como expresión de la identidad nacional se oponía a su reconocimiento. Todavía a mediados del siglo XX la escuela pública francesa tenía como objetivo explícito conseguir que el francés se convirtiese en la primera lengua de los alumnos que habitaban en regiones en las que se seguían hablando *patois* regionales. La primera manifestación de signo contrario la constituyó la llamada Ley Dixone de defensa de las lenguas y dialectos locales, promulgada en 1951, que, entre otras cosas, permitía la enseñanza de cuatro de ellas (bretón, vasco, occitano y catalán) en la escuela primaria y en determinadas condiciones. Pero los medios puestos al servicio de la iniciativa fueron tan escasos y las condiciones tan difíciles de cumplir que la aplicación de la ley resultó poco más que simbólica.

Cuarenta años después, en 1991, cuando la presión en favor de estas lenguas había aumentado sensiblemente, Mitterrand, candidato a la presidencia de la República, en su programa electoral inscribió que las lenguas y las culturas regionales serían respetadas y enseñadas (punto 54). Y efectivamente en los años posteriores se adoptaron algunas medidas que señalaban un cambio de orientación. El número de horas dedicadas a la enseñaza voluntaria de estas lenguas aumentó, y no se limitó a las cuatro citadas sino que alcanzó a todas. Al mismo tiempo se reglamentó la posibilidad de seguir estudios universitarios (licenciaturas) de estas lenguas y se autorizó el establecimiento, de forma experimental, de algunas clases bilingües, aunque por el escaso número de centros en los que se practica tiene un valor más simbólico que real. Y lo que no es menos significativo, el Estado francés ha reconocido la existencia y concedido subvenciones a escuelas mantenidas por asociaciones de padres en las que se utiliza la lengua regional como lengua de enseñanza —escuelas Diwan en Bretaña, ikastolas en el País Vasco, bressola en el Rossellón— e incluso ha organizado dentro de la enseñanza pública y de forma experimental algunas escuelas bilingües y en Bretaña escuelas donde la lengua de enseñanza es el bretón. Dada la tradición del Estado francés, se trata de cambios significativos que habrían sido difícilmente imaginables hace unos años pero que no autorizan a hablar de un cambio de orientación en la política lingüística francesa, como lo demuestra el hecho de que Francia haya rehusado ratificar la *Carta Europea de las lenguas regionales* propuesta por el Consejo de Europa.

Hablando en sentido estricto, Italia se puede clasificar entre los países que practican una política de autonomía lingüística. Ya en dos de sus regiones autónomas, el Alto Adigio y el Valle de Aosta, el italiano comparte con otra lengua el carácter de lengua oficial, el alemán en el primer caso y el francés en el segundo. Pero se trata de regiones pequeñas en el conjunto del Estado italiano y se trata además de lenguas que son oficiales en países vecinos y poderosos, por lo que se puede suponer que en el régimen especial concedido a estas lenguas han influido razones de política internacional. Resulta por tanto exagerado calificar a la política lingüística de Italia por estas singularidades.

Tal como se ha recordado en los capítulos históricos, en Italia durante siglos han convivido una gran variedad de lenguas y dialectos con una lengua literaria común, y fue sólo con la unificación política de la península en el siglo XIX como esta lengua, literariamente prestigiada, se convirtió en la lengua del Estado italiano y en el símbolo de su unidad. Y en nombre de esta identificación se inició una política de unificación lingüística, a través de la escuela principalmente, que pretendía imponer el italiano reduciendo al mínimo las diferencias dialectales e imponiendo, por supuesto, su uso donde tradicionalmente se hablaba otra lengua.

A pesar de estos esfuerzos, Italia sigue presentando una gran variedad dialectal, que puede resumirse así:

Dialectos septentrionales: piamontés, lombardo, veneciano, istrio, de la Emilia Romana.

Dialectos toscanos: con el florentino en posición central y privilegiada.

Dialectos centrales y meridionales: de las Marcas, de Umbría, de Roma, de los Abruzos, de Apulia septentrional, de Calabria y de Sicilia.

Otros dialectos también derivados del latín no pueden considerarse en cambio variantes del italiano sino que refieren a otras lenguas. Avanzando de oeste a este encontramos:

El provenzal alpino, hablado en el Valle de Aosta.

Los dialectos retorrománicos, que a su vez pueden agruparse en dos grupos: los dialectos ladinos, que se hablan en los valles de las Dolomitas y que están en continuidad con los dialectos retorrománicos hablados en Suiza, y los dialectos orientales, de los que el principal representante es el friulano, hablado en una región que tiene a Udine como centro y que todavía en el siglo XIX llegaba hasta Trieste. Entre los lingüistas hay quienes creen que todos estos dialectos son variantes de una misma lengua y quien cree que se pueden distinguir dos lenguas distintas: ladino y friulano.

En la isla de Cerdeña se distinguen cuatro dialectos de una lengua sarda, representada en primer lugar por el logudorés, hablado en el centro de la isla y que ha tenido un cultivo literario relativamente importante. En el sur de la isla se habla el campidanés. Los otros dos están más relacionados con dialectos toscanos. En la misma isla de Cerdeña, en la ciudad de Alguer, se habla catalán, rastro de la presencia catalana en la Edad Media. En la península hay otros islotes lingüísticos en los que se habla griego y albanés. Y en los alrededores de Trieste hay numerosos hablantes de esloveno.

Desde hace un tiempo, y en contraste con la uniformidad lingüística que practica la escuela y que difunden los medios de comunicación, y en primer lugar la televisión, los dialectos despiertan interés y abundan las ocasiones para utilizarlos públicamente, en certámenes literarios o en celebraciones folclóricas. Y en algunas regiones se ha propuesto utilizarlos en el inicio de la escolaridad. Sobre todo importantes han sido los esfuerzos para valorar el uso del friulano, y existen asociaciones que se lo proponen como objetivo. Pero no se ha conseguido fijar una norma común generalmente aceptada. Y tampoco se ha conseguido promover una conciencia colectiva que impulse una política en favor de estas lenguas. Probablemente es esta falta de presión política lo que explica que la política lingüística italiana siga proponiéndose el monolingüismo como objetivo.

Las únicas excepciones son las ya citadas del Alto Adigio y del Valle de Aosta. El Alto Adigio, que para la población de lengua alemana es el Tirol del Sur o Tirol italiano, fue incorporado a Italia por el Tratado de Versalles en 1918, y la población siguió siendo básicamente de lengua alemana aunque a partir de la anexión se produjo una fuerte emigración desde distintas regiones italianas, de modo que hoy la población es en un 60 por ciento aproximadamente de lengua alemana y en un 40 por ciento de lengua italiana. Las dos poblaciones tienen garantizado el uso de su lengua propia en cualquier situación y esto significa, entre otras cosas, un doble sistema educativo, uno en lengua alemana y otro en lengua italiana, e incluso, en buena parte, un doble sistema administrativo. La separación se lleva hasta el punto de que las ofertas de empleo público en la región están sometidas a cuotas lingüísticas en función de la proporción de hablantes de cada lengua.

Una de las consecuencias imprevistas de esta separación es que existe un valle, el valle de Gardana, en el que los habitantes hablan un dialecto ladino o retorrománico y en el que se ha organizado un sistema escolar propio con presencia de las tres lenguas. Así, el ladino, que, como el friulano en el resto de Italia, está absolutamente desamparado, en el Alto Adigio recibe una protección singular.

La situación es totalmente distinta en el Valle de Aosta. Cuando al constituirse Italia el Valle de Aosta se incorporó al nuevo Estado, la lengua de sus habitantes era un dialecto provenzal, pero la lengua culta, la de la pequeña burguesía local y de la enseñanza, era el francés. Y ha sido esta presencia del francés en el sistema educativo y en la administración la que el Estatuto de Autonomía del Valle ha permitido conservar. La dedicación preferente del Valle al turismo fortalece todavía este bilingüismo. En cambio, el dialecto local, que mantienen las familias campesinas, recibe escasa protección y está en camino de desaparecer.

Citemos todavía el caso de Grecia como ejemplo muy representativo de política lingüística centrada en la defensa de la lengua nacional prescindiendo de las minorías lingüísticas. Estas minorías se relacionan con las siguientes lenguas: el turco, lengua de la vecina Turquía, el eslavo-macedonio, resto de la presencia de eslavos en la Macedonia griega, el arumano, una lengua neolatina relacionada con el rumano, y el arbanita, variedad del albanés. La mayoría de estos grupos lingüísticos son numéricamente poco importantes, y dejando al margen el caso del turco, sobre el que repercuten las difíciles relaciones entre Grecia y Turquía, sólo los arumanos demuestran una cierta conciencia de constituir un grupo y presentan reivindicaciones lingüísticas. Parece por tanto exagerado el gran recelo que el gobierno griego y la mayoría de los partidos políticos demuestran ante la existencia de estas minorías; para explicarlo hay que pensar en las difíciles circunstancias de la guerra de independencia de Grecia, que he recordado en las páginas dedicadas a la historia, y en el hecho de que cada una de las lenguas minoritarias está vinculada a la lengua de países vecinos con los que Grecia mantiene relaciones a menudo conflictivas.

Para caracterizar la política lingüística de Grecia hay que tener en cuenta, además, que a lo largo del siglo Grecia ha vivido un conflicto lingüístico muy fuerte y con implicaciones de muchos tipos, debido al enfrentamiento entre la lengua tradicional, la kathaverousa, conservada por la Iglesia durante los siglos del dominio turco, y única utilizada como lengua culta y como lengua escrita durante mucho tiempo, y la modalidad popular, la demótica, la lengua de la comunicación oral y de la vida cotidiana. El largo proceso de sustitución de la lengua tradicional por la popular y su ascenso a lengua de la cultura y de la administración ha durado más de medio siglo y ha propiciado ásperas batallas entre conservadores y progresistas, aunque hoy se puede considerar definitivamente consolidado.

En los países de la Europa Oriental situaciones como la señalada de poblaciones que hablan la lengua de un país vecino son frecuentes. La disolución de los imperios y las rectificaciones de fronteras como resultado de guerras relativamente recientes han producido poblaciones que hablan la lengua del país vecino, fenómeno que a veces se da en una doble dirección — por ejemplo, hay una población de lengua croata en Hungría y de lengua húngara en Croacia— y que genera situaciones que a menudo se unen a sospechas sobre la lealtad nacional de los afectados y que acostumbran a acompañarse de políticas de unificación lingüística.

Un ejemplo máximo de este tipo de situaciones lo constituye la existencia de una minoría de lengua húngara en Rumanía que representa más del 6 por ciento de la población total del país y que ha constituido siempre una fuente de tensiones. Polonia se puede considerar un país monolingüe, ya que según los datos oficiales el 98 por ciento de la población habla el polaco. Sin embargo, es un hecho que hay regiones del actual territorio polaco que antes de la última gran guerra formaban parte de Alemania: Silesia, Prusia Oriental, de las que sus habitantes fueron expulsados pero en las que se mantienen todavía algunos hablantes. También el yídish, lengua habitual de los judíos de la Europa Oriental, ha disminuido con la eliminación o emigración de sus hablantes. Pero el caso más significativo es el de los países bálticos. Cuando Letonia fue incorporada a la Unión Soviética a raíz de la última gran guerra, prácticamente toda la población tenía el letón como lengua principal; en cambio, cuando recobró la independencia y como resultado de movimientos migratorios desde otros territorios de la Unión, un 35 por ciento de la población tenía el ruso como lengua principal y una fracción importante incluso desconocía el letón. Aunque con menor intensidad, en las otras repúblicas bálticas —Estonia y Lituania— también se da una situación de este orden. Y en todas ellas se ponen en práctica políticas de nacionalización lingüística más o menos decididas.

En los países surgidos de la descomposición de Yugoslavia las fronteras políticas son necesariamente arbitrarias, con abundantes interpenetraciones y con territorios en los que tradicionalmente han convivido poblaciones étnica y culturalmente diversas. Las diferencias sin embargo no eran básicamente lingüísticas, pues el serbo-croata se consideraba la lengua común, aunque los croatas de tradición católica lo escribiesen con el alfabeto latino y los serbios de tradición ortodoxa con el cirílico. Hoy la política lingüística de los distintos Estados se ejerce en el sentido de afirmar la singularidad de cada lengua.

Protección de las minorías

Incluyo en este apartado los Estados que, a pesar de que reconocen una sola lengua como lengua nacional y de que no otorgan derechos políticos a sus minorías lingüísticas como tales, sin embargo adoptan medidas para proteger su existencia y fomentar su uso.

Gran Bretaña constituye un buen ejemplo de esta política por lo que se refiere al galés. A partir de la invasión sajona, en el siglo V, las lenguas celtas habladas en las islas empezaron a retroceder frente al antiguo inglés de los invasores y el retroceso continuó cuando en el siglo XII una monarquía normanda impuso el francés en la corte de Londres. A partir de la recuperación del inglés como lengua de la vida política y social, comenzó un proceso de unificación lingüística paralelo al que tenía lugar en Francia, proceso que, a finales del siglo XIX, parecía haber llevado a las distintas lenguas celtas al borde de su desaparición. Y desde entonces prácticamente ha desaparecido el córnico, hablado en un tiempo en Cornualles, y el manxés, lengua de la Isla de Manx, y aunque el gaélico de Escocia se mantiene en algunas comarcas, sus perspectivas no son brillantes. Sólo el galés, en el País de Gales, mantiene una presencia sustancial y, desde comienzos del siglo se ha producido un movimiento de defensa y de recuperación de la lengua que no sólo ha logrado su permanencia sino también iniciar una cierta expansión. Según un censo reciente, hay actualmente unos 500.000 hablantes de galés, un número al que alguna encuesta añade unos 400.000 más con algún conocimiento activo o pasivo de esta lengua.

En Gran Bretaña no existe una ley que reconozca oficialmente la existencia del galés y que conceda derechos políticos a sus hablantes. Tampoco el País de Gales tiene una autonomía política que le permita tener un gobierno propio o dotarse de una política lingüística, ya que el gobierno de Gran Bretaña ejerce su autoridad en Gales a través del Wales Office, que es una delegación suya. Sin embargo, y desde hace un tiempo, el gobierno central ha adoptado una política favorable al galés y el Wales Office no sólo favorece su conocimiento y su uso de distintas maneras, sino que, en cierta medida, incluso lo utiliza. Hay que tener en cuenta, por otra parte, que en Gran Bretaña y, por tanto, también en el País de Gales las autoridades locales y en primer lugar los municipios tienen un ámbito de competencias muy alto, por ejemplo, sobre la enseñanza, y que pueden utilizar estas competencias en beneficio de la lengua. La situación en este sentido es muy variada: desde autoridades locales más o menos indiferentes al problema de la lengua hasta las que favorecen el galés o practican un bilingüismo sistemático.

La enseñanza es el campo más significativo de este conocimiento del galés y del apoyo que recibe. Teniendo en cuenta que, como acabo de señalar, la situación varía con las localidades, se puede decir que en el conjunto del País Galés aproximadamente un 20 por ciento de los alumnos de enseñanza primaria reciben la enseñanza en galés y un 60 por ciento reciben enseñanza del galés. En la enseñanza secundaria la proporción de los que reciben la enseñanza en galés se reduce al 10 por ciento, y en la universidad sólo algunos cursos y algunas asignaturas se pueden cursar en esta lengua.

En cuanto a los medios de comunicación, en la actualidad, hay una emisora pública que emite unas 30 horas semanales en galés y diferentes emisoras de radio que dedican una parte importante de su tiempo a esta lengua. Y podemos añadir todavía varios periódicos y revistas y unos 500 libros publicados al año. Pero lo que es más importante es que las encuestas recientes muestran un aumento del conocimiento y del uso de la lengua por parte de los jóvenes, lo que permite asegurar mayores progresos en el futuro.

Algo semejante puede decirse de la política de Holanda en relación con el frisón. Se trata de una lengua germánica, emparentada con el neerlandés y con el alemán, que se ha mantenido en la frontera entre las dos lenguas y especialmente en la provincia holandesa de Frisia, en la que se considera que unas 400.000 personas mantienen su uso.

Algunas leyes y disposiciones reconocen la existencia del frisón, pero no puede decirse que se haya impuesto una política definida de protección de la lengua ni normas que regulen su utilización en la administración pública y en las relaciones de ésta con la población. Hay, sin embargo, una actitud positiva por parte del Estado holandés respecto del frisón y su manifestación más clara es su presencia en el sistema educativo. En la mayoría de las escuelas de la provincia de Frisia es la lengua de base y de comunicación en los primeros grados de la enseñanza; en los grados superiores es sustituida por el neerlandés, pero el frisón se mantiene como lengua enseñada. En el otro lado de la frontera, en territorio alemán, hay también pequeños núcleos de población que lo hablan y en los que tiene una presencia semejante en la enseñanza.

Autonomía lingüística

El ejemplo principal de lo que he denominado autonomía lingüística lo ha constituido durante mucho tiempo la Unión Soviética. Pero la disolución de la Unión y el estado extremadamente fluido de la situación actual impide ofrecer datos fiables sobre las actuales políticas lingüísticas en las repúblicas que un día constituyeron la Unión. El predominio en todas ellas de ideologías de tinte nacionalista es evidente, y por tanto también la promoción de las lenguas que un día eran cooficiales con el ruso. De todos modos en muchas repúblicas no parece probable la eliminación del ruso y menos todavía la imposición de un monolingüismo pleno en territorios que en muchos casos son étnicamente diversos. Es precisamente el caso de la República Rusa, donde parece probable que en sus llamados territorios autónomos, en los que se habla una lengua distinta de la rusa, se mantenga algún tipo de cooficialidad aunque sea reducida.

Dentro de la actual Unión Europea el ejemplo característico de lo que he llamado autonomía lingüística lo constituye España. En los capítulos históricos se ha hecho referencia a la pluralidad lingüística de los territorios que constituyen el Estado español como resultado de la supervivencia del vasco y de la descomposición del latín en varias lenguas neolatinas. Igual que en Francia y en Inglaterra, el proceso de unificación política se acompañó de un proceso de unificación lingüística que no eliminó el uso popular de las lenguas distintas del castellano. A partir de esta situación en el siglo XIX se produjeron movimientos de recuperación literaria y de reivindicación política a los que también se ha hecho referencia y que fueron duramente reprimidos durante el régimen franquista. La Constitución de 1978 rectifica la tradición uniformista y, después de afirmar que el castellano (español) es la lengua oficial de España, añade que las demás lenguas españolas serán también oficiales en las respectivas Comunidades Autónomas de acuerdo con sus Estatutos y que la riqueza de las distintas modalidades lingüísticas de España es un patrimonio cultural que será objeto de especial respeto y protección. De acuerdo con la misma Constitución, el territorio de España se ha dividido en diecisiete[1] Comunidades Autónomas, cada una con su propio gobierno y Parlamento. El Estatuto de Autonomía de cinco de estas Comunidades establece que la Comunidad tiene una lengua propia que es cooficial con el castellano en el ámbito de la comunidad. Estas Comunidades son: Cataluña (6.000.000), catalán; Islas Baleares (680.000), catalán; Valencia (3.750.000), valenciano (variante del catalán); Galicia (2.850.000), gallego, y País Vasco (2.200.00), vasco o euskera. En una sexta Comunidad, Navarra, reconoce también el vasco como lengua propia al mismo tiempo que el castellano, pero limita su cooficialidad a una parte del territorio. A lo que puede todavía añadirse que el Estatuto de Asturias recomienda la protección del bable, aunque no se le da un carácter de lengua cooficial; que el Estatuto de Aragón hace referencia a las peculiaridades lingüísticas de Aragón, es decir, los vestigios de la antigua lengua aragonesa y al catalán que se habla en una franja fronteriza con Cataluña; y que en el Estatuto de Cataluña se reconoce la existencia en el Valle de Arán, un valle pirenaico limítrofe con Francia, del aranés, un dialecto gascón/occitano. Entre 1982 y 1986 cada una de las seis Comunidades Autónomas citadas en primer lugar aprobaron leyes lingüísticas que definen la cooficialidad como igualdad jurídica de las dos lenguas y por tanto conceden el mismo valor jurídico a los documentos en cualquiera de las dos y afirman el derecho de los ciudadanos a utilizar cualquiera de las dos en sus actuaciones privadas o públicas. Al mismo tiempo, desarrollan medidas para promover el uso de las lenguas autóctonas principalmente en tres aspectos: la administración pública, la enseñanza en todos los niveles y los medios de comunicación. Respecto a la administración, consagran el derecho de cualquier ciudadano a utilizar cualquiera de las dos lenguas, y por tanto no sólo el castellano

---

1　此处原文是"dieciséis"，为笔误。译文已改正，故对原文也改正过来。——李思渊

sino la lengua autóctona, en sus relaciones con la administración pública en cualquier circunstancia. Y en cuanto a la enseñanza, hacen obligatoria la enseñanza de la lengua autóctona en todos los niveles del sistema educativo y establecen la posibilidad de que esta lengua se utilice incluso como lengua básica de la enseñanza. Respecto a los medios de comunicación, estas leyes abren la posibilidad de que los gobiernos autónomos establezcan sus propias emisoras de radio y de televisión y que utilicen en ellas la lengua local.

Como puede suponerse, aunque las leyes sean parecidas, la situación es muy diversa en las distintas Comunidades. El catalán, que en la Edad Media tuvo un uso literario importante y que en el siglo pasado conoció un renacimiento, se beneficia en Cataluña de una importante solidaridad política que hace que en el gobierno autonómico predominen o influyan partidos explícitamente nacionalistas. Cataluña es, al mismo tiempo, una de las Comunidades más industrializadas y dinámicas en el conjunto español. Este desarrollo económico la ha convertido en un destino preferido para los inmigrantes del sur de España, lo que constituye una desventaja para la lengua. En la actualidad cerca de la mitad de los habitantes de Cataluña tienen el catalán como primera lengua y la otra mitad el castellano, aunque de la población total cerca de 90 por ciento entienden el catalán y el 85 por ciento son capaces de hablarlo. En conjunto puede decirse que Cataluña tiene una política lingüística de decidida protección de la lengua, que la administración pública catalana utiliza el catalán como lengua de funcionamiento y que aproximadamente dos terceras partes de los alumnos de esta Comunidad reciben la enseñanza en catalán. También en el nivel universitario el catalán tiene una presencia importante.

En las Islas Baleares las proporciones de conocimiento de la lengua son parecidas a las de Cataluña; sin embargo, la implicación política es menor, y la dedicación intensiva de las islas al turismo tampoco favorece su expansión. En Valencia el conocimiento y el uso son todavía menores, y las disputas sobre la naturaleza de la lengua hablada y sobre la identidad valenciana en relación o en oposición a Cataluña complican todavía la expansión de la lengua. En el País Vasco, como en Cataluña, el gobierno local es de signo nacionalista y el compromiso político con la lengua es así muy alto; las limitaciones vienen, en este caso, del menor número de hablantes y de la gran distancia lingüística entre el español, una lengua neolatina, y el vasco, anterior a las invasiones indoeuropeas. Pero el gran esfuerzo realizado ha conseguido invertir la tendencia secular a

59

la disminución paulatina de hablantes. Algo parecido puede decirse de Navarra, donde el vasco sólo se conservaba en una pequeña parte del territorio. En cuanto a Galicia, el gallego es efectivamente la lengua popular, conocida por prácticamente la totalidad de la población, pero la extremada pobreza de la región, que condenaba a sus habitantes a la emigración, había desprestigiado totalmente el uso de la lengua, identificada con la ruralidad y la pobreza. Esta actitud ha cambiado y el uso del gallego en la administración y en la televisión y su enseñanza en la escuela están consiguiendo para esta lengua un prestigio social importante.

Federalismo lingüístico

Se puede calificar de federalismo lingüístico la política aplicada en los Estados en los que los territorios que los constituyen tienen lenguas oficiales propias que son, a la vez, oficiales del Estado en su conjunto. Normalmente el federalismo lingüístico supone un Estado federal. En Europa, Suiza y Bélgica pueden considerarse ejemplos típicos de federalismo, ejemplos típicos que son, sin embargo, totalmente distintos.

A diferencia de muchos países europeos que se han formado en un proceso de expansión y de unificación a partir de un núcleo inicial, Suiza surgió ya en el siglo XII como una federación de entidades locales que se oponían a la expansión de los Habsburgo y ha mantenido este carácter, claramente medieval, de confederación entre iguales, hasta nuestros días. En los comienzos de su historia, en la Confederación suiza, como en toda Europa, se hablaban distintos dialectos, dialectos germánicos en la mayoría de cantones y dialectos latinos en algunos, una diversidad que no influía en la voluntad de establecer unos lazos comunes y que se ha mantenido hasta hoy.

En Suiza se hablan cuatro lenguas: alemán, francés, italiano y romanche o retorrománico. De los veintisiete cantones que constituyen la actual Confederación Helvética, diecisiete son de lengua alemana, cuatro de lengua francesa (Ginebra, Jura, Neuchâtel y Vaux), uno de lengua italiana (Ticino) y cuatro son plurilingües, de los que tres (Berna, Friburgo y Valais) tienen dos lenguas: francés y alemán, y un cuarto (Grisones) es trilingüe: alemán, romanche e italiano. De acuerdo con los censos recientes, de los algo más de cuatro millones de habitantes de Suiza, el 65 por ciento son de lengua alemana, el 18,5 por ciento de lengua francesa, el 9,8 por ciento de lengua italiana y el 7,8 por ciento de lengua romanche o retorrománico. A ellos hay que añadir un 6 por ciento que hablan otras lenguas.

La Constitución federal de 1848 ya afirmaba que la Confederación Helvética tiene tres lenguas con la misma consideración de lengua oficial: alemán, francés e italiano. Casi un siglo más tarde, en 1938, se modificó el texto constitucional para incluir el retorromano, y así el artículo 116 de la Constitución vigente dice que Suiza tiene cuatro lenguas nacionales: el alemán, el francés, el italiano y el retorrománico, aunque a continuación añade que las lenguas oficiales sólo son el alemán, el francés y el italiano. Esta doble definición se traduce en un conjunto de disposiciones legales que pueden resumirse así:

En cada cantón el principio aceptado es el de la territorialidad; cada cantón tiene una lengua oficial, y en los cantones con más de una lengua se distinguen las comarcas según su lengua principal. Esto significa que en Ginebra, por ejemplo, cantón de lengua francesa, tanto la lengua de la administración como la de la enseñanza, y en general de todas las funciones públicas, es el francés, y, por tanto, si un suizo de Berna o de Zúrich se traslada a vivir a Ginebra tendrá que espabilarse para aprender esa lengua. En los cantones plurilingües existen reglas lingüísticas propias según las comarcas.

En el Parlamento federal los diputados pueden expresarse en cualquiera de las tres lenguas, pero sólo hay traducción simultánea al francés y al alemán, pues el italiano prácticamente no se utiliza; y en el Senado los senadores pueden expresarse igualmente en cualquiera de las tres lenguas, pero no hay traducción y la mayoría de las intervenciones se hacen en alemán. Y en cuanto al funcionamiento de la administración federal, las leyes y las reglamentaciones se publican en las tres lenguas, y en las relaciones con los cantones se utiliza la lengua del cantón, pero el funcionamiento administrativo interno emplea mayoritariamente el alemán. Un conjunto de disposiciones determina cuáles son los puestos de trabajo en los que es obligatorio el conocimiento de dos o tres de las lenguas oficiales. Y reglas parecidas se encuentran también en las empresas con implantación en todo el país, como bancos y empresas de servicios. Así, buena parte del personal de Swiss Air es bilingüe alemán-francés.

Estas diferencias en la reglamentación resultan de la situación sociolingüística, pues si bien las cuatro lenguas nacionales o, al menos, las tres lenguas oficiales tienen la misma consideración legal, su peso en el conjunto de la sociedad suiza es muy distinto. El retorromano tiene un número muy reducido de hablantes, habitantes de comarcas agrícolas hoy convertidas en turísticas, y, a pesar de la protección que recibe, está muy seriamente amenazado de ser sustituido por el alemán. El italiano, lengua de la vecina Italia, no sufre esta amenaza pero su importancia numérica es pequeña y su presencia en el resto de Suiza y en los órganos de gobierno es mínima. En cuanto al francés, lengua de varios cantones y de prestigio internacional, sí que tiene una presencia importante en la vida pública suiza, pero mucho menor que el alemán, que es la de la mayor parte de sus habitantes y la de las ciudades donde residen los órganos del gobierno federal.

El alemán es así la primera lengua de Suiza, pero no por ello deja de tener sus problemas. Mientras que en los cantones de lengua francesa los dialectos franceses y francoprovenzales prácticamente han desaparecido frente a la presión del francés normativizado, en los cantones de lengua germánica el uso de los distintos dialectos se ha mantenido muy vivo, hasta el punto de que puede hablarse de una auténtica situación diglósica, con una lengua inferior, el *Schweitzerdeutsch* (suizo alemán), utilizada como lengua oral, y el *Hochdeutsch* (alemán alto o literario), que es la lengua de la enseñanza y de las situaciones formales y, por supuesto, de la escritura. Pero desde hace un tiempo se está asistiendo a una expansión de los usos del *Schweizerdeutsch*, en primer lugar en las emisiones de radio y de televisión, pero también con un cierto uso escrito e incluso, en algunos lugares, en la enseñanza. De manera que es posible imaginar que en el futuro se produzca un proceso parecido al que en Grecia llevó a sustituir la variedad culta del griego por la variedad popular. O como el que en Luxemburgo ha llevado recientemente a consagrar el dialecto local como lengua independiente.

En la mayoría de los cantones suizos, a partir del séptimo grado de la enseñanza general, se introduce una segunda lengua, que en principio es el francés en los cantones de lengua alemana y el alemán en los de lengua francesa. Los resultados no son excesivamente brillantes, so bre todo desde que se está difundiendo la preocupación por aprender inglés lo más pronto posible. Y añadamos todavía que Suiza atrae una población extranjera muy importante —el 14 por ciento de sus habitantes son extranjeros— y, con la única excepción de Luxemburgo, es el país de Europa con la mayor proporción de extranjeros entre su población. Su poder de atracción se basa en su imagen de país tranquilo, atractivo para residentes de alto poder económico, que aspiran a disfrutar de un retiro

CAPÍTULO 3
UNIDAD Y DIVERSIDAD. POLÍTICAS LINGÜÍSTICAS DE LOS ESTADOS EUROPEOS

pacífico, y también en la existencia de las cabeceras de muchas empresas y organizaciones internacionales. En el otro extremo de la escala, Suiza atrae a emigrantes de bajo nivel económico, porque hay muchas ocupaciones que los suizos prefieren no ejercer. Para los extranjeros del primer tipo, el inglés acostumbra a ser la lengua de comunicación, pero los emigrantes económicos, y especialmente sus hijos, plantean problemas que, en algunos lugares, desbordan las capacidades del sistema educativo.

Todos estos problemas no deben hacernos olvidar el hecho fundamental de que, en una situación lingüística muy compleja, los suizos han conseguido un equilibrio envidiable y que contrasta con situaciones conflictivas frecuentes en otros lugares. La explicación es, por otra parte, sencilla. Mientras que en muchos lugares la lengua constituye un signo de identidad nacional y así los conflictos lingüísticos son vividos como conflictos nacionales, en Suiza la fidelidad lingüística, que es muy sólida, es sin embargo independiente de la identidad nacional, de manera que el plurilingüismo de la Confederación no afecta al nacionalismo o al patriotismo suizo, que es igualmente, y como es sabido, muy fuerte.

Al contrario que en Suiza, en Bélgica las cuestiones lingüísticas no sólo tienen implicaciones políticas fuertes sino que, a menudo, se han convertido en el eje de la problemática política del país. En el capítulo dedicado a comentar las relaciones entre las reivindicaciones lingüísticas y las nacionales ya se ha recordado que Bélgica se constituyó en el siglo pasado como un Estado con dos poblaciones lingüísticamente diversas —una de lengua francesa y otra de lengua flamenca— pero con el francés en una posición dominante, ya que no sólo Valonia, la región de lengua francesa, era la región más próspera sino que incluso en Flandes, predominantemente campesina, la lengua de la burguesía y de la educación era el francés. Pero recordaba también cómo a lo largo de un siglo esta situación ha cambiado completamente y la población de lengua flamenca ha conseguido prestigiar su lengua y establecer un régimen de paridad lingüística.

La situación actual puede resumirse así: Bélgica, según el artículo 2 de la Constitución, está formada por tres comunidades lingüísticas: la francesa, la neerlandesa y la alemana. Por otra parte, y según el artículo 4, está dividida en cuatro regiones geográficas: una región de lengua francesa, una región de lengua neerlandesa, una región de lengua alemana y la región bilingüe de Bruselas.

Las diferencias lingüísticas entre las comunidades requieren una reglamentación legal, pero el artículo 30 de la Constitución advierte que sólo se pueden regular legalmente los usos de la lengua en la administración pública y en la administración de justicia. En todas las demás situaciones los ciudadanos son libres de utilizar la lengua que prefieran. Una enmienda de 1971 amplía las cuestiones regulables para incluir la documentación que las empresas han de rellenar por imperativos legales, igual que los contratos que establezcan con sus trabajadores.

El conjunto de las normas que regulan el uso de las lenguas puede resumirse así: tanto en la región flamenca, Flandes, como en la francesa, Valonia, rige el principio de territorialidad y son prácticamente monolingües. En Valonia la lengua de todo el funcionamiento administrativo y de toda la enseñanza es el francés, y en Flandes, es el neerlandés. En la región germánica, y debido al número reducido de los hablantes de alemán, que no llegan a 100.000, tanto la administración como la enseñanza utilizan el alemán y, en gran medida, el francés. En la región bilingüe que constituye la ciudad de Bruselas, la administración utiliza, según los casos, una u otra lengua, o las dos, y existe un doble sistema de enseñanza, uno para los alumnos de lengua francesa y otro para los de lengua flamenca. La división llega hasta la universidad. Mientras que en Flandes y en Valonia las universidades utilizan la lengua propia de la región, en Bruselas hay universidades de lengua francesa y universidades de lengua neerlandesa. Hace ya bastante tiempo que las dos universidades más célebres de Bélgica, la Católica de Lovaina y la Libre de Bruselas, se dividieron, dando origen cada una de ellas a otras dos, una en lengua flamenca y otra en lengua francesa.

Esta división del país en regiones con distinto régimen lingüístico ha obligado a una reglamentación muy detallada de la utilización de las lenguas en cada caso. Así, un proceso judicial iniciado en Bruselas se llevará en la lengua del demandante, en francés por ejemplo si éste es de lengua francesa, y la introducción de un solo documento en flamenco invalidaría el proceso, a pesar de lo cual, si el demandado es de lengua flamenca, tiene derecho a expresarse en su lengua y a que sus declaraciones se traduzcan al francés para incorporarlas al proceso, del mismo modo que todas las comunicaciones que haya que dirigir a una localidad de la región flamenca habrán de traducirse a esta lengua. Las reglamentaciones lingüísticas resultan todavía complicadas por la existencia de ayuntamientos fronterizos con un régimen especial.

En cuanto a la administración central, utiliza las dos lenguas de forma parecida a la administración municipal de Bruselas: atiende las peticiones y resuelve los expedientes en la lengua del que hace la solicitud o que inicia el expediente y se dirige al público en general en las dos lenguas. Esta reglamentación de los usos lingüísticos se completa con normas que determinan para cada puesto de trabajo en la administración pública el conocimiento de lenguas que ha de tener el que lo ocupa. Así, en el ejército, para citar un caso muy representativo, las unidades son monolingües y a los soldados y a los oficiales se les destina teniendo en cuenta su lengua. Pero un oficial, para ascender a comandante, ha de demostrar un conocimiento al menos elemental de la otra lengua, francés o neerlandés. Y los oficiales superiores han de poder expresarse sin dificultad en las dos lenguas.

A esta normativa legal se pueden añadir algunas consideraciones sociolingüísticas. Cuando se constituyó el Estado belga, la región flamenca, exclusivamente agrícola, estaba en condiciones de inferioridad respecto a Valonia, industrial y culta, pero con el paso del tiempo la situación se ha invertido. La industria valona, principalmente siderometalúrgica, hace tiempo que entró en crisis, mientras que las ciudades flamencas se han convertido en centros terciarios prósperos. La mayor fecundidad flamenca ha influido también en el proceso, de manera que ha sido la presión flamenca la que ha impulsado la actual legislación lingüística y la que ha dado al país una estructura federal. De todas maneras, los flamencos son conscientes de que su lengua, incluso después del acuerdo que la identifica con el neerlandés y la convierte en lengua oficial de la Unión Europea, sigue siendo una lengua menor frente al francés y a su gran prestigio internacional. Esta impresión de amenaza por parte del francés es especialmente fuerte en Bruselas, ciudad bilingüe y donde la instalación de organismos internacionales, como la Comisión de la Unión Europea o la Comandancia de la OTAN, provoca una presencia masiva de extranjeros que, en general, prefieren familiarizarse con el francés antes que con el flamenco.

Este recelo ante el francés explica por qué en Bruselas los responsables de la enseñanza en la comunidad flamenca insistían en la obligación de las familias de lengua flamenca de inscribir a sus hijos en las escuelas de lengua flamenca, que se justificaba por el temor de que algunos padres matriculasen a sus hijos en escuelas de lengua francesa atraídos por el mayor prestigio de esta lengua. Este temor ha dejado de tener sentido cuando se ha advertido que había familias de lengua francesa que inscribían a sus hijos en escuelas en neerlandés, para que se convirtiesen así en bilingües y pudiesen optar a los numerosos puestos de trabajo que la reglamentación actual reserva a los bilingües. Este fenómeno, observado desde el exterior, hace parecer poco justificado que una ciudad oficialmente bilingüe ofrezca dos sistemas educativos rígidamente separados por la lengua, en vez de un sistema común que asegurase una alta competencia en las dos lenguas. Y aún puede añadirse que en la misma Bruselas la abundancia de residentes extranjeros justifica la existencia de una escuela europea y de diversas escuelas internacionales, en las que se utilizan sistemáticamente distintas lenguas en la enseñanza. Y que esta abundancia de extranjeros hace de Bruselas una ciudad plenamente cosmopolita. Y no deja de resultar curioso que la capital del país donde las tensiones lingüísticas son más fuertes sea, al mismo tiempo, la ciudad más plurilingüe de Europa. O quizás sea esto un símbolo de la Europa del futuro.

Plurilingüismo institucional

Podemos calificar de países institucionalmente plurilingües a los que tienen varias lenguas oficiales pero no circunscritas a territorios determinados, como en los países federales, sino al conjunto del Estado. Irlanda, Finlandia y Luxemburgo, todos ellos miembros de la Unión Europea, pueden incluirse en esta categoría.

El caso de Finlandia lo he recordado ya al hablar de los movimientos de liberación nacional y lingüística del siglo pasado. Ocupada durante siglos por Suecia, el sueco no sólo era la lengua de los ocupantes sino la lengua culta de la población finlandesa. En el siglo XIX se produjo un movimiento de reivindicación de la lengua popular que no iba dirigido contra Suecia y la lengua sueca porque, desde 1809, Finlandia había dejado de pertenecer a Suecia para convertirse en un ducado ruso. De manera que la sustitución del sueco por el finlandés como lengua culta y administrativa se produjo sin tensiones políticas y respetando los derechos y los sentimientos de la población, que seguía hablando sueco en diferentes zonas del sur y del este del país. Cuando se produjo la independencia de Rusia en 1919, la Constitución estableció: El finlandés y el sueco son las lenguas nacionales de la República. La ley garantiza el derecho de todos los ciudadanos finlandeses a utilizar su lengua materna, sea el finés o el sueco, en sus relaciones con la administración. En la práctica este derecho se limita a las comarcas donde se concentra la población de lengua sueca, y en estas comarcas también la enseñanza se ofrece en las dos lenguas. De todos modos, la población de lengua sueca, —cerca de 400.000 hablantes— no representa más que un 10 por ciento del total de la población de Finlandia, y con tendencia a decrecer.

También he considerado el caso de Irlanda al hablar de los movimientos de liberación nacional y he recordado que, al proclamarse la independencia, la lengua irlandesa ya era minoritaria. Actualmente, y según un censo de 1991, el 30 por ciento de la población se considera capaz de hablar en irlandés, pero encuestas más fiables consideran que sólo un 5 por ciento de la población lo tiene como lengua habitual, un 10 por ciento lo utilizan esporádicamente sin dificultad y otro 10 por ciento lo entiende, aunque tenga dificultades para hablarlo. La Constitución le atribuye el carácter de lengua oficial junto con el inglés e incluso le concede cierta preferencia, lo que se traduce en un uso formal y ceremonial. Pero, en la práctica, la mayor parte de las actividades de la administración y de la vida pública utilizan el inglés. Sólo para determinados lugares de trabajo, especialmente en la enseñanza, se exige el conocimiento del irlandés. Y sólo en los municipios con predominio de hablantes de irlandés se usa en la administración y como medio de enseñanza. Y, como es sabido, Irlanda ha renunciado a que su lengua sea lengua de trabajo de la Unión Europea, y sólo se utiliza en circunstancias muy especiales.

Puede decirse, por tanto, que aunque en teoría Finlandia e Irlanda son países constitucionalmente bilingües, en la práctica su política lingüística es más bien de protección de una minoría. Luxemburgo, en cambio, es un país bilingüe o, mejor dicho, trilingüe.

El Gran Ducado de Luxemburgo (400.000 habitantes), que durante un tiempo form parte de los territorios del reino de Borgoña y que podía haber acabado integrado en cualquiera de sus Estados vecinos, por un conjunto de circunstancias afortunadas ha mantenido su independencia hasta nuestros días. Una independencia que, con una economía basada en la metalurgia, ha pasado temporadas muy difíciles, superadas al integrarse en la Comunidad del Carbón y del Acero, germen de la actual Unión Europea. Así, Luxemburgo, a pesar de sus reducidas dimensiones, se ha convertido en un Estado de pleno derecho dentro de la Comunidad Europea y, a partir de aquí, en un importante centro financiero.

Luxemburgo está situado en la franja de contacto entre las lenguas germánicas y latinas, a la que repetidamente se ha hecho referencia en estas páginas, y su población ha hablado tradicionalmente un dialecto germánico y ha usado el alemán y el francés, las lenguas de sus vecinos, como lenguas cultas. Y lo sigue haciendo todavía hoy. El luxemburgués es la lengua de la vida cotidiana y de las comunicaciones orales, mientras que el alemán es mayoritariamente la lengua de la administración y de los negocios y el francés la de las actividades de carácter cultural y de las relaciones exteriores. Hasta 1984 las lenguas oficiales de Luxemburgo eran el francés y el alemán, pero en aquel año, y como resultado de una corriente que pretende reforzar la conciencia luxemburguesa prestigiando su lengua, se proclamó el luxemburgués lengua nacional y, desde entonces, se ha introducido su enseñanza en las escuelas y se promueve su uso escrito, un uso muy limitado por el pequeño número de los lectores potenciales. De todos modos, cuando se firmó el Tratado de Roma, el luxemburgués no era todavía lengua oficial y por ello no figura entre las lenguas de trabajo de la Unión, sino que tiene un tratamiento parecido al del irlandés.

Es en el sistema educativo donde más claramente se muestra el carácter plurilingüe de Luxemburgo. En el nivel preescolar, la escuela utiliza el luxemburgués, que seguirá siendo la lengua de comunicación oral entre alumnos y profesores a lo largo de la enseñanza. Pero al comienzo de la escolaridad formal, a los seis años, la enseñanza de la lectura y la escritura se hace en alemán; al año siguiente se introduce el francés y, a partir de entonces, la lengua de enseñanza es en unas asignaturas el alemán y en otras el francés, manteniendo media hora semanal de enseñanza del luxemburgués en cada curso. Para advertir hasta qué punto esta enseñanza ha de asegurar la competencia lingüística de los alumnos, basta recordar que en Luxemburgo no hay instituciones de enseñanza superior o son muy limitadas y, por tanto, la mayoría de sus alumnos han de culminar sus estudios en instituciones de países vecinos, Alemania, Suiza, Bélgica o Francia y, por consiguiente, en alemán o en francés, con una competencia similar a la de los alumnos nativos.

La ley lingüística de 1984 dispone que todos los ciudadanos pueden dirigirse a la administración en cualquiera de las tres lenguas. Añadamos que, del conjunto de la prensa editada en Luxemburgo, aproximadamente el 80 por ciento del texto está escrito en alemán, el 20 ciento en francés y el 2 ciento en luxemburgués. Y que en Luxemburgo se reciben emisiones de radio y de televisión en las lenguas de todos los países vecinos: francés, alemán, neerlandés, y también en inglés, y que una emisora local ofrece dos horas diarias de emisión en luxemburgués. Y hay que añadir todavía que la prosperidad económica ha llevado a Luxemburgo a una gran cantidad de emigrantes. Casi la tercera parte de la población actual del Gran Ducado es inmigrada, y la mayoría procede de Portugal, lo que constituye un problema grave para el sistema educativo, que pretende ser uno de los mejores de Europa. Desde otra perspectiva, y como es fácil imaginar, al haberse convertido Luxemburgo en un centro financiero, al mismo tiempo que en sede de organismos internacionales, no sólo es habitual la presencia de muchos extranjeros, sino también un uso cada vez más frecuente del inglés. No es extraño, por tanto, que cuando se realizan encuestas para evaluar el nivel de conocimiento de lenguas extranjeras en los distintos países de la Unión Europea, Luxemburgo ocupe siempre el primer lugar.

Y resulta curioso recordar que en 1928 se reunió en Luxemburgo la primera conferencia internacional dedicada a los problemas del bilingüismo en la enseñanza, en la que los reunidos se mostraban muy recelosos ante la introducción precoz de segundas lenguas y en la que un ministro luxemburgués, en la sesión inaugural, se lamentaba de que los luxemburgueses debiesen apoyarse en lenguas extrañas en su educación, lo que les producía una personalidad ambigua e insegura. Setenta años después ningún luxemburgués se expresaría as. Habitantes de un pequeño país, económicamente bien situado y políticamente influyente, los luxemburgueses de hoy se sienten orgullosos de su identidad colectiva y han atribuido a su lengua categoría de lengua nacional sin renunciar por ello a su plurilingüismo.

Promoción y defensa de las lenguas estatales

En las páginas anteriores se ha considerado la política de los Estados desde la perspectiva de su tratamiento de las diversidades lingüísticas en el interior de sus respectivos territorios. Se sobreentiende que cada Estado, con la única excepción de los Estados federales, tiene una lengua principal identificada como la lengua nacional, que es la que se utiliza principal y exclusivamente en la administración pública y como vehículo de la enseñanza. Desde esta perspectiva se puede decir que todos los Estados tienen una política lingüística básica dirigida a la promoción y a la defensa de su lengua principal que, en el caso de los Estados federales, no es una sola sino varias.

Pero además de esta implicación entre la lengua nacional y el funcionamiento de las instituciones, hay Estados que adoptan iniciativas singulares dirigidas específicamente a la promoción y a la defensa de su lengua, bien en forma de organismos, bien en forma de disposiciones legales encaminadas a este fin y tanto en el interior del propio país como en su exterior. Y también en este sentido las políticas lingüísticas de los diferentes países europeos presentan diferencias significativas.

Fue Francia quien en primer lugar sintió la preocupación por fomentar la enseñanza de su lengua más allá de sus fronteras. A lo largo del siglo XIX Francia puso en pie un imperio colonial y en todas sus colonias se esforzó por difundir el francés por encima de las lenguas indígenas. Lo mismo hacían las restantes potencias coloniales. Pero Francia se preocupó también de difundir la lengua francesa en países extranjeros sobre los que no tenía autoridad, sino sólo prestigio intelectual y relaciones amistosas. En el año 1883 se fundó la Alianza Francesa, una institución, en teoría, privada pero con soporte gubernamental, para crear y sostener centros de enseñanza del francés en países extranjeros o para ayudar a centros e instituciones que ya ejercían esta actividad. Pronto la red de la Alianza se extendió por todo el mundo. En este mismo sentido se puede recordar que el gobierno francés, que en la metrópoli, en nombre de la laicidad, prohibía o restringía la enseñanza a las órdenes religiosas, protegía en cambio a estas mismas órdenes cuando contribuían a difundir la enseñanza en francés en países extranjeros. Y, a partir de comienzos del siglo XX, el Estado francés inició la creación de centros propios para la difusión de la cultura francesa en las principales ciudades del mundo. Desde la última guerra esta presencia exterior se ha mantenido y se ha reforzado en la medida en que se ha generalizado la impresión de que el francés, como lengua internacional, perdía posiciones frente al inglés.

En el interior del Estado francés, esta impresión de retroceso del francés en el terreno internacional, junto con el convencimiento de que la presión del inglés estaba deformando la propia lengua francesa, ha llevado al gobierno francés a adoptar una política explícita de promoción y defensa de su lengua. Para coordinar esta política en los distintos campos de la acción de gobierno se creó en 1966 el Alto Comité para la Defensa y la Expansión de la Lengua Francesa, que recientemente ha cambiado su nombre por el de Consejo Superior de la Lengua Francesa. En el año 1986 se creó el Alto Consejo de la Francofonía, con una tarea de coordinación similar pero a escala internacional y entre todos los países de lengua francesa. En 1994 el Parlamento francés aprobó la ley Toubon de defensa del francés y, más recientemente, aprovechando la revisión de la Constitución que fue necesaria para poder aprobar el Tratado de Maastricht, decidió añadir al texto constitucional un artículo que dice: "La lengua de la República francesa es el francés", una afirmación que, por parecer evidente, no había figurado en ninguna de las Constituciones que se había dado la República. Esta política de defensa de la lengua se articula en diferentes direcciones. La más antigua es la que ya he recordado de promoción de la enseñanza del francés en el extranjero. Es significativo en este sentido que, en la actualidad, en las representaciones diplomáticas de Francia en el extranjero, al lado del agregado cultural, figura siempre un asesor pedagógico especializado en enseñanza de la lengua. Otro objetivo es velar porque, en las reuniones internacionales y en las publicaciones de alcance internacional, el francés mantenga su presencia frente a la tendencia a hacer del inglés la lengua común de comunicación. Y, en tercer lugar, y es el punto más discutido, se proponen medidas para asegurar el lugar del francés en los productos que llegan del extranjero; de este modo, no sólo los productos comercializados en Francia deben contener información en francés (etiquetaje, instrucciones de uso, garantías...) sino que en los productos audiovisuales proyectados o visionados en este país, el francés debe figurar en un porcentaje importante, un objetivo que intenta alcanzar estableciendo cuotas lingüísticas para estos productos. Una pretensión que las discusiones con los Estados Unidos en el marco de los debates sobre la liberalización del comercio a escala mundial, en la llamada Ronda GATT, han puesto en el primer plano de la actualidad. En otra dirección de esta misma política, la ley Toubon propone medidas para mantener la pureza de la lengua, limitando el uso de anglicismos.

Sin entrar en el detalle de estas medidas, me limitaré a destacar un hecho. Si la actual expansión del inglés produce recelos en muchos lugares, no hay ninguna duda de que es en Francia donde se hacen los esfuerzos más vigorosos y sistemáticos para combatir su influencia y limitar sus efectos.

En Alemania hay también una fuerte preocupación por la calidad de la lengua, erosionada por los contactos con el inglés, una preocupación que se manifiesta a menudo en círculos académicos y periodísticos pero que no ha provocado acciones del gobierno. Lo que sí se advierte, desde hace un tiempo, especialmente desde la caída del muro y la tendencia a abrir las instituciones europeas hacia el este, es el deseo de las autoridades alemanas de reforzar la presencia de la lengua alemana en los organismos internacionales europeos, si no para competir con el inglés al menos para situarla a un nivel similar al del francés. En cuanto a la enseñanza de la lengua en el exterior, tradicionalmente eran los propios alemanes residentes en el extranjero los que creaban escuelas para la educación de sus hijos, escuelas que se convertían en centros de difusión de la cultura alemana. Fue el régimen de Hitler el que inició una promoción sistemática, procurando poner bajo su control estos centros y creando otros con una clara intención ideológica. Acabada la guerra, el gobierno alemán, interesado en recuperar un prestigio exterior maltrecho por el conflicto, comprendió la necesidad de una acción importante en materia de política cultural exterior y creó, en 1951, el Goethe Institut para cumplir esta tarea. Actualmente el Goethe mantiene una extensa red de institutos alemanes en 70 países del mundo.

También Italia, especialmente en la época fascista, siguió el modelo alemán, y creó una pequeña red de escuelas y de institutos italianos que después de la guerra se ha convertido en el Instituto Dante Alighieri y que se ha modernizado considerablemente.

España, a pesar de la presencia de la lengua española en muchas partes del mundo, ha tardado mucho en incorporarse a este movimiento de promoción institucional de una lengua, y pese a numerosos anuncios y proyectos en este sentido, hasta 1990 no se creó el Instituto Cervantes con esta finalidad. Este retraso en parte se puede atribuir a disputas por asumir la tutela de la nueva institución, que influyeron en sucesivos cambios de dirección y de orientación. Actualmente la situación parece haberse estabilizado y el panorama de conjunto es cada vez más satisfactorio. El Instituto Cervantes no sólo tiene un número considerable de sedes, sino que impulsa una actividad pedagógica innovadora.

Incluso con independencia de la actividad del Instituto, el aprendizaje del español en el mundo está claramente en alza. Lo está en el Lejano Oriente por la importancia de las relaciones comerciales con la América Hispana; lo está en el Brasil, rodeado de países de lengua española, y lo está en Estados Unidos por la presencia de una inmigración hispana cada vez más numerosa. En Europa, en cambio, el papel del español como lengua extranjera se sitúa claramente por detrás del francés y del alemán aunque esté en continuo crecimiento.

Este crecimiento se acompaña de dos hechos nuevos. En primer lugar, mientras que tradicionalmente la defensa del español ha estado asimilada a la defensa del monolingüismo frente a la presencia de otras lenguas en su mismo espacio: catalán, gallego y euskera en España, lenguas indígenas en América, ahora, cuando se extiende más allá de sus fronteras políticas, en Brasil o en Estados Unidos, la promoción del español se acompaña de la exaltación del bilingüismo y aún del plurilingüismo.

CAPÍTULO 3
UNIDAD Y DIVERSIDAD. POLÍTICAS LINGÜÍSTICAS DE LOS ESTADOS EUROPEOS

La segunda novedad es que a pesar de su gran expansión territorial ha mantenido un alto grado de unidad. El que los países americanos que accedieron a la independencia constituyesen sus propias Academias de la Lengua pero que se declarasen solidarias de la española fue un símbolo de esta unidad. En la actualidad, sin embargo, los vocabularios de palabras específicas de cada país son cada vez más extensos, y la propia Academia Española de la Lengua las incluye en su diccionario con la mención expresa del lugar donde se usan. A esto hay que añadir el español hablado en los Estados Unidos, donde no tiene una institución normativa, de modo que la mezcla con el inglés, el llamado *spanglish*, constituye una amenaza real.

Puede añadirse todavía que, de acuerdo con la Constitución Española, el Instituto Cervantes considera la pluralidad lingüística española como una riqueza que hay que proteger y difundir y que en algunos centros del Instituto se enseñan estas lenguas. A ello se suma que recientemente se ha constituido el Institut Ramón Llull dedicado a la promoción exterior del catalán.

Y he dejado para el final Gran Bretaña. La pura verdad es que durante mucho tiempo el gobierno británico no se interesaba por estas cuestiones. Por supuesto, durante el siglo XIX y en el vasto Imperio Británico las autoridades coloniales hacían esfuerzos por difundir el conocimiento y el uso del inglés, esfuerzos que estaban, en alguna medida, impulsados desde Londres. Pero no existía un esfuerzo paralelo fuera de los límites del Imperio. Y fueron, de hecho, un grupo de hombres de negocios los que, en 1935, convencieron al gobierno inglés de la conveniencia de fundar el Bristish Council, un organismo que tuviese por finalidad la difusión de la enseñanza del inglés y el conocimiento de la cultura inglesa en países extranjeros y que sirviese, al mismo tiempo, para dar a conocer en estos países los puntos de vista de los ingleses y de su gobierno. Los hombres de negocios pensaban que así podrían mejorar sus contactos comerciales pero también, y sobre todo, estaban impresionados por la propaganda exterior de los países del Eje Berlín-Roma y querían contrarrestarla. Cuando el British Council iniciaba sus primeros pasos empezó la guerra y, acabada ésta, Gran Bretaña tuvo que adaptarse a la nueva situación, que significaba ceder el paso a los Estados Unidos en las grandes cuestiones de la política internacional. En consecuencia, el British Council atravesó una crisis, ya que el gobierno dudaba de su utilidad. Para salir de dudas se constituyó una Comisión real para estudiar el tema y, en el fondo, con la esperanza de que recomendase su disolución, pero con el resultado, contrario al esperado, de poner de manifiesto la opinión generalizada de que la desaparición del Imperio y de la Commonwealth exigía el refuerzo de los lazos lingüísticos y culturales para mantener una presencia significativa de Gran Bretaña en el mundo. A partir de esta conclusión se produjo un relanzamiento del British Council, con un nuevo empuje y con recursos muy importantes.

El inglés es la lengua no sólo de Inglaterra, sino también de sus antiguas colonias y, en primer lugar, de los Estados Unidos. Se puede pensar, con razón, que la gran difusión de la lengua inglesa en el mundo contemporáneo depende más de la potencia americana actual que del recuerdo de lo que fue la potencia inglesa en el pasado. Pero la verdad es que los estadounidenses han tardado mucho en preocuparse por promover su lengua o por justificar su política fuera de sus fronteras. Fue sólo al comienzo de la guerra fría y a consecuencia de la presión ejercida para que diesen a conocer sus puntos de vista cuando se creó la Agencia de Información, que mantiene centros de información y documentación en la mayoría de países del mundo. Pero la tarea de difundir la lengua y la cultura estadounidenses ha sido asumida más bien por universidades y por fundaciones privadas. Y han sido este tipo de organizaciones, aunque sea con soporte gubernamental, las que han fomentado los intercambios de profesores y la presencia masiva de estudiantes extranjeros en Estados Unidos, por ejemplo, con las becas Fulbright.

Pero la promoción institucional del inglés tiene un carácter distinto de la que se dirige a otras lenguas. En el caso de Francia, los mecanismos promocionales que he citado tienen claramente por objeto principal el aumento del número de los estudiantes de francés y, una vez conseguida esta mayor demanda, mejorar la calidad de la enseñanza. Y lo mismo puede decirse de otros países y de otras lenguas. Pero desde hace unos años, en los informes anuales del British Council, queda claro que lo que hace la institución, más que procurar aumentar el número de alumnos, es intentar atender, sin conseguirlo, una demanda creciente. "Nos piden diez profesores y sólo podemos ofrecer dos, puede representar el tono general de estos informes.

El mismo contraste puede presentarse desde otro ángulo. Francia gasta una cantidad sustancial de recursos para la promoción del francés fuera de sus fronteras y considera que tiene el deber patriótico de hacerlo. Lo mismo piensan otros gobiernos que dedican presupuestos importantes al fomento del aprendizaje de sus lenguas nacionales. Y también el British Council tiene un coste para el contribuyente británico. Pero, en conjunto, el boom constituye un negocio para los ingleses. En nuestra sociedad contemporánea, las llamadas industrias de la lengua se han convertido en una actividad mercantil que mueven sumas ingentes de dinero. Y más de la mitad, quizás las tres cuartas partes de este negocio, lo representa el aprendizaje del inglés. Como decía expresivamente un director del British Council: El verdadero oro negro de Inglaterra no es el petróleo del mar del Norte, sino la lengua inglesa. Ha estado durante mucho tiempo en la raíz de nuestra cultura y ahora se está convirtiendo en el lenguaje universal de la economía y de la información. El reto con que nos enfrentamos es el de saber aprovecharlo (British Council, *Annual Report* 87/88).

Este ascenso generalizado del inglés en el panorama mundial es uno de los fenómenos más significativos de nuestro tiempo; incide profundamente en la problemática lingüística europea y deberemos examinarlo por tanto con algún detalle. Pero antes consideraremos algunos problemas generales que afectan a todas las lenguas de Europa.

（李思渊 校对）